THÉÂTRES DU NOUVEAU ROMAN

ARNAUD RYKNER

THÉÂTRES
DU
NOUVEAU ROMAN

SARRAUTE ~ PINGET ~ DURAS

JOSÉ CORTI

1988

N° d'édition : 966
ISBN 2-7143-0280-7

A Julie D. C.

Je tiens à remercier vivement Monsieur Pierre Brunel pour les conseils et les encouragements qu'il m'a prodigués tout au long de la rédaction de cette étude, ainsi que pour le soutien qu'il a bien voulu apporter à sa publication.

— Les notes alphabétiques sont rassemblées en bas de page.
— Les notes chiffrées (références bibliographiques, etc.) sont rassemblées en fin de livre (p. 231 et sq.).

INTRODUCTION

Le Nouveau Roman demeure l'une des plus radicales entreprises de renouvellement de l'écriture romanesque, tant par les œuvres regroupées — plus ou moins à juste titre — sous son appellation que par les discours théoriques qu'ont produits nombre de ses adeptes. L'expérience qu'il a engagée excède pourtant le seul domaine du roman. Le fait que des auteurs comme Nathalie Sarraute, Robert Pinget et Marguerite Duras aient été tentés d'écrire pour le théâtre, au point d'y consacrer une part essentielle de leur production littéraire, nous incite à penser que cet intérêt pour le « spectacle vivant » est révélateur, par delà les motivations propres à chacun, d'une extension des possibilités offertes par le Nouveau Roman hors du champ romanesque. Le passage d'une écriture aussi particulière que celle de *Portrait d'un inconnu* ou « *Vous les entendez ?* », *Baga* ou *L'Inquisitoire*, *Les Petits Chevaux de Tarquinia* ou *Moderato Cantabile*, à l'écriture dramatique, ne peut s'opérer sans induire une transformation des formes traditionnelles du théâtre. Analyser les modalités de cette transformation est la tâche que nous nous sommes assignée.

Certes, l'on ne rappellera jamais assez le caractère problématique du rapprochement, sous l'étiquette « Nouveau Roman », d'écrivains aussi différents que Claude Simon, Michel Butor, ou Alain Robbe-Grillet, par exemple. Or, lorsqu'il s'agit de mettre en parallèle les œuvres dramatiques de Nathalie Sarraute, Robert Pinget et Marguerite Duras, la question se pose avec plus d'acuité encore. Aussi nous faut-il préciser dès à présent que notre propos n'est en aucune façon d'appliquer une grille de lecture toute faite, qui nierait la singularité de ces trois expériences. Si tel était le cas, nous n'obtiendrions que des schémas simplistes et rassurants, totalement contraires à l'entreprise déstabilisatrice des Nouveaux Romanciers. Néanmoins, nous serons inévitablement conduits à apercevoir des directions communes, plus ou moins conscientes, qui ont pu se faire jour, à l'origine, dans la recherche néo-romanesque, et trouver ici leur traduction scénique.

C'est pourquoi nous tenterons d'abord de mettre en lumière cette filiation, en cherchant à *situer* ce théâtre qui regarde et vers le « Nouveau Roman » et vers le « Nouveau Théâtre ». Il nous sera alors possible d'aborder l'étude de ces trois ensembles dramatiques en considérant de plus près ce qui constitue leur spécificité. Nous nous attacherons ainsi à faire ressortir le parcours accompli par chaque auteur. Nous espérons de la sorte pouvoir nuancer l'uniformisation néfaste que comporte toute vision synthétique d'un problème.

Quant aux pièces qu'un tel sujet devrait prendre en compte, il nous serait difficile de toutes les retenir dans un cadre qui se veut, malgré tout, mesuré. Nous avons pu en recenser plus d'une trentaine (sans compter les romans qui en sont souvent les hypotextes[a]), nombre trop important pour permettre ici une étude sérieuse de chacune d'entre elles. C'est pourquoi nous avons pris le parti d'en écarter quelques-unes moins significatives — quitte à y renvoyer à l'occasion. En ce qui concerne Nathalie Sarraute, le problème ne se pose pas, six pièces seulement, toutes jouées et d'égale importance, ayant été publiées, à notre connaissance. Mais il n'est pas sûr, en revanche, qu'*Un homme est venu me voir*, qui n'a jamais été monté, soit très représentatif de l'écriture de Marguerite Duras. L'œuvre n'est même sans doute pas suffisamment singulière pour donner prise à une analyse intéressante dans l'optique que nous avons adoptée. En outre, par souci de mesure, nous nous verrons forcé d'ignorer le troisième volume *Théâtre* de Duras, publié chez Gallimard : cette exclusion se justifie assez facilement du fait que ledit volume ne contient que des « adaptations » françaises de romans[b] étrangers déjà transcrits pour la scène. De même en sera-t-il des autres « adaptations » publiées séparément. Chez Pinget, nous laisserons délibérément de côté les pièces radiophoniques qui n'ont pas été jouées au théâtre (c'est-à-dire essentiellement *Nuit,* et les plus récentes : *Un testament bizarre*, *Mortin pas mort*, *Sophisme et sadisme*, *Dictée*, *Le Chrysanthème*, *Lubie*.) En revanche, nous nous attarderons sur *Lettre morte*, *Architruc*, *L'Hypothèse*, *Autour de Mortin*, etc.

Ce choix, que nous voudrions le moins arbitraire possible, nous a paru nécessaire. Ce n'est qu'en se donnant de telles limites (nous aurons malgré tout l'occasion d'aborder plus de vingt-cinq pièces) que notre recherche pourra espérer aboutir.

a. Nous reprenons ici la terminologie, désormais classique, utilisée par G. Genette : « J'entends par [intertextualité] toute relation unissant un texte B (que j'appelerai *hypertexte*) à un texte antérieur A (que j'appelerai bien sûr, *hypotexte*) sur lequel il se greffe d'une manière qui n'est pas celle du commentaire. » (*Palimpsestes* — Seuil, 1982 — p. 11).

b. Excepté *La Danse de mort* d'August Strindberg.

Chapitre Premier

VERS UN THÉÂTRE DU NOUVEAU ROMAN

> *Vois, continua Socrate, si au lieu de vraisembla-*
> *blement, il ne faut pas dire nécessairement que*
> *celui qui désire désire une chose qui lui manque*
> *et ne désire pas ce qui ne lui manque pas.*
>
> PLATON

I. NOUVEAU ROMAN/NOUVEAU THÉÂTRE

Il n'est pas exagéré de dire que les années cinquante ont été l'occasion d'une double révolution littéraire. Au travers de ce que l'on a vite baptisé conjointement « Nouveau Roman » et « Nouveau Théâtre »[a], des écrivains du second après-guerre se sont résolument engagés sur la voie d'une contestation radicale des formes anciennes. Les structures traditionnelles semblent alors avoir perdu une grande partie de leur attrait et maints auteurs s'aperçoivent qu'il s'avère de plus en plus difficile, dans cette deuxième moitié du vingtième siècle, de se fondre dans les moules légués par le passé. L'écriture « littéraire » s'essouffle, tourne au ressassement de formes souvent périmées. Conséquences des deux cataclysmes mondiaux, des révolutions industrielles et économiques, de la mort des « civilisations » ? Peu importe. L'essentiel est que nombre de créateurs ne peuvent plus se satisfaire de ce qu'ils ont hérité de leurs aînés. Il ne s'agira pas pour autant de se contenter d'une « réforme » de l'écriture, comme l'histoire en connût tant. Ils réclament un bouleversement total, quasiment de nouvelles façons de penser cette écriture.

La coïncidence des deux « mouvements », Nouveau Roman et Nouveau Théâtre, n'est d'ailleurs pas seulement historique. A l'intersection de ces courants modernistes, on retrouve presque toujours les mêmes noms. Notamment un éditeur (les Éditions de Minuit qui publient Beckett, Pinget, Robbe-Grillet, Butor, Simon, Duras) ; et, lorsque des Nouveaux Romanciers se lanceront à la scène, de mêmes acteurs et metteurs en scène (Madeleine Renaud, Jean-Louis Barrault, R.J. Chauffard, Étienne Bierry, Catherine Sellers, David Warrilow, Michaël Lonsdale...) voire une même revue (les *Cahiers Renaud-*

---

a. Notons que les expressions « Théâtre de Dérision » (E. Jacquart) ou « Théâtre de l'Absurde » (M. Esslin) recouvrent le plus souvent la même réalité que ce concept exploité par Geneviève Serreau.

Barrault[a]). Sans doute pourrait-on nous rétorquer qu'il est logique que ces noms soient communs aux deux tendances puisqu'il s'agit de personnalités ouvertes à tout ce qui est nouveau et intéressant. Reste que toutes les conditions étaient créées pour que cette nouveauté-là circule d'un domaine à l'autre, du théâtre au roman et du roman au théâtre. Et si un écrivain écrit toujours dans la solitude, il est aussi toujours de quelque part, pris dans un réseau dont il vit et qu'il fait vivre. Symbolique de cette rencontre entre Nouveau Roman et Nouveau Théâtre, pourrait être d'ailleurs la représentation de *Freshwater* de Virginia Woolf, le 7 novembre 1983. Si ce spectacle fut sans doute surtout un amusement, voire une grosse farce, c'est très sérieusement qu'il réunissait, sur le plateau du théâtre du Rond-Point, Eugène Ionesco, Nathalie Sarraute, Alain Robbe-Grillet, Rodica Ionesco, Guy Dumur, Tom Bishop, etc. Quand les romanciers jouent avec les dramaturges et les critiques...

Mais la figure emblématique de cette révolution demeure surtout Samuel Beckett, dont il n'est pas inutile de rappeler qu'il est aussi romancier avant d'être dramaturge. Et qui plus est, un romancier très proche de ses cadets Simon, Robbe-Grillet, Pinget, Butor . Relisons ces lignes de Blanchot sur *Molloy*, *Malone meurt* et *L'Innommable*. Elles nous permettent de mieux resituer l'écriture romanesque de Beckett :

> « Qui parle dans les livres de Samuel Beckett ? Quel est ce « Je » infatigable qui apparemment dit toujours la même chose ? Où veut-il en venir ? Qu'espère l'auteur qui doit bien se trouver quelque part[b] ? Qu'espérons-nous nous qui lisons ? Ou bien est-il entré dans un cercle où il tourne obscurément, entraîné par la parole errante, non pas privée de sens, mais privée de centre, qui ne commence pas, ne finit pas, pourtant avide, exigeante, qui ne s'arrêtera jamais, dont on ne pourrait souffrir qu'elle s'arrête, car c'est alors qu'il faudrait faire la découverte terrible que, quand elle ne parle pas, elle parle encore, quand elle cesse, elle persévère, non pas silencieuse, car en elle le silence éternellement se parle. »[1]

Cette mise en cause du sujet est à la base même de l'écriture néo-romanesque. Par ailleurs, on a souvent noté la proximité des romans de Beckett avec une approche dramatique du langage. Ainsi, qu'il s'agisse de *Molloy* (1951), de *Malone meurt* (1951) de *L'Innommable* (1953) ou de *Nouvelles et Textes pour rien* (1955), un long monolo-

---

a. On ne compte plus les numéros spéciaux Beckett / Duras, Ionesco / Beckett / Pinget, Ionesco / Sarraute, etc.

b. Cf. Mortin qui s'écrie dans *L'Hypothèse* de Robert Pinget : « Où se trouve l'auteur ? » — v. *infra* p. 130.

gue ininterrompu se fait jour qui trouva aisément sa place au troisième programme de la B.B.C. (respectivement les 10 décembre 1957, 18 juin 1958, 19 janvier 1959 et 14 décembre 1957). Beckett, le premier, semble ainsi démontrer la facilité qu'a cette nouvelle écriture excentrée à passer du roman à la scène — ou à la radio. Dans les deux cas, il renverse la barrière des anciens partis pris et découvre des territoires inconnus.

Car derrière lui et Ionesco, tous ceux qui contribuèrent à l'épanouissement du Nouveau Théâtre libèrent l'art dramatique des codes traditionnels. D'abord en les libérant des nécessités de l'intrigue, cohérente, fournie, ordonnée. Le Nouveau Théâtre décide résolument de se passer des événements, retournements, péripéties, catastrophes, etc., qui fondaient la tradition. « Rien ne se passe, personne ne vient, personne ne s'en va, c'est terrible », constate Estragon[1]. S'il y a un commencement, il n'y a pas forcément de fin, et s'il y a une fin, il n'y a pas forcément de commencement ; si bien que dans tous les cas les critiques ont bien du mal à raconter à leurs lecteurs l'histoire que ne nous content pas les « anti-pièces ». Quant au « contenu » de ces dernières, qui peut affirmer en toute sûreté s'il est tel ou tel ? Avec force, elles proclament à la salle qu'elles n'ont rien à « dire », à la rigueur quelque chose à montrer, très certainement quelque chose à vivre.

Dès lors, le but recherché n'est plus la crédibilité — voire la vraisemblance classique. Au contraire, la facticité se montre du doigt comme l'acte même de la création. L'absurde est le lieu de la liberté ; on peut tout faire et son contraire. Le théâtre ne délivre pas plus de sens que la vie n'en a. De même, il se débarrasse de la nécessité de dialogues subtils et « profonds », s'enchaînant dans un rythme spectaculaire et spirituel. Il apprend le silence en même temps qu'il apprend le verbiage. Il se découvre une foule de possibilités nouvelles en travaillant cela même que la tradition interdisait. Que veut dire le monologue fou de Lucky ? Rien. Où veut en venir Beckett ? Probablement nulle part ; en tout cas certainement pas là où on l'attend. Qu'est-ce que la « rhinocérite » chez Ionesco ? Est-ce le nazisme déferlant ? Ce n'est pas important. Pourquoi *La Cantatrice chauve* s'appelle ainsi ? Parce qu'il fallait bien lui donner un nom. A la limite, le Nouveau Théâtre rend vaine toute tentative de questionnement. Il ne s'agit plus pour lui de répondre à des questions, mais d'imposer une présence qui dépassera tout ce que l'on pourra dire.

C'est d'ailleurs, très significativement, l'un des aspects qui fascina le plus l'un des principaux écrivains et théoriciens du Nouveau Roman, Alain Robbe-Grillet. Et il n'est, somme toute, pas étonnant de lire les lignes qui suivent, consacrées à *En Attendant Godot*, chez un romancier qui s'attache tout particulièrement à « l'être-là » des choses :

> « Nous saisissons tout à coup, en les regardant [Didi et Gogo], cette fonction majeure de la représentation théâtrale : montrer en quoi consiste le fait d'*être là*. Car c'est cela, précisément, que nous n'avions pas vu avec autant de netteté, si peu de concessions et tant d'évidence. Le personnage de théâtre, le plus souvent, ne fait que *jouer un rôle*, comme le font autour de nous ceux qui se dérobent à leur propre existence. Dans la pièce de Beckett, au contraire, tout se passe comme si les deux vagabonds se trouvaient en scène *sans avoir de rôle*. »[1].

De fait, débarrassés du souci de tenir d'un bout à l'autre un rôle cohérent au sein d'une intrigue bien agencée, les personnages n'ont plus pour tâche principale que d'exister et de nous tenir sous l'emprise de leur existence et de leur parole — touchant peut-être au passage ce qui constitue l'essence du « spectacle vivant ».

C'est donc à partir de ces données que les trois Nouveaux Romanciers qui se sont faits dramaturges ont pu travailler, plus ou moins consciemment. Ils ont trouvé là des moyens aptes à satisfaire certaines de leurs aspirations. Très naturellement, ils ont exploité plus particulièrement tel ou tel de ces éléments et y ont apporté les ressources de leur propre écriture. Il s'agira donc pour nous de voir comment ils sont parvenus ainsi à marier les deux courants, et inversement en quoi ils se distinguent du théâtre de l'Absurde et de ses prosélytes. Ce que l'on peut déjà dire très clairement, c'est que, dans la lignée même du Nouveau Roman, Sarraute, Pinget et Duras ne s'embarrassent pas de métaphysique, comme ont pu le faire Beckett, Adamov, ou même Genet et Ionesco. Dans leur quête de la destruction du sens, ces derniers n'ont peut-être pas voulu voir que le non-sens lui-même signifiait, et que, plutôt que de travailler à ce dernier niveau, il était possible, tout simplement, d'oublier le sens. Dès lors, il restait à explorer les effets de la parole théatrâle, en tant que parole vive et non plus en tant que vecteur de sens ou signe de l'absurdité du monde — ce qui revient au même.

II. SCÈNE, DIALOGUE ET VOIX, DU NOUVEAU ROMAN AU THÉÂTRE

L'une des caractéristiques essentielles du Nouveau Roman, mise en évidence par Nathalie Sarraute dans *L'Ere du soupçon*, est l'importance accrue qui y est prise par le dialogue. Nous aurons l'occasion de voir plus précisément ce qu'il en est pour chacun des auteurs qui nous concernent plus particulièrement. Mais nous pouvons déjà noter que le dialogue est d'abord la matière qui alimente la sous-conversation sarrautienne ; c'est lui qui, surgissant ici ou là, provoque le plus souvent les mouvements intérieurs nommés tropismes. Chez Pinget, il se présente fréquemment comme une forme hybride du monologue, lequel est toujours adressé à un destinataire implicite ; parfois, il occupe des sections entières de roman — comme dans *Clope au dossier* — voire l'ensemble d'une œuvre — comme dans *L'Inquisitoire*. Chez Duras, le dernier phénomène est encore plus répandu. Si *Des Journées entières dans les arbres* laisse encore paraître de temps à autre un récit classique, *Le Square* et *L'Amante anglaise* sont constitués exclusivement d'un dialogue continu d'où l'auteur paraît absent. On comprend dès lors la facilité qu'aura l'écrivain à « adapter » ces œuvres — en supposant qu'une adaptation soit nécessaire.

De sorte qu'au récit traditionnel, où l'emportent « sommaire » et « ellipse », pour reprendre la typologie de Gérard Genette, se substitue une écriture fondée essentiellement sur la « scène »[a] . Car si Robbe-Grillet a, lui, une certaine prédilection pour la « pause » descriptive, la plupart de ses amis Nouveaux Romanciers cultivent de préférence cette forme de la « scène ». Celle-ci a en effet l'avantage singulier de rendre possible l'exclusion presque totale du narrateur — ce personnage si encombrant dont tous ces écrivains cherchent à se libérer. En outre, elle permet de faire coïncider production du texte et texte produit. De sorte que l'œuvre peut paraître se créer d'elle-même, par le seul mouvement de l'écriture, sans jamais requérir aucune intervention extérieure. Or c'est peut-être là ce qui fait le principal lien entre les aspirations des Nouveaux Romanciers et les possibilités offertes par le théâtre. Aussi n'est-il pas surprenant de retrouver les lignes

a. Genette (Gérard), *Figures III* — Seuil, 1972. Genette définit chacune de ces formes à l'aide de symboles mathématiques. En opposant au temps du récit le temps de l'histoire, il obtient quatre cas de figure possible : $TR < TH$ (sommaire) ; $TR = O$, $TH = n$, donc $TR < \infty\ TH$ (ellipse) ; $TR = n$, $TH = O$, donc $TR\ \infty > TH$ (pause) ; $TR = TH$ (scène) — p. 129. (∞ signifiant ici « infiniment » (supérieur ou inférieur)).

qui suivent sous la plume de Nathalie Sarraute, qui prend conscience
de cette parenté :

> « (...) le dialogue de théâtre, qui se passe de tuteurs, où l'auteur ne
> fait pas à tout moment sentir qu'il est là, prêt à donner un coup de
> main, ce dialogue qui doit se suffire à lui-même et sur lequel tout repose,
> est plus ramassé, plus dense, plus tendu et survolté que le dialogue roma-
> nesque : il mobilise davantage toutes les forces du spectateur. »[1]

C'est d'abord dans cette mesure que le théâtre s'offrait comme une
suite logique aux expériences des Nouveaux Romanciers.

Pourtant, le dialogue qu'ont adopté des dramaturges comme Sarraute, Pinget et Duras, n'est pas non plus un dialogue théâtral classique. Car, par contre-coup, il subit l'influence de son homologue néo-
romanesque. A savoir que la concentration dont il fait l'objet dans
le roman se retrouve au théâtre. De fait, les œuvres théâtrales qui prennent naissance dans le sillage du Nouveau Roman sont caractérisées
par une prédominance très nette de la parole sur tout autre mode dramatique. Elles font table rase des dispositifs complexes, des actions
mouvementées où tout ne repose que sur un va-et-vient continuel et
une agitation générale qui nous détournent peut-être de l'essentiel.
L'intrigue, les péripéties, le lieu comme espace signifiant, sont pour
ainsi dire neutralisés au profit de la seule parole qui s'érige sur leur
ruine. A partir du moment où le dramaturge est débarrassé du souci
de raconter une histoire, il est amené à restituer au dialogue sa vraie
fonction. En effet, dans le théâtre traditionnel, les échanges assument
le rôle du récit dans le roman, c'est-à-dire nous livrent *toutes* les informations nécessaires à la *compréhension* de ce qui se passe ; ici, au contraire, il ne s'agit plus d'expliquer avec des mots, mais tout simplement de parler, et seulement de parler. Sans souci, peut-être, de désigner autre chose que la parole elle-même. Dès lors, tout ce qui lui est
par trop extérieur doit s'éclipser devant elle. Ainsi Robert Pinget
avoue-t-il en 1981 :

> « En ce qui concerne le théâtre, je suis très loin de la conception actuelle
> de la mise en scène. L'excès de mouvement me gêne. Il y a les impératifs
> de l'espace scénique bien sûr[a], mais le dialogue demeure l'essentiel. »[2]

De son côté, Marguerite Duras n'hésite pas à déclarer, volontiers pro-

---

a. Interrogé par nous sur ses rapports à l'espace de la représentation, l'écrivain
reconnut inversement avoir peut-être trop négligé cette dimension : « Peut-être n'ai-je
pas assez tenu compte de l'espace scénique, trop intéressé par le dialogue. »

vocatrice, ce que l'on aurait pu d'ailleurs trouver dans la bouche de Nathalie Sarraute :

> « La mise en scène au théâtre ne m'intéresse pas. Je ferai un théâtre de voix avec des arrêts et des reprises. »[1]

On comprend bien à partir de ces positions la marge infime qui sépare les œuvres de Sarraute et Pinget écrites pour la scène, de celles écrites, au départ, pour la radio. L'essentiel reste la parole, c'est elle qui provoque la vision scénique. C'est elle l'unique personnage de ce théâtre ; elle qui fait naître le désir et l'imagination qui combleront l'espace apparemment demeuré vide. Elle se projette, se donne, se reprend, fuit, revient, sorte d'Arlequin verbal qui focalise l'attention.

Or cette parole n'est pas le fruit d'échanges banals entre différents protagonistes. Elle n'est pas la parole d'êtres qui la posséderaient pour la proférer. Elle est la parole de tous et de personne, une parole désincarnée qui ne naît d'un corps que pour lui échapper. Si les répliques sont si souvent interchangeables chez Sarraute, Pinget et même Duras, c'est que le texte n'est la propriété d'aucun de ceux qui le portent. Il est une voix dispersée, écartelée entre les divers actants. Ainsi, chaque personnage de ces pièces se voit dépossédé de ce qui constituait sa texture même, dans un autre mode d'écriture : une parole individuelle. Nous verrons comment Sarraute distribue ses dialogues au hasard et cherche seulement à varier le ton, en faisant alterner hommes et femmes. Nous verrons aussi comment, chez Duras, la parole se détache du lieu de son émission pour se transformer en objet de regard. Nous verrons surtout comment les marionnettes de Pinget sont traversées par leur texte, qui saute de l'un à l'autre, tragique et fantaisiste. Ce qui importe auparavant, c'est de saisir dans quelle mesure cette disjonction est un équivalent parfait de la disparition du narrateur omniscient dans le Nouveau Roman. De même que ce dernier refuse une instance toute puissante qui maîtriserait histoire et récit, de même le théâtre de ces auteurs refuse l'échange habituel où chacun dit « son » texte, dans un rapport immuablement établi. Au point que Marguerite Duras peut écrire en postface à *L'Eden Cinéma* :

> « Les inversions dans l'attribution des répliques, de même celles entre les textes dits sur la scène et ceux dits hors scène sont évidemment autorisées. »[2]

Seule émerge une voix qui circule ici et là, et proclame sa liberté à la face du spectateur. Jeu de forces, d'impulsions, de création perpétuelle, jamais fixée, toujours en mouvement. Et, ce que la parole perd ainsi en réalisme, elle le gagne en puissance poétique, peuplant à elle seule l'espace scénique. Au lieu d'être enfermée dans une pluralité d'entités qui la fractionnent, elle se donne toute entière à entendre et à voir. Elle se construit contre le « personnage ». Elle consomme sa mort en faisant sauter les chaînes de la psychologie traditionnelle. Aussi sont-ce les modalités de cette mort sur laquelle elle repose qu'il nous faut à présent aborder.

III. LA MORT DU PERSONNAGE

S'il est un problème que les Nouveaux Romanciers dramaturges ont tout particulièrement exploité, après en avoir découvert les principales données dans leur recherche romanesque et celle du Nouveau Théâtre, c'est celui du personnage. On sait l'intérêt d'un Robbe-Grillet ou d'une Nathalie Sarraute pour cette mise en question du « caractère » traditionnel, devenu objet de tous nos soupçons. Le propre de ce dernier est peut-être qu'il se laisse assez bien définir ; il n'est pas un mystère — ou alors le mystère fait partie de sa personnalité. Il est un donné qui nous est imposé. Il a des contours bien précis, fixés d'avance par l'écriture. Il se trouve de la sorte être l'une des pièces maîtresses de l'édifice soigneusement bâti par l'écrivain, immense machinerie aux rouages bien huilés. Autrement dit, il est parfaitement saisissable, reconnaissable, transparent. Nous savons qui sont Alceste ou Lucien de Rubempré ; et même si l'on n'a jamais fini d'apprécier la richesse psychologique qui est la leur, on peut, sans trop d'hésitation, leur déterminer des motivations, des désirs ou des craintes. Le Nouveau Roman, pour sa part, et à sa suite les œuvres dramatiques qui nous intéressent, refusent une telle prédonation. Il ne s'agit plus de travailler sur le plan du caractère, mais sur le plan de son absence. Les personnages n'ont plus de « psychologie ». Ainsi Pinget peut dire :

> « ils sont à peine des caractères. »[1]

Et Nathalie Sarraute explique de son côté :

> « Je ne vois ni visage, ni âge, ni sexe ou à peine, par souci de contraste (...) je ne vois absolument pas de personnages. »[2]

De même chez Duras, rien n'est clairement défini. Les « personnages » n'existent que par leur obscurité, voire leur confusion[a]. Ils sont

---

a. Cela est vrai en ce qui concerne la réception par le spectateur, mais il est probable que l'acteur, lui, est dans l'obligation de se déterminer, de choisir un parti. Et encore...

presque toujours un tissu de contradictions qui nous empêchent de les enfermer dans une catégorie quelconque. Ils demeurent rebelles à toute autre saisie que celle de notre envie de les écouter vivre.

Significative est la façon dont les trois dramaturges désignent eux-mêmes leurs personnages. On sait l'importance capitale de la nomination, qui n'est jamais un acte innocent. Quand Adam nomme les bêtes, il achève la Création et marque ainsi sa possession du monde ; quand Dieu change le nom d'Abram en Abraham ou celui de Simon en Pierre, c'est l'essence de ces derniers qui en est modifiée. Qu'un personnage soit désigné de telle façon ou de telle autre importe énormément. Chez Sarraute, Pinget et Duras, nous rencontrons quatre possibilités :

— un nom (Jean-Pierre, Robert, etc.)
— un pronom (Lui, Elle)
— une lettre (H, F, A, B, etc.)
— une fonction (le père, le fils, etc.)

Le nom est ce qu'il y a sans doute de plus traditionnel. Cependant, même lorsque les trois auteurs l'emploient, ils introduisent toujours un élément nouveau qui fait vaciller la caractérisation classique. C'est évident chez Sarraute, où de semblables désignations n'interviennent que dans *Le Silence* et *Le Mensonge*. Dans le premier cas, seul Jean-Pierre est appelé par son prénom. Or il ne dit pas un mot et n'est nommé que pour être différencié des autres actants. Le nom ne recouvre alors qu'une simple fonction (« Jean-Pierre-le-silencieux »), qui n'a rien à voir avec l'existence d'un être psychologique. Dans *Le Mensonge* au contraire, tous les personnages ont un prénom. Mais c'est qu'alors leurs répliques sont parfaitement interchangeables et ne déterminent aucun parcours précis, qui ferait par exemple de Jacques le personnage qui est comme ceci ou comme cela. Par ailleurs, dans le cours de la pièce, seuls Pierre et Simone sont effectivement nommés par leurs comparses. Quant à ces derniers, le spectateur est incapable de leur rattacher un des prénoms donnés dans la distribution. Pour ce qui est des deux premiers, ils jouent, tout comme Jean-Pierre dans *Le Silence*, le rôle de moteur du drame sans pour autant pouvoir être définis psychologiquement. Chez Pinget, la nomination est plus fréquente. Elle est souvent très révélatrice. Ainsi Architruc, roi, se voit affublé du terme que l'on utilise pour désigner n'importe quoi, faute du mot adéquat (« un truc » — cf. « un machin ») ; et qui plus est, ce mot est complété par le préfixe superlatif « archi- ». Si bien qu'au bout du compte Architruc est un néant superlatif. Par ailleurs les couples pingétiens semblent souvent n'être nommés qu'en fonction de l'ordre alphabétique, qui les réduit presque à des lettres :

$$A^{(\text{rchitruc})}_{(\text{bel})} \quad et \quad B^{(\text{aga})}_{(\text{ela})}$$

Enfin, quand par hasard le nom pourrait avoir un certain contenu, Pinget tranche et dit des personnages :

« ils ne sont *que* des noms. »[1]

Duras seule fait peut-être exception à cette dépersonnalisation par le nom (ou le prénom) ; mais c'est que ce dernier n'est que rarement utilisé. Le plus souvent l'auteur d'*Agatha* penche pour la seconde possibilité évoquée : le pronom. Or celui-ci tend à ne faire des personnages que des forces en action qu'on ne peut nommer, qui s'affrontent ou s'accouplent : Lui/Elle. Le nom se voit remplacé par une indication sexuelle, pourrait-on presque dire. De même, lorsque Sarraute utilise le procédé, dans *C'est beau* et *Isma*, elle ne vise qu'à proposer un tel *couple* de forces. Il se distingue alors des autres actants : H.1, H.2, H.3, etc. Quant à ces derniers, le fait même qu'ils soient désignés par des lettres les réduit au minimum de la caractérisation nécessaire. Comme il faut bien d'une façon ou d'une autre répartir un dialogue qui n'appartient à personne, la lettre (souvent suivie d'un chiffre) permet un tel découpage, tout en limitant le « personnage » à sa plus simple expression. Seule demeure une parole sans réel support psychologique. Duras exploite le même processus dans *Yes, peut-être*, *Le Shaga* et même *Les Eaux et Forêts* (où F.1 et F.2 s'écrivent en toutes lettres Femme 1 et Femme 2). Enfin la quatrième désignation possible consiste en la simple attribution d'une fonction. D'une certaine façon, il s'agit d'aller au bout de la logique du théâtre « bourgeois » et de ses emplois stéréotypés. Le Fils n'est rien d'autre qu'un fils, c'est-à-dire l'autre génération (*C'est beau*) ; la Mère n'est plus que la mère, la maternité folle et irraisonnée (*Des Journées entières dans les arbres*) ; l'Employé est moins un homme qu'un receveur de lettres mortes (*Lettre morte*), etc. Dès lors, les personnages tendent à se réduire à leur fonction (ou à sa parodie, comme le roi d'*Architruc*), dépouillée de toute caractérisation trop poussée.

De sorte que dans tous les cas de figure le personnage n'est nommé que pour voir s'effacer toute possibilité de définition. Son nom le perd, en même temps qu'il perd son nom.

Or, s'il ne nous est pas donné dans un nom, il ne l'est pas plus dans une unité qui serait posée au cours de la pièce. Parfois, sans doute, cette unité semble se dessiner, mais ce n'est que pour mieux se dissiper aussitôt après. Le « personnage » n'a jamais de support logique qui pourrait lui donner une constance rationnelle. Il est une force en marche, qui se fait et se défait au rythme d'une imagination. Ainsi, de Sarraute à Duras en passant par Pinget, il ne cesse de s'inventer ou d'inventer l'autre au gré de ses fantasmes. Sa réalité n'est dès lors plus que le fruit des interférences entre les différentes projections dont il est le support. Chez Sarraute, tout d'abord, chacun des protagonistes projette sur l'autre une série d'images grâce auxquelles il croit pouvoir le saisir ; mais il ne peut par là qu'en effacer les traits. Les agressions qui régissent les rapports entre les actants ne visent qu'à recouvrir l'adversaire d'une succession de masques qui l'empêcheront de se constituer une véritable identité : ainsi Jean-Pierre dans *Le Silence*, qui se voit affublé de tous les qualificatifs possibles, du plus tendre au plus acerbe. On ne saura jamais qui se cache sous cette avalanche de déterminations contradictoires ; tout simplement parce qu'il n'y a personne, sinon un pôle d'aimantation fait pour exciter les passions d'autrui. Chez Pinget, en revanche, les protagonistes s'inventent eux-mêmes au fil des répliques. De sorte que la perte *du* personnage passe par la prolifération *des* personnages : chacun est tantôt ceci, tantôt cela, sans aucune logique. A peine a-t-on commencé à percevoir quel pourrait être le caractère recherché, qu'une autre figure se dessine, qui détruit la première. *Autour de Mortin* est typique de ce processus : on n'arrive jamais qu'à tourner *autour* de l'énigmatique écrivain ; et par contre-coup, tous ceux qui parlent de lui, en se contredisant mutuellement, en viennent à disparaître à leur tour, dépossédés de leur vérité. Comme si Mortin était le miroir qui leur renvoyait leur aliénation. Dans une certaine mesure, les œuvres dramatiques de Duras cumulent les deux directions rencontrées chez Sarraute et Pinget : invention de l'autre et invention de soi. De l'autre, d'abord, car pour combler le manque à connaître qu'il provoque, il faut le revêtir des fantasmes que l'on porte en soi :

> « Vous inventez, vous avez toujours inventé. Ça vous plaît ça. Vous avez toujours fait mon histoire à vous seul. Toujours », dit Anne-Marie Roche à Michel Nollet. (*La Musica Deuxième*)[1].

De même Monique Combès et Michel Cayre s'inventent Suzanna, faute de pouvoir saisir le personnage fuyant (*Suzanna Andler*). De même, Madeleine et la Jeune Femme s'inventent la jeune fille morte ; elles lui reconstruisent une histoire, pour remédier aux défaillances de la mémoire (*Savannah Bay*). Mais inversement, chacun tend aussi à se constituer un personnage pour ne pas être submergé par sa propre absence à soi-même. Ainsi Michel Nollet qui s'invente qu'il va tuer Anne-Marie Roche (et finit par jeter le revolver dans l'eau — « J'avais lu ça quelque part »[1]). Ainsi Anne-Marie Roche qui s'invente l'adultère à Paris (« Moi aussi, l'adultère à Paris, j'avais lu »[2]). Non que la tentative de meurtre et l'adultère n'aient pas eu lieu ; mais parce qu'ils eurent lieu faute de mieux. Parce qu'il fallait trouver à se situer quelque part, dans un acte. De même Suzanna Andler, et une fois encore Anne-Marie Roche, qui s'inventent un instant leur suicide. De même Agatha et son frère qui s'inventent leur séparation et la parlent pour mieux la vivre. Chacun se forge un être à coup d'images projetées par le désir.

Or, en se construisant de la sorte, chacun des « personnages » de ce théâtre nous invite à prendre part à son élaboration. L'espace de la création est démultiplié. Puisque la psychologie n'est plus là pour nous imposer un caractère avec ses motivations, ses desseins clairs, son comportement analysé, et tout ce qui s'ensuit, il y a la place pour un imaginaire mille fois plus riche — ce qui demande à l'acteur un travail très nouveau par rapport à son approche du personnage. Qu'on nous permette de citer un peu longuement ces lignes de Claude Regy. Bien que centrées sur *L'Amante anglaise* de Duras, elles concernent la majorité de ses pièces, ainsi que celles de Nathalie Sarraute (comme le remarque du reste Regy) et celles de Robert Pinget :

> « cette espèce d'élément d'abstraction et, par là, l'idée de sortir de la notion de personnage était entrée dans le théâtre et aussi l'idée qu'on peut tout faire exister par la force de l'esprit et de l'imagination à condition que les auteurs aient cette force de créer les choses uniquement par le mental. Voilà pour moi ce qui est très nouveau dans *L'Amante anglaise*. Dans l'œuvre de Nathalie Sarraute on échappe également à la notion de personnage et on est aussi en présence de forces qui circulent et d'un objet qui se crée à partir de centres qui ont pour supports des êtres mais qui ne sont pas personnalisés. Tout d'un coup, tout ça nous rejette complètement en dehors d'un théâtre de personnages, d'un théâtre psychologique (...) Cela change complètement le jeu des acteurs parce que la plupart ont été élevés dans l'idée d'apprendre à représenter des personnages dans une certaine psychologie, en exprimant des sentiments. »[3]

Or, dès que le personnage n'est plus défini de la sorte, par des « sentiments », il n'est plus enfermé dans le carcan d'une signification. En ce sens, les œuvres dramatiques de Sarraute, Pinget et Duras réalisent parfaitement au théâtre ce que Robbe-Grillet souhaitait pour le roman :

« Quant aux personnages du roman, ils pourront eux-mêmes être riches de multiples interprétations possibles ; ils pourront, selon les préoccupations de chacun, donner lieu à tous les commentaires, psychologiques, psychiatriques, religieux ou politiques. On s'apercevra vite de leur indifférence à l'égard de ces prétendues richesses. Alors que le héros traditionnel est constamment sollicité, accaparé, détruit par ces interprétations que l'auteur propose, rejeté sans cesse dans un *ailleurs* immatériel et instable, toujours plus loin toujours plus flou, le héros futur au contraire demeurera là. »[1]

Il est *là*, en effet, parce qu'il n'a rien à nous dire, sinon « Désirez-moi ».

IV. UN THÉÂTRE « TROUÉ »

La mort du personnage traditionnel n'est pourtant qu'un moment d'une entreprise plus générale. Celle-ci vise à faire vivre l'œuvre théâtrale à partir d'un manque fondamental, semblable à celui qui prend forme dans le Nouveau Roman. Mais le théâtre a un gros avantage sur le roman. Car sur une scène le manque prend toute sa valeur : il n'est plus seulement une absence, un néant dans le texte ; il est la présence de cette absence. Il est un trou dans l'espace et la parole, un trou presque visible, parce que matérialisé par le vide. Quand un personnage se tait sur une scène, cela s'entend ; dans un roman, il n'en est rien. Et la prolifération des silences, dans le théâtre de Marguerite Duras notamment, est peut-être une traduction dramatique du manque romanesque. C'est la même Duras qui dit d'ailleurs :

« C'est au théâtre qu'à partir du manque on donne à voir. »[2]

Nathalie Sarraute et Robert Pinget le savent bien aussi, eux qui ne nous livrent jamais qu'une infime partie de ce que d'autres dramaturges nous donneraient en totalité. Ainsi, la réalité qu'ils nous présentent est toujours fragmentaire. Il y manque toujours la tête, comme pour le cadavre de Marie-Thérèse Bousquet dont la Claire Lannes de *L'Amante anglaise* se refuse à restituer le chef sanglant. Au mieux, si tous les éléments sont présents, ils le sont dans le désordre et en une multitude de morceaux. Souvent même, les parties du puzzle ne s'emboîtent pas, comme dans *Autour de Mortin* de Pinget, et nous devenons fous du désir de comprendre — du désir et non de la compréhension même, car si la compréhension pouvait être atteinte, tout désir s'évanouirait ; pour reprendre la formule de Gérard Depardieu qui joua aussi bien Sarraute que Duras : « La compréhension tue la grâce. »[1] Si l'on sait, l'on n'a plus rien à désirer. C'est pour cela aussi que les œuvres dramatiques qui nous intéressent ont rarement une fin véritable, c'est-à-dire qui produirait l'assouvissement, sous une forme ou sous une autre. Ainsi, la fin logique des pièces de Sarraute serait, nous le verrons plus précisément, un massacre mutuel ; mais l'auteur coupe court. Qui plus est, nous ne saurons jamais si le silence, le mensonge, etc... qui provoquèrent le drame, existaient réellement et avaient vraiment la signification qu'on leur prêtait. La fin n'est qu'un palliatif, jamais un *dénouement* véritable. De même chez Pinget, le père de *Lettre morte* n'arrêtera pas de revenir chaque jour au café et chaque jour à la poste, pour tenter d'obtenir des nouvelles du fils prodigue ; l'orgue de *La Manivelle* n'arrêtera pas de faire entendre sa rengaine et nous ne saurons pas si Toupin était à Clermont dans l'infanterie ou à Toulouse dans la cavalerie ; le Mortin d'*Identité* constatera que la fin n'est jamais qu'un début et que « c'est maintenant qu'il va falloir commencer ». De la même façon, chez Duras, nous sommes toujours au bord de l'acte définitif, sans qu'il soit jamais consommé : c'est toujours demain qu'Agatha s'en va, et toute la pièce du même nom ne ressasse que l'impossibilité et la nécessité de ce départ toujours recommencé et encore jamais accompli. On ne peut pas non plus savoir si l'Homme du *Square* ira au bal de la Croix-Nivert, ou si la Jeune Femme de *Savannah Bay* reviendra le jour suivant, rechercher un passé qui toujours lui échappe. On ne peut jamais être sûr de rien. L'écriture est continuellement trouée par le manque et c'est ce manque qui la fonde.

Ainsi peut-on s'expliquer que l'une des figures essentielles qui structurent ce théâtre soit celle de la quête et de l'interrogation, voire de l'enquête policière qu'affectionne souvent le Nouveau Roman. Si le manque ne peut être comblé, il n'en reste pas moins, en effet, qu'il invite à le faire. De sorte que les personnages sont dans un perpétuel état de recherche ; ils tentent de reconstruire pour eux-mêmes tout ce dont l'auteur les a privés. Chez Nathalie Sarraute, la quête prend forme d'instruction judiciaire et de procès, voire de torture — de « question ». Les protagonistes traquent les failles de l'autre[a], le poussent dans ses retranchements, essaient de lui faire dire ce qu'il n'a pas dit ou ne veut pas dire. Ils cherchent derrière les mots, tentant désespéré-

---

a. Matthieu Galey parle joliment de « *thrillers* de l'invisible » (*Digraphe*, n° 32 — mars 1984 — p. 99).

ment de leur donner un contenu. Les personnages de Pinget, quant
à eux, courent après leur identité ou celle de leurs proches. L'« inquisitoire » — pour reprendre le titre de l'un des livres les plus connus
de l'auteur — s'insinue partout : la « machine à questions » cherche
qui était Mortin (*Autour de Mortin*), Mortin cherche qui est l'auteur
(*L'Hypothèse*), Monsieur Levert cherche qui est son fils et où il est
(*Lettre morte*), Abel et Bela cherchent le théâtre (*Abel et Bela*), Pommard et Toupin cherchent leur passé (*La Manivelle*). Cette dernière
quête est, au reste, particulièrement répandue chez Duras : Suzanne
et Joseph cherchent après l'histoire de leur mère (*L'Eden Cinéma*),
Madeleine et la Jeune Femme après celle de Savannah (*Savannah Bay*),
Agatha et son frère après leur enfance (*Agatha*)... L'interrogatoire
pur et simple se retrouve par ailleurs dans *L'Amante anglaise* et déjà,
d'une certaine façon, dans *Les Viaducs de la Seine-et-Oise*. A chaque
fois, un ou plusieurs personnages s'acharnent à boucher les trous
patiemment creusés par le dramaturge.

Mais leur entreprise ne peut qu'être vaine. Ils ne peuvent qu'énon-
cer une série de solutions possibles, sans jamais parvenir à se fixer.
C'est là leur lot. Le spectateur n'est donc pas convié au traditionnel
partage d'un savoir organisé, mais à la cérémonie funèbre de ce savoir.
Seules demeurent une multitude de directions, toutes plausibles, toutes incertaines. Ainsi peut-on parler, de façon presque définitionnelle,
d'un *théâtre de propositions*, qui n'impose rien mais soumet des possibles. Rien n'est donné d'avance comme vérité ultime. Déjà Robbe-
Grillet affirmait :

« Le Nouveau Roman ne propose pas de signification toute faite. »[1].

De même, ce théâtre ne nous propose pas d'histoire toute faite, ni de
personnages tout faits. Tout est *à faire*, par le spectateur.

C'est pourquoi le manque est l'élément moteur d'un tel théâtre.
C'est lui qui fait naître le désir, lequel nous saisit et nous emporte là
où nous n'aurions jamais espéré aller. Dans l'espace laissé ouvert à
toutes les possibilités, le spectateur trouve sa vraie place. Au lieu d'être
passivement installé dans un fauteuil où il recevrait des informations
successives, il vit sur ce qui lui manque. Dans *La Vie matérielle*, Marguerite Duras raconte ce fait divers tragique du suicide collectif d'un
couple et de ses deux enfants, écrasés par un TGV, après le passage
d'un employé de l'Etat venu leur couper l'eau. L'auteur explique

alors qu'entre l'épisode du coupeur d'eau et le drame, la mère a été aperçue dans un bar qu'elle connaissait :

> « Les journalistes ne sachant pas ce qu'elle avait dit à la patronne du café n'ont pas signalé cet événement (...) Là, je rétablis le silence de l'histoire, entre le moment de la coupure de l'eau et le moment où elle est revenue du café. C'est-à-dire que je rétablis la littérature avec son silence profond. C'est ce qui me fait avancer. C'est ce qui me fait pénétrer dans l'histoire, sans ça, je reste au-dehors. Elle aurait pu attendre son mari, et lui annoncer la nouvelle de la mort qu'elle avait décidée. Mais non. Elle est allée au village, là-bas, dans ce bistrot.
> Si cette femme s'était expliquée, ça ne m'aurait pas intéressée. »[1]

Si nous citons ces lignes, c'est qu'elles reprennent exactement l'attitude du spectateur face à ce théâtre. Nous aussi nous avons à « rétablir le silence de l'histoire » ; nous aussi nous entrons dans l'histoire par l'intermédiaire de ce qu'elle ne dit pas ; nous nous coulons dans ces failles, bien contents qu'elles existent et que les personnages ne s'expliquent pas. De sorte que cette écriture fonctionne un peu comme une musique, dans le sens où c'est à partir d'elle que *nous* inventons la pièce. Car de même qu'avec une même musique chacun construit l'univers imaginaire qu'il veut, de même le spectateur de ces œuvres dramatiques se découvre à son tour créateur. Il se réveille de sa torpeur ; au lieu d'avoir devant lui un ensemble parfait, achevé, qu'il ne peut qu'accepter sans mot dire, il est forcé de prendre part à ce qui se fait et se défait sous ses yeux. C'est parce qu'il y a des trous qu'ils peut s'installer au cœur de l'action ; parce qu'il ne s'agit pas d'un théâtre qui glisse impeccablement, qu'il se découvre vraiment différent entre le début et la fin de la pièce. Théâtre « entre centre et absence » aurait dit Michaux, théâtre qui est là mais absent parce qu'à faire. Théâtre virtuel qui se bâtit sur notre seul désir. Théâtre qui nous rend intelligents ? En tout cas amoureux.

*
* *

Ainsi pourrait-on résumer les principaux points de convergence qui existent entre ces trois ensembles dramatiques et l'état d'esprit général qui sous-tend l'entreprise néo-romanesque. On voit dès lors assez clairement dans quelle mesure cette dernière peut induire une certaine écriture théâtrale, laquelle repose sur quelques fondements essentiels : émergence d'une voix excentrée et presque autonome qui constitue à elle seule toute l'action et est le corollaire d'une disparition très fréquente des péripéties classiques ; mort de la psychologie et du personnage traditionnels ; structure « trouée », ne visant plus la cohérence du propos mais la naissance du désir.

Pourtant, il est tout aussi clair que les pièces de Nathalie Sarraute, Robert Pinget et Marguerite Duras ne se limitent pas à ces directions communes. Pas plus que le Nouveau Roman, le « théâtre du Nouveau Roman » que l'on peut voir *s'esquisser* derrière l'œuvre de ces trois dramaturges ne constitue une « école », voire une expérience collective préméditée. Bien au contraire. Il est même très probable que ces écrivains s'élèveraient contre de tels rapprochements. C'est donc afin de limiter ce que toute généralisation a d'excessif qu'il s'agit à présent d'aborder successivement chaque ensemble. On tentera ainsi d'en montrer les spécificités et de souligner qu'un tel théâtre ne peut qu'être pluriel.

*
* *

Chapitre II

NATHALIE SARRAUTE
ET LE LOGO-DRAME

> *Avec les mots, on se méfie jamais suffisamment,*
> *ils ont l'air de rien les mots, pas l'air de dangers*
> *bien sûr, plutôt de petits vents, de petits sons de*
> *bouche, ni chauds ni froids, et facilement repris*
> *dès qu'ils arrivent par l'oreille, par l'énorme ennui*
> *gris-mou du cerveau. On ne se méfie pas d'eux*
> *des mots et le malheur arrive.*
>
> Louis-Ferdinand CÉLINE

La pagination des pièces étudiées renvoie aux éditions suivantes :
— Pour *Le Silence*, *Le Mensonge*, *Isma*, *C'est beau*, *Elle est là* : *Théâtre*, Gallimard 1978.
— Pour *Pour un oui ou pour un non* : Gallimard 1982.

I. TROPISMES ET THÉÂTRE

Entre la rédaction de *Tropismes*, commencée en 1932, et celle du *Silence*, qui date de 1964, prend place un intervalle de trente-deux ans : entre *Portrait d'un inconnu*, écrit de 1941 à 1946, et cette première pièce, vingt-quatre ans se sont écoulés. C'est dire que, si les débuts de la romancière ont été relativement « normaux », sa vocation de dramaturge fut bien tardive. Peut-on même parler de vocation quand tout semble faire penser que c'est un peu malgré elle que Nathalie Sarraute est venue au théâtre ? Consciente de la spécificité de son écriture romanesque, elle vit d'abord mal quel chemin elle pourrait emprunter. A la question : « Comment l'auteur de *Martereau, Le planétarium*, d'un essai tel que *L'ère du soupçon*, a-t-elle été amenée à écrire pour le théâtre ? », elle répond :

> « Je n'y songeais même pas. Je me croyais vouée à déchiffrer inlassablement mon lopin de terre romanesque. »[1]

Ailleurs elle précise :

> « J'avais toujours pensé qu'il ne me serait pas possible d'écrire pour le théâtre parce que tout y est dit dans le dialogue et que chez moi ce qui était important c'était ce que l'on appelait la « sous-conversation », le « pré-dialogue ». Le dialogue, c'est l'affleurement en dehors de ce qui a été préparé par ces mouvements intérieurs, ces tropismes. Il me semblait impossible d'écrire tout cela en dialogue. Puis un jour, quand on m'a demandé une pièce pour la radio de Stuttgart, je me suis dit que peut-être il serait amusant, intéressant de mettre dans le dialogue de théâtre justement tout ce qui est pré-dialogue dans le roman. »[2]

De fait, à lire *Portrait d'un inconnu*, on peut se demander comment il était possible d'opérer la transmutation nécessitée par le passage à la scène et qui consistait à rendre extérieur et visible ce qui était profondément enfoui au cœur des personnages. La sous-conversation est par définition un non-dit, le théâtre au contraire vit de la parole. Le tropisme ne s'exprime même pas sous la forme du monologue intérieur. Le procédé cher à Joyce n'est qu'un moyen de transcrire le discours que le personnage s'adresse à lui-même, et en ce sens il est plutôt un dialogue intérieur et déjà une mise en forme de la réalité psychologique. La sous-conversation, elle, précède le langage ; elle se produit à un niveau où le discours ne prend pas encore place. Elle n'en a pas la structure. Elle n'est que grouillements confus et sensations mêlées, que Sarraute peut décrire avec force métaphores (de la bête traquée à la poche qui gonfle sous la peau de l'hydropique, en passant par l'abcès plein de pus[1]). Dans le roman, la seule manifestation extérieure des tropismes réside dans les dialogues qui les cachent autant qu'ils les désignent. Il les désignent car ils ont été préparés par la sous-conversation ; ils les cachent car ils sont déjà de la conversation. C'est ici qu'il nous faut noter l'ambiguïté de l'espoir formulé dans *L'Ère du soupçon* :

> « Le dialogue [romanesque], tout vibrant et gonflé par ces mouvements qui le propulsent et le sous-tendent, serait, quelle que soit la banalité apparente, aussi révélateur que le dialogue de théâtre. »[2]

> « C'est insensiblement, par un changement de rythme ou de forme, qui épouserait en l'accentuant sa propre sensation que le lecteur reconnaîtrait que l'action est passée du dedans au dehors. »[3]

Il est encore ici question de deux ordres de rythme — même si le passage de l'un à l'autre doit être « [insensible] » —, d'un « dedans » et d'un « dehors ». Mais, au théâtre, le dialogue n'est que « dehors ». Aucune parole n'est rentrée. Ou plus précisément, une parole « rentrée » y prend la forme d'un silence et perd donc le statut de *parole* qu'elle conservait dans le roman. Écrire pour le théâtre consistera donc à faire tout dire aux personnages, y compris ce que le roman reléguait au niveau du non formulé, voire de l'interdit. Ainsi Sarraute ouvrit-elle la porte au scandale, allant jusqu'au bout de ce que ses romans n'avaient pu, dans une large mesure, qu'esquisser, faute de bénéficier des contraintes de la scène.

A côté de cette transformation radicale nécessitée par ces dernières, on a pu néanmoins noter avec raison la parenté fondamentale existant entre les romans de Sarraute et le théâtre. Nous avons déjà remarqué, au chapitre précédent, l'importance du dialogue qui caractérise la plupart des œuvres néo-romanesques, et plus particulièrement ceux de Sarraute. Matthieu Galey écrit ainsi :

> « Tout en dialogue, *Enfance* pourrait être une pièce à deux personnages, comme *Le Mensonge* est un quatuor, et quoi de plus facile que de « jouer » *Le Planétarium*. On a du reste transposé[a] au théâtre *Les Fruits d'or*. »[1]

Plus subtilement, Simone Benmussa, qui signa justement la mise en scène d'*Enfance* — au « Petit Théâtre du Rond-Point », du 8 février au 10 mars 1984 — souligne la proximité des deux écritures sur le plan de la progression dramatique :

> « Les personnages sont tous vus comme à contre-jour, comme travaillés au « repoussé ». Le courant venant d'eux, retournant vers eux, les cerne d'une auréole qui se précise petit à petit, par framents, de chapitre en chapitre, pour leur donner un contour. Cette progression dans la façon de faire vivre un personnage a une très grande affinité avec le théâtre, un certain théâtre (...) Le théâtre est ici un lieu d'ombres et de lumières qui découvrent ou cachent ce qui vient, un moment, se poser. Le contre-jour est une réalité concrète au théâtre, un langage. Les mouvements des acteurs, leurs déplacements leurs arrêts, leurs positions, (...) leurs gestes les plus infimes (...), tout cela qui compose une écriture scénique, visuelle, faire surgir une scène ou le détail d'une scène. »[2]

C'est bien ainsi qu'agit Sarraute, romancière, pour qui mouvements, déplacements, arrêts constituent la matière du tropisme. Tout est fondé sur un jeu subtil de translations, de glissements plus ou moins perceptibles, d'élans, de retours en arrière. La parole hésite, se contredit, et, par là seulement, se révèle dans la clarté de son authenticité, plaçant la dramatisation au cœur même de l'œuvre sarrautienne.

Cette dramatisation résulte de l'usage presque exclusivement pragmatique que la romancière fait du langage. La pragmatique, rappelons-le, « s'intéresse à ce qui a lieu sur l'axe locuteur-auditeur, c'est-à-dire à *l'échange de paroles* comme activité intersubjective, comme pratique sociale ; elle étudie ce que l'on fait avec les mots, alors que la sémantique étudie ce qu'ils signifient »[3]. Peu importe en fait le sens propre à chaque mot ; ce qui occupe Nathalie Sarraute c'est le sens que lui confère l'acte de la profération, la charge émotionnelle, la motivation profonde qui l'accompagne. Une même phrase prononcée de dix façons différentes dénoncera dix intentions différentes, indépendamment de son contenu. C'est même l'une des caractéristiques de la conversation courante que de tirer sa validité du contexte d'élocu-

---

a. Adaptation et mise en scène de Claude Risac. Création le 26/11/1974. Conservatoire National Supérieur d'Art Dramatique. Reprise au bio-théâtre du 11/3 et 20/4/1975.

tion, des intonations, respirations, soupirs, hésitations, et autres manifestations non-verbales qui la sous-tendent. L'usage que fait la romancière des points de suspension est tout à fait révélateur d'une telle préoccupation : le vide, le silence qui suit le mot est plein de tout ce que ce dernier ne peut pas dire ; c'est lui qui constitue le vrai contenu sémantique, alors que la phrase tend à n'être, en soi, qu'une forme vaine qui a besoin de ce qui l'entoure, de ce qui la délimite, pour signifier. Dès lors, le travail du personnage consiste à décoder le langage de l'autre. Un exemple tiré de *Martereau* peut préciser cette idée :

> « Eh bien... vous ne dites rien... quoi de neuf ?... » Je donnerais n'importe quoi pour ne pas avoir perçu dans le ton de sa voix, moins dans les mots eux-mêmes que dans leur prolongation dans le silence entre les mots, quelque chose d'agressif, d'un peu méprisant. « Quoi de neuf ?... Vous ne dites rien ?... Qu'est-ce que vous fabriquez ? ...Comment ça va chez vous ? » ...un frottement, un grincement léger, une sorte de petit sifflement... un mince jet âcre et chaud qui sort des mots... mais j'exagère déjà, je vais perdre pied, c'est moins que cela, bien moins, à peine une nuance, comme un minuscule rouage mal huilé dans un mécanisme d'horlogerie parfaitement entretenu, réglé. »[1]

Ici le décodage auquel se livre le destinataire de l'interrogation vise bien à subsumer un sens aux propos apparemment banals qui lui sont adressés. La voix porteuse de la parole a trahi un débordement sémantique qui déferle sur le personnage.

Or, cette importance conférée par le roman sarrautien à la dimension performative du langage, préférée à sa compétence[a], est typiquement théâtrale. Qui plus est, le texte dramatique devient plus que jamais, avec Sarraute, une partition à entendre et à vivre. La prononciation est indiquée avec précision et impose un phrasé particulier. Quelques exemples suffisent à illustrer ce dernier : « In-to-lé-rance » (*Elle est là* — p. 21), « Dé-ni-gre-ment », « Dé-men-tiel » (*Isma* — p. 64 et 67), « grrrand suspens », et bien sûr « C'est biiien... ça », puis « C'est biiiien...ça » (*Pour un oui ou pour un non* — p. 15 et 29). Ainsi le domaine scénique apparaît quasiment comme l'aboutissement logique des romans de Nathalie Sarraute. Ce qui ne peut être que suggéré par des signes linguistiques — points de suspension, d'exclamation, d'interrogation... — devient sur la scène une réalité physique — vibrements de la voix, murmures, hoquets, soupirs... — comme si le théâtre devait assumer ce dont la voix intérieure du lecteur était incapable.

---

a. Possibilité d'exprimer un sens, de dire *quelque chose*.

Car telle semble bien être l'une des fonctions essentielles du théâtre de Nathalie Sarraute, dont la production alterne assez régulièrement avec celle des romans : permettre l'accomplissement de ces derniers, les porter aux confins de leurs possibilités. Ainsi la romancière-dramaturge parvient-elle à définir un territoire bien à elle ; chaque roman détermine un nouveau champ d'investigation, chaque pièce rend possible le passage à la limite. Non seulement son théâtre continue ses romans, mais il en révèle et en réalise le potentiel dramatique. En ce sens le passage de Nathalie Sarraute au théâtre, loin d'être un accident (comme une certaine critique a longtemps voulu nous le faire croire), était le fruit d'une quasi-nécessité littéraire — même si elle-même n'en fut pas tout de suite consciente. Or, en exploitant ainsi à fond la dimension dramatique de son écriture romanesque, l'écrivain porte le théâtre aussi loin qu'il peut aller dans la direction ainsi définie. Sarraute parvient de la sorte à donner corps à l'espoir formulé par Artaud, qui écrivait dans « Le théâtre de la cruauté » :

> « Ce que le théâtre peut encore arracher à la parole, ce sont ses possibilités d'expansion hors des mots, de développement dans l'espace, d'action dissociatrice et vibratoire sur la sensibilité. C'est ici qu'interviennent les intonations, la prononciation particulière d'un mot. »[1]

Sarraute fait découvrir au théâtre la richesse dramatique de la parole qui, avec elle, n'est plus seulement un instrument, une forme dans laquelle se coulerait une action qui lui serait extérieure.

II. LE DRAME DE LA PAROLE

Contrairement au théâtre traditionnel qui se concentre sur les seuls mots considérés comme le véhicule de l'action, et dont le sens est conféré par des codes syntaxiques et linguistiques, des pièces comme *Le Mensonge* ou *Le Silence* découvrent que ces mots ne sont qu'un des aspects de la parole ; elles montrent que celle-ci est langage mais aussi au-delà du langage. Le manque, cher au Nouveau Roman, prend chez Sarraute la forme d'une quête incessante de cet au-delà. Pour elle, le langage n'est qu'un plein qui cache un creux. Le drame naît du fait que, faute de pouvoir supprimer ce creux et retrouver la transparence apaisante dont il a pris la place, les personnages sont tentés d'y projeter leurs fantasmes et leurs peurs. Ainsi tout tragique serait désamorcé si la parole, c'est-à-dire si les mots, les silences, les intonations, etc. acceptaient de regagner les cadres rassurants du langage — avec un sens pour chaque expression linguistique en dehors de tout contexte d'élocution. S'ils acceptaient de « rentrer dans le rang ». Si dans *Pour un oui ou pour un non* H.2 recevait simplement le « C'est bien, ça » de son ami, sans remarquer le suspens entre les mots, puis l'accent sur le « ça ». Si dans *Le Silence* les personnages ignoraient le mutisme de Jean-Pierre, comme non-signifiant, puisque non-langage. Si dans *Isma* la prononciation défaillante de la désinence « isme » pouvait s'expliquer par une défaillance physique sans conséquences. Mais Sarraute refuse tout langage sécurisant. Des failles s'ouvrent sous les mots, des béances qui appellent l'obsession et où l'être glisse inévitablement. Ce théâtre arrache la peau qu'est le langage social, le langage dans son apparence. Il va à la recherche de ce qui motive la Parole : le monde de sensations que cache celle-ci.

Or cette recherche le conduit immanquablement à tout faire signifier, à tout interpréter. D'où la vision totalitaire de la parole, qui s'en dégage. Tout a un sens, rien n'est gratuit ; et c'est là que réside son caractère éminemment dramatique. Qui plus est, l'enfermement, la concentration dans l'espace et le temps, qui caractérisent le théâtre (quelques mètres carrés, quelques heures) grossissent considérablement les effets de cette donation de sens. Les personnages ne peuvent pas y échapper. Ils n'ont même pas pour les secourir les ressources du commentaire, de la description, de la narration propres au roman. Ils n'ont que la parole pour les défendre et c'est elle qui les déchire. Ils doivent se battre contre le sens pour préserver le ressenti, « trouver entre le non-nommé et le langage un équilibre à chaque instant menacé »[1]. Mais cet équilibre semble impossible, car le sens déborde de partout et semble engloutir les protagonistes. Ici se manifeste la différence essentielle qui existe entre la dramaturgie de Sarraute et celle de Ionesco. Si l'un et l'autre se sont attaqués au problème posé par le « *on* inauthentique de la parlerie quotidienne », analysé par Heidegger dans *Être et temps*, ils ont progressé dans des directions totalement opposées. Quand Ionesco grossit démesurément la banalité de la conversation pour constater la mort du sens, Sarraute, elle, ne conserve que la sous-conversation qui confère à la conversation un surplus de sens. De sorte que si le premier a réduit la parole à un bavardage absurde, la seconde l'investit d'un trop plein sémantique (celui du petit fait, du petit détail qui veut tout dire).

Ainsi le drame de la parole qui fonde le théâtre de Nathalie Sarraute repose sur l'écart existant entre le langage et ce qui le motive. Cette inadéquation fondamentale fait naître un désir de combler l'écart ; mais le seul moyen en est encore le langage qui cherche à désigner et à expliquer ce qui le précède :

> « Ces efforts pour faire accéder au langage ce qui sans cesse se dérobe ont présenté de grandes difficultés. Ces efforts, en effet, ont rencontré un obstacle redoutable, celui que dressait devant eux le langage lui-même. Un langage partout installé, solidement établi sur des positions qui paraissent inexpugnables, tant elles sont universellement respectées. »[1]

Le mot fige, dessèche. Sans cesse le personnage sarrautien se voit coincé entre les tropismes et ceux qui prétendent les nommer. Il doit combattre les étiquettes que ses partenaires veulent lui appliquer pour enfin le rendre inoffensif. On peut dénombrer maints exemples de ces tentatives de réduction par le langage. Dans *C'est beau*, la mère singe ainsi les « gens sains, normaux » qui cherchent à classer et à épingler l'autre comme un papillon dans un cadre :

> « ELLE : (...) (*Imitant*) Est-ce un assassin ? Bien sûr que non. (*Imitant*) Un voleur ? Un menteur ? Non. (*Imitant*) Un pervers ? Non. (*Imitant*) Un feignant ?... » (*Théâtre,* p. 56).

De même *Isma* commence par une définition, c'est-à-dire une forme de conclusion :

> « LUI : Dénigrement ? Dé-ni-gre-ment. Oui, c'est ça : dénigrement. C'était du dénigrement ce que nous faisions là. Vous auriez pu dire aussi : médisance. Ou cancans. Mais vous avez choisi dénigrement. Je comprends... » (*Théâtre,* p. 68)

Dans *Pour un oui ou pour un non*, H.1 cherche à définir H.2, à lui accoler un nom qui annihilerait en même temps le tragique de la situation, et H.2 s'en défend :

> « H.2 : (...) Dès que je regarde par la fenêtre, dès que je me permets de dire « la vie est là », me voilà aussitôt enfermé à la section des « poètes »... de ceux qu'on place entre guillemets... qu'on met aux fers. » (p. 45)

Dans *Elle est là*, une boulette est lancée du public :

> « H.2 *lit, perplexe, se gratte la tête :* In-to-lé-rance. Intolérance. Ah, ils sont forts là-bas. Un seul mot projeté ainsi... on en titube. Ce que nous sommes en train de faire là s'appelle tout simplement intolérance. » (*Théâtre,* p. 21).

Or le tropisme et son aboutissement dans la parole sont beaucoup trop complexes pour pouvoir être nommés adéquatement. Ici le pouvoir du mot est destructeur. Au reste, il est intéressant de noter combien l'entreprise de Sarraute, qui cherche à dénoncer tous les « abus de langage », est loin d'apparaître comme une évidence. Lorsqu'un personnage étiqueté par ses pairs se défend, une large part du public est prête à approuver la classification, en en faisant là encore un intolérant — et en ce sens *Elle est là* est tout à fait exemplaire — uniquement parce qu'il refuse l'usage courant du langage qui tend, nous l'avons dit, à être totalitaire, c'est-à-dire à vouloir désigner la totalité de la réalité. Nathalie Sarraute elle-même dénonce ce type de réaction :

> « La plupart des lecteurs me disent que je mets en scène l'intolérance. C'est un des contre-sens — il y en a plusieurs — qui circulent à propos de mes livres et de mes pièces. »[1]

Tant le pouvoir et la fascination du langage sont grands. Car ce contre-sens est le résultat d'une confiance sans bornes dans le langage et d'une croyance en sa possibilité d'atteindre le particulier et le mouvant. Or, au contraire, le mot généralise et paralyse, trahissant ainsi son utilisateur. Bergson analyse le problème en ces termes :

> « Nous tendons instinctivement à solidifier nos impressions pour les exprimer par le langage. De là vient que nous confondons le sentiment même, qui est dans un perpétuel devenir, avec son objet extérieur permanent, et surtout avec le mot qui exprime cet objet. (...) Le mot aux contours bien arrêtés, le mot brutal qui emmagasine ce qu'il y a de stable, de commun et par conséquent d'impersonnel dans les impressions de l'humanité, écrase ou tout au moins recouvre les sensations délicates et fugitives de notre conscience individuelle. »[2]

A cette contradiction les personnages de Nathalie Sarraute essaient d'échapper. De là vient que le drame interne à la parole constitue le moteur de l'action.

III. LA PAROLE COMME DRAME

La parole est le lieu même du drame. D'abord parce qu'elle en est la vraie scène. Rappelons que Nathalie Sarraute écrivit d'abord les pièces radiophoniques que sont à l'origine *Le Silence*, *Le Mensonge* et *Isma*[a]. Autrement dit, la dramaturge, qui a répété à maintes repri-

a. *Le Silence* a été créé par le Süddeutscher Rundfunk en avril 1964 et en traduction allemande. *Le Mensonge* le fut en mars 1966, simultanément en français à Paris

ses que son écriture n'était pas du tout visuelle et qu'elle-même ne pouvait s'en représenter la réalisation dans l'espace, centre l'action sur la seule parole. Ainsi s'expliquent les indications purement vocales contenues par la quasi-totalité des didascalies. Soit il s'agit de notations comme : « *voix blanche* », « *voix calme* », « *voix tremblante* », « *d'une voix molle* », « *faisant une grosse voix* », « *soupir* », « *criant* », « *chuchotant* », « *ton enfantin* »... Soit il s'agit de caractérisations induisant une intonation provoquée par un état particulier : « *glacial* », « *indigné* », « *effrayé* », « *rageur* », « *très digne* », « *stupéfait* », « *il pouffe* »... Au reste, ces exemples suggèrent assez bien la richesse de la palette sonore de Sarraute : richesse lexicale, mais aussi grammaticale (adjectifs, participes présents, noms, adverbes, verbes, etc.). Dès lors, la réalisation scénique tend à faire de ces indications les piliers sur lesquels repose toute conception spatiale : la parole porte le mouvement, le mot commande le geste.

Les titres de chacune des pièces sont aussi très révélateurs de cette fonction dynamique qui est réservée au langage. « Un mensonge » suggère une distorsion entre discours et réalité, « le silence » un effacement de la parole, « isma » une déformation sonore, « c'est beau » et « pour un oui ou pour un non » sont des expressions figées par l'usage, « elle est là », simple constatation en apparence, est le détonateur du drame. Toutes ces œuvres pourraient presque s'ouvrir sur l'*incipit* de l'évangile de Jean : « Au commencement était le Verbe. »

De même l'utilisation intensive des clichés et des banalités, qui fonde la conversation des personnages, souligne la fonction de « lieu commun » dévolue à la parole, c'est-à-dire de « lieu de rencontre », comme le dit Sartre dans la préface de *Portrait d'un inconnu*. Avant de se retrouver dans un espace les personnages se retrouvent dans cette parole. C'est là qu'ils s'affrontent. L'action n'est donc pas dans les péripéties qui rythment le théâtre traditionnel, voire celui de Beckett (entrées et sorties burlesques de Pozzo et Lucky, etc.) ou de Ionesco (transformations successives des habitants en rhinocéros, etc.). Elle prend place sur le plan de la seule parole.

En 1967, Nathalie Sarraute s'en explique ainsi auprès d'une journaliste :

et à Bruxelles, et en allemand à Stuttgart. *Isma* fut diffusé sur les ondes le 7 janvier 1970, là encore par le Süddeutscher Rundfunk, puis en français par l'O.R.T.F., dans une réalisation de C. Roland-Manuel.

« Peut-on encore parler de théâtre, d'action dramatique ?
— Je le crois. C'est un théâtre de langage. Il n'y a que du langage.
Il produit à lui seul l'action dramatique... Je pense que c'est une action
dramatique véritable ; avec des péripéties, des retournements, du sus-
pense, mais une progression qui n'est produite que par le langage. »[1]

Sarraute opère donc un déplacement capital ; à l'intrigue sous toutes
ses formes, elle préfère l'action qui se déclenche dans la parole : ses
personnages ne sont plus des caractères mais des mots et des silences.
Ses pièces ne s'ouvrent pas sur des événements qui provoquent la parole
(retour d'Antiochus, réveil et rituel de Winnie, etc.), mais sur la parole
qui provoque l'événement : « C'est beau », « C'est bien, ça »... On
ne saurait mieux marquer le pouvoir du mot. Dans l'analyse formelle
qu'il a faite du *Mensonge*[2], Steen Jansen a montré comment, en
l'absence d'éléments extérieurs à la parole (entrées ou sorties de personnages, indications de déplacements, etc.), la progression dramatique était entièrement déterminée par l'évolution des répliques. Il parvint ainsi à diviser l'œuvre en quatorze unités constituant les séquences successives du drame. A ses yeux, il existe, dans chaque cas, un
« élément à fonction démarcative » qui amène le changement de
séquence et la progression de la pièce. Cet élément se présente, selon
lui sous la forme d'une « réplique qui commence par une phrase inter-
rogative et qui est dite par un personnage qui n'a pas dit une des neuf
répliques précédentes »[3]. Une telle analyse a l'avantage de souligner
le rôle moteur de la parole, dont les variations, parfois à peine perceptibles, déterminent les étapes de la montée tragique. Ainsi, tout
le théâtre de Sarraute repose sur cette fonction dynamique, et cette
concentration qui lui confère son originalité. Nul écrivain n'a su comme
la romancière faire du drame de la parole (et non du seul langage pris
comme simple instrument) la matière même d'une œuvre dramatique.
C'est cette spécificité qui nous a conduit à donner à cette dernière le
nom de « *logo-drame* ». Par cette appellation, nous ne cherchons pas
à imposer un néologisme de plus, mais à cerner le plus précisément
possible la nature de ce théâtre. Car telle nous semble bien être son
essence même : drame du *logos*, drame qui est tout à la fois conséquence et origine du *logos*.

Pourtant, loin de mener, comme on l'a souvent écrit, à des spectacles « cérébraux », car ignorant tout bouleversement physique et travaillant uniquement sur le plan des mots et de leurs avatars, cette démar-

che propre au logo-drame aboutit à un théâtre où la sensation est reine. Aucune de ces pièces ne vise à faire passer un « message », voire à développer des théories sur le langage. La parole ne sert pas à porter des idées (à l'inverse de ce qu'affirme, péremptoire, André Ransan, à propos du *Silence* et du *Mensonge*[a]). Elle n'est que le lieu et la source des conflits mis en scène.

> « Il n'y a pas d'échange d'idées ; le dialogue ne suit ni un enchaîne-ment temporel, ni un enchaînement logique. C'est un dialogue instan-tané et complètement spontané, ou, ce qui importe plus, il crée l'illu-sion de la spontanéité. »[1]

La conversation sert de catalyseur à tout un système d'actions/réac-tions. Un mot est prononcé, qui est aussitôt reçu. Un silence est laissé, qui est immédiatement senti comme une agression. Une syllabe est déformée, qui entraîne une avalanche de formules d'exorcisme. En ce sens, Nathalie Sarraute est très proche de Marivaux. Arlequin, Dorante, Silvia, attrapent au vol chaque réplique de leurs partenaires et y répondent sans attendre. Ils réagissent sans réfléchir. C'est cette forme d'enchaînement qui, *si l'on y réduit le dialogue*, donne ce que l'on a nommé injustement « marivaudage ». Or chez Marivaux, comme chez Sarraute, il y a beaucoup plus que de subtils jeux de lan-gage. Il y a, chez tous deux, les troubles et les déchirements de ces personnages qui vivent au niveau de leur parole. On pourrait alors penser que la différence entre ces écrivains tient essentiellement à la quasi-révolution du Nouveau Roman qui a amené l'auteur du *Silence* à se dégager de la notion de personnage et de celle d'histoire, dont était encore tributaire le dramaturge du XVIIIe siècle. Pour aboutir au logo-drame, il fallait rendre possible cette focalisation sur la parole, hors de tout élément extérieur ; et pour cela peut-être était-il néces-saire d'écrire d'abord *Portrait d'un inconnu*.

IV. STRUCTURES DU LOGO-DRAME

La spontanéité du logo-drame ne doit pas masquer les structures rigoureuses qu'il laisse apparaître et qui fournissent à Nathalie Sar-raute la trame qui sous-tend la totalité de ses pièces. Dans chaque cas, on rencontre d'abord un personnage (ou un couple de personnages) qui se détache du groupe. C'est ce personnage (ou ce couple) qui met

a. v. *L'Aurore*, 19/1/67 : « On n'expose ici que des « idées » ».

en marche le logo-drame, qui lui donne son impulsion première et y met un terme. L'ensemble des autres protagonistes réagit en fonction de cette figure centrale. Maurice Cagnon pense même que cette voix dominante est la seule véritable ; il fait ainsi de ce que nous avons nommé logo-drame un monologue discontinu :

> « Bien qu'il y ait sept « personnages » dans *Le Silence*, neuf dans *Le Mensonge*, et huit dans *ISMA*, il n'y a qu'une seule et unique *voix*, celle de H.1 dans la première, celle de Pierre dans la deuxième, et la monovoix de Lui et Elle dans la dernière. Cette voix intérieure ou tropistique se crée, se détruit, se métamorphose et se recrée, étant la voix pour laquelle les autres ne sont que des *échos*, parfois approbateurs, parfois réprobateurs, venant également du protagoniste et affirmant ou niant les directions mentales et émotionnelles de celui-ci. »[1]

Cette interprétation souligne bien la prédominance dont nous parlions. Cependant, pour intéressante qu'elle soit, elle nous paraît minimiser un second élément tout aussi capital. Cette seule voix ne suffit pas à déclencher le logo-drame. Si celui-ci peut naître, c'est que le « personnage principal » rencontre une résistance dans la parole de l'Autre. Cet Autre est celui qui brise l'enveloppe sécurisante du langage. C'est alors que peut se dresser le protagoniste qui va traquer ces fissures.

De sorte qu'il nous paraît nécessaire de substituer à la voix unique le couple moteur que constitue d'une part celui qui cause l'éclatement de la pellicule protectrice — parce qu'il est « *porteur d'états*[a] » qui mettent en danger le langage — et d'autre part celui qui *chasse* ces failles. C'est cet antagonisme qui fonde le logo-drame. Les autres personnages servent alors — et parfois tour à tour — d'adjuvants ou d'opposants au chasseur. Ainsi est-on amené à définir le modèle actantiel du logo-drame :

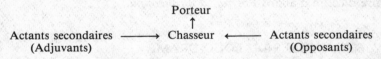

Figure I : *Schéma actantiel du logo-drame*

Le chasseur est celui qui est sensible au drame de la parole — et en ce sens c'est le personnage le plus proche de Nathalie Sarraute. La

---

a. Cf. la « porteuse d'idées » dans *Elle est là* : « Ce n'est pas la tête qu'il faut détruire, c'est l'idée... Pas le porteur... mais l'idée qu'il porte... » (p. 30), « Les idées vous le savez bien, ont besoin de porteurs pour circuler... » (p. 31)

parole est pour lui comme une peau dont il sait parfaitement les mouvements confus qu'elle recouvre. Y toucher c'est faire de lui un écorché vif. Il « tient la parole », mais aussi « tient à la parole », comme le disent Lucette Finas et Nathalie Sarraute :

> « Il y tient si fort qu'il ne veut pas qu'on y touche, sinon avec d'infinies précautions. Ces précautions il les déploie, lui — c'est là son tourment — à la fois pour toucher à la parole et pour empêcher que les autres n'y touchent de façon maladroite et meurtrière. »[1]

Ainsi le « chasseur » prend-il figure de preux « chevalier »[2] de la parole. Il est en quête perpétuelle de la rectitude du dialogue. Sa contradiction repose dans le fait que cette quête l'entraîne à quitter lui-même l'ordre de la parole, étant aspiré par un vide qui le fascine et l'épouvante. C'est le « porteur » — porteur de tropismes que trahit la parole et qui trahissent la parole — qui a fait naître ce vide. Sa force est par là même d'autant plus grande qu'il est moins présent. Dans *Le Silence*, son mutisme (absence orale) est plus puissant que n'importe quel mot. Dans *Isma*, les Dubuit n'apparaissent jamais. Dans *C'est beau*, le fils n'entre qu'au début et à la fin de la pièce ; le reste du temps, il est de l'autre côté de la porte. Dans *Elle est là*, F. n'a qu'une quarantaine de répliques, le plus souvent très courtes ; elle n'apparaît qu'à deux reprises et c'est son silence qui, comme dans le premier cas, produit le drame. Dans *Pour un oui ou pour un non*, si le « porteur » est continuellement présent, l'étincelle qui fait éclater la parole (« C'est biiien...ça ») appartient au passé ; de plus elle a provoqué l'éloignement des deux amis, pendant lequel la rancœur de H. 2 a mûri. A chaque fois (sauf dans *Le Mensonge*), il existe une forme d'absence qui délimite un espace obsessionnel dans lequel le « chasseur » projette ses fantasmes.

Quant aux autres personnages, ils sont l'incarnation du « ils » indifférencié des romans. Ce sont « les gens ». Ils font masse. Par leurs jugements, ils rendent possible et nécessaire le combat du « chasseur ». Ce sont eux qui donnent les étiquettes. Ils forment tribunal. Dans *Le Mensonge*, ils condamnent Pierre ; dans *Le Silence*, ils condamnent H.1 ; dans *Pour un oui ou pour un non*, ils rangent H.2 dans la catégorie de « ceux qui rompent pour un oui ou pour un non » ; dans *C'est beau*, dans *Isma*, ils *classifient* les Dubuit d'une part et le Fils d'autre part, dévoyant ainsi la révolte du « chasseur ». Car même lorsqu'ils ont fonction d'adjuvants, comme dans ces deux derniers cas, ils n'œuvrent pas dans le même sens que lui. Dans *C'est beau*, ils figent ainsi les tropismes avec des mots, faisant du Fils « un dévergondé », « un feignant ». Devant le refus des parents d'accepter de telles appellations, ils tournent leur inquiétude en dérision :

> « Si ce n'est pas malheureux. Pas dévergondé. Pas voleur. Pas menteur. Pas malhonnête. Pas drogué. Pas feignant. Ah il y en a à votre place qui seraient contents. Il y en a qui seraient fiers. Il y en a qui seraient rudement heureux. Il y en a qui n'en espéraient pas tant... » (*Théâtre*, p. 50).

Dans *Isma*, ils donnent un nom au sentiment confus du couple de « chasseurs » :

> « J'allais justement dire que vous aviez à votre disposition exactement ce que vous cherchiez. Prévu pour votre cas (...) l'an-ti-pa-thie. » (*Théâtre,* p. 76-77)

Si bien que le « chasseur » est toujours seul face aux autres. Cette solitude lui pèse tant qu'il est toujours prêt à renoncer à son combat, à réintégrer la foule, à retrouver l'unité primitive de la tribu. A revenir parmi nous.

Car ne nous y trompons pas ; si le « chasseur » est proche de Nathalie Sarraute, les actants secondaires sont à l'image du public. Cela devient d'ailleurs de plus en plus clair au fil des pièces. Un tableau permet de récapituler les données précédentes tout en faisant apparaître l'évolution chronologique de la structure du logo-drame, et plus précisément du statut des actants secondaires.

Nous avons divisé la dernière colonne de ce tableau en deux afin de différencier les interventions d'actants secondaires appartenant, pour ainsi dire, à la pièce, et ceux venant de l'extérieur : voix-*off* (*C'est beau*), personnages venus de la salle (*Elle est là*), ou qui pourraient l'être (les voisins dans *Pour un oui ou pour un non*). Il apparaît que les trois pièces les plus récentes privilégient les interventions externes et tendent à isoler « chasseurs » et « porteurs » seuls sur la scène. Celle-ci semble alors délimiter un « ring » où les actants principaux sont condamnés à s'affronter. C'est particulièrement évident pour *C'est beau* et *Pour un oui ou pour un non*. Le cas de *Elle est là* est un peu plus ambigu dans la mesure où H.3 demeure sur le plateau jusqu'à la fin : cependant dès qu'il devient justement « interne », il va tellement dans le sens de H.2 qu'il prend lui aussi figure de « chasseur » de tropismes, dépassant largement sa fonction de simple adjuvant : d'actant secondaire externe, il devient quasiment « chasseur » au point de former avec H.2 un couple proche de Elle et Lui dans *C'est beau* et dans *Isma* (nous nous sommes abstenu d'indiquer ce glissement dans le

Figure II : *Répartition actantielle des six pièces de N.S.*

Pièces[a]	« Porteurs »	« Chasseurs »	Actants secondaires Internes	Externes
LE SILENCE (1964)	Jean-Pierre	H.1	F.1, F.2, F.3, F.4, H.2	
LE MENSONGE (1967)	Simone	Pierre	Yvonne, Lucie, Juliette, Jeanne, Jacques, Robert, Vincent	
ISMA (1978)	Les Dubuit	Elle et lui	H.1, H.2, H.3 F.1, F.2, F.3	
C'EST BEAU (1978)	Le Fils	Elle et lui		Voix des Duraton, Voix diverses
ELLE EST LA (1978)	F.	H.2	H.1[b]	H.3 La salle (la boulette)
POUR UN OUI OU POUR UN NON (1982)	H.1	H.2		H.3 et F.

tableau pour ne pas trop surcharger celui-ci). Il reste que l'évolution du logo-drame vers une « extériorisation » des actants secondaires s'accompagne très logiquement d'une diminution du nombre des personnages internes à l'action. De sept, neuf, et huit dans les premières pièces, on est passé à trois, trois et deux. On peut penser que cette régression contribue à augmenter l'« efficacité » dramatique d'une telle structure qui finit par abandonner « chasseur » et « porteur » à eux-mêmes. *Pour un oui ou pour un non* est exemplaire d'une telle concentration tragique.

a. Les dates indiquées sont celles de la publication.

b. Nous barrons cette case avec des tirets pour la raison suivante : H.1 n'est présent comme actant secondaire qu'au début de la pièce. Par ailleurs, sa fonction dramatique est presque nulle. Il renonce à voir le problème et se contente d'accabler H.2 de paroles d'encouragements désabusées.

V. UN THÉÂTRE DE LA CRUAUTÉ ?

Le logo-drame repose ainsi sur le face à face de deux actants principaux qui se déchirent pour et par la parole. Pris au piège d'une durée et d'un espace, ils se livrent un combat dont Barthes déjà soulignait la violence[1], violence qui participe de l'essence même du langage :

> « Le langage est impuissant à fermer le langage, c'est ce que dit la scène : les répliques s'engendrent, sans conclusion possible, sinon celle du meurtre ; et c'est parce que la scène est tout entière tendue vers cette dernière violence, qu'elle n'assume cependant jamais (du moins entre gens « civilisés »), qu'elle est une violence essentielle, une violence qui jouit de s'entretenir : terrible et ridicule, à la manière d'un homéostat de science fiction. »[2]

« Homéostat de science-fiction » définit d'ailleurs assez bien ce qu'est le logo-drame, drame d'une parole qui recherche son équilibre et drame qui va jusqu'au bout de la parole, quitte à sortir de la réalité. Car rien ne ressemble moins à un théâtre réaliste que celui de Sarraute : il ne s'agit aucunement de conversations mondaines, comme on l'a souvent écrit. On peut même dire que Sarraute nous montre l'envers de la réalité. Elle fait dire à ses personnages tout ce que l'on n'oserait jamais dire, de peur peut-être de se retrouver dans la situation tragique de ces « chasseurs » qui se coupent du monde en traquant l'authenticité de la parole.

Une fois encore, le théâtre semble aller plus loin que le roman. Ainsi *Le Mensonge* est-il le contraire d'une scène des *Fruits d'or* où un critique, pris en flagrant délit de mensonge, avoue :

> « Il tourne vers elle ses yeux globuleux, légèrement exorbités (...) : Mais vous êtes terrible, on ne peut pas vous tromper. Il n'y a pas moyen avec vous de se vanter, de mentir un peu... Il n'y a rien à faire, il faut avouer : c'est vrai, tout au début, je me souviens, j'ai fait un papier très vite, j'avais à peine eu le temps de le parcourir... j'ai dit en effet... Elle n'en demande pas plus, il n'en faut pas plus pour que la menace soit écartée, pour que tous respirent librement. Paix. Justice. Harmonie. Innocence des premiers âges. Allégresse. »[3]

La concentration dans le temps et dans l'espace, qu'implique la scène, l'économie dramatique, ne permettent pas une telle résignation. Il s'agit d'aller à l'essentiel, à ce qui résiste. D'autre part, le jeu des comédiens, leur seule présence physique, amplifient les mouvements intérieurs que provoque la parole, de telle sorte que le malaise que suscitent les romans est décuplé par le passage à la scène. Comme le dit Nathalie Sarraute, « le théâtre est une nouvelle loupe, ajoutée aux autres »[4], car « dans le roman, le dialogue est réaliste, mais préparé par un pré-dialogue. Ici le dialogue est irréel parce qu'il contient le pré-dialogue : ce que d'ordinaire on ne dit pas »[1]. Le théâtre grossit ce que la romancière avait déjà placé sous son microscope, de sorte qu'apparaissent sur la scène de quasi-bêtes monstrueuses qui se déchirent sans merci. Le logo-drame est ainsi théâtre du scandale, théâtre de l'impudeur, parce qu'il va au bout de la réalité : il donne à voir ce que celle-ci serait si elle n'était pas encadrée par nos conventions. C'est en ce sens que Sarraute rejoint encore[a] Antonin Artaud qui écrivait :

> « Tout ce qui agit est une cruauté. C'est sur *cette idée d'action poussée à bout* et extrême que le théâtre doit se renouveler. »[2]

Or cette violence et cette cruauté du logo-drame, cette volonté du maximum, sont d'autant plus remarquables qu'elles passent par une extraordinaire économie de moyens dont Artaud lui-même n'aurait sans doute jamais soupçonné la possibilité. S'il y a meurtres, viols, déchirements, la scène sarrautienne n'est noyée ni dans le sang, ni dans le sperme, ni dans les larmes. Elle l'est dans les mots, les silences, les intonations. Elle ne montre pas, elle parle ; elle n'étale pas, elle vit. Et c'est pour cela qu'elle est véritablement tragique. Les personnages se réalisent dans leur parole qui tend à être l'expression maladroite et meurtrière d'un vécu. Les mots et leurs avatars se transforment en instruments de torture. Cette torture est généralisée et touche tous les protagonistes : la faille provoquée par le « porteur » tourmente le « chasseur » qui, en retour, tente de faire violence au « porteur », son bourreau, pour retrouver la paix d'une parole innocente. Face à cette initiative du « chasseur » qui dépasse les actants secondaires, ces derniers se retournent contre lui et, à un moment ou à un autre, veulent l'amener à renoncer. Les personnages se mettent ainsi mutuellement à la question, quand ils n'envisagent pas une pure et simple élimination physique de l'Autre. Le logo-drame se présente du reste, en maints endroits, comme un véritable lexique à l'intention des bourreaux. La richesse du champ sémantique de la torture et de la souffrance, voire du sadisme, en témoigne. Rappelons-en quelques exemples : dans *Isma*, le « chasseur » énumère les supplices appliqués aux Dubuit, et ce qui les motivait :

> « F.2 : On était là à déchiqueter ces pauvres Dubuit (...)
> Lui : Voyons, voyons, il ne faut rien exagérer. Nous avons voulu amuser, briller, nous rehausser, libérer notre agressivité, notre culpabilité...

a. V. *supra*, p. 39.

> nous chatouiller, nous gratter... nous fondre, nous séparer... tuer, dévo-
> rer, exorciser... » (*Théâtre,* p. 68).

Tandis qu'un peu plus loin Elle explique :

> « Isma. Sans rien d'autre. Isma... Ça éveille en nous quelque chose...
> par moment, moi je pourrais, rien que pour ça aligner devant le mur.
> Dresser des gibets... Détruire. Exterminer... Sans rémission. Sans
> pitié. » (*Théâtre,* p. 90)

Dans *C'est beau*, le père formule des vœux presque semblables contre son fils :

> « Lui : (...) Qu'il aille au bout du monde, qu'on le mette en prison...
> dans une maison de redressement. Qu'il disparaisse... » (*Théâtre,* p. 48)

Dans *Elle est là*, H.3 exprime presque sa sympathie pour les atrocités
de l'histoire :

> « H.3 : (...) toutes les guerres de religion... inquisition, bûchers, poten-
> ces, pelotons d'exécution, charniers et camps de concentration ? Vrai-
> ment ? Vous ne pouvez pas comprendre ? » (*Théâtre,* p. 28)

Ainsi s'explique aussi l'abondance des impératifs tels que : « Dis-le »,
« Dites-le donc », « Dites-le nous », ou « Avoue », « Fais un effort »,
toutes formules qui tendent à extorquer une renonciation, pour faire
cesser une souffrance trop vive.

En outre, à côté de cet aspect lexicologique, il nous faut aussi
noter l'abondance des syncopes et des illogismes qui traduisent, sur
le plan de la phrase, la destruction de l'ordre du monde provoquée
par la destruction de l'ordre de la parole. *Le Silence* nous en offre
une bonne illustration :

> « H.1 : Oh je vous en prie, assez de subtilités, ce n'est pas le moment...
> Inférieure, supérieure... Qu'est-ce que c'est ces distinctions ? Nous som-
> mes tous pareils, des frères, tous égaux... et voilà que parmi nous...
> que l'un d'entre nous... oh je ne peux pas le supporter... regardez
> comme il fait craquer ses doigts... cette moue qu'il a... il va dans un
> instant... son regard erre... il se soulève... il n'est déjà plus ici... oh...
> oh... » (*Théâtre,* p. 145)

De la conversation il ne reste plus que des morceaux épars, phrases
inachevées, images désordonnées... La cruauté du logo-drame déchire
la parole et nous renvoie les lambeaux de ce qui fut autrefois, dans
le théâtre « psychologique », des discours, des raisonnements, des
analyses. Ce ne sont pas les corps mais les mots qui saignent.

On peut dès lors se demander comment le spectateur peut résis-
ter face à un tel théâtre. C'est pourquoi il ne faut pas omettre l'autre
visage du logo-drame, qui est le revers de la cruauté. Confronté à des

malaises aussi insupportables que ceux provoqués par les pièces de Sarraute, le public n'a d'autre refuge que le rire. Et de fait, l'on rit beaucoup à ce théâtre. Parce qu'il peut tout se permettre et parce qu'il est profondément irréaliste, il aboutit à des situations franchement comiques qui sont aussi les plus tragiques :

> H.3 : Alors... Qu'est-ce que vous envisagez [pour détruire le porteur] ?
> Quel procédé ?
> H.2 : Oh, rien de bien original, comme vous pouvez penser...
> H.3 : Mais tout de même quoi ?
> H.2 : Eh bien, ouvrir le robinet du réchaud à gaz qui est dans son bureau... ou mettre le feu... Simuler un cambriolage... S'approcher d'elle par-derrière avec une cordelette ou un foulard... Ou alors un poignard, une hachette... Je ne sais pas.
> H.3 : En effet, comme imagination...
> H.2 : Que voulez-vous, on fait ce qu'on peut. (...) Malheureusement, dans notre cas... avec ces pauvres moyens... artisanaux...
> H.3 : Artisanaux... ce serait encore beau... je me disais tout à l'heure : quel affreux bricolage...
> H.2 : Bien sûr... Sans aucune aide... Aucun secours de l'État. Dire qu'il y a tant de pays où l'État s'en charge. Et avec quel succès... Mais là, hein, chacun pour soi. A ses risques et périls...
> H.3 : Et quels périls...   (*Elle est là*, p. 29)

Sarraute explique d'ailleurs :

> « L'humour vient du grossissement. C'est toujours humoristique quand on grossit une chose infime. C'est comique. Moi, quand j'écris, je m'amuse, c'est à la fois terrible et comique. »[1]

De sorte que la cruauté du logo-drame est aussi ce qui fait son côté presque burlesque. C'est la démesure de l'humour qui fait le drame. Là encore, et l'on ne s'en étonne plus, Sarraute répond, à sa façon au vœu du génial créateur du « théâtre de Séraphin » :

> « Je pense à des farces qu'on pourrait créer sur les marges du sinistre, quelque chose de fou où *le ton de la voix* même aurait un sens, avec des oppositions de burlesque et d'humanité réelle, d'humanité de tous les jours. »[2]

Les logo-drames ne sont-ils pas de semblables farces ?

*
* *

Ainsi peut-on dessiner les grandes lignes de ce qui fait l'un des intérêts majeurs du théâtre sarrautien. Pourtant, s'en tenir à une telle vision globale serait s'exposer à ne présenter qu'une vue unifiante d'une œuvre riche de bien des facettes. Aussi s'agit-il à présent d'analyser de plus près chacune des pièces constituant ce que nous avons appelé le logo-drame.

De toute évidence, une telle étude ne pourra qu'être partielle, sinon partiale. Elle essaiera cependant de mettre le plus possible en lumière l'originalité de chaque œuvre, quitte à ne proposer que quelques lignes directrices parmi d'autres.

*
* *

VI. LE SILENCE

H.1 parle. H.1 raconte et se laisse aller à employer des termes « poétiques » : « fenêtres surmontées de petits auvents de bois découpé... comme des dentelles de toutes les couleurs... Et ces palissades aut~ur des jardins où, le soir, le jasmin, les acacias... » (p. 130) H.1 parle et Jean-Pierre se tait. Or, par ce seul silence, le personnage détruit toute la parole de H.1, et celui-ci voit son monde s'écrouler. La pièce s'ouvre sur son refus de continuer le récit commencé (introduction au reste toute classique, *in medias res* ; nous n'entendons même pas le silence qui provoque la pièce — double négation de la parole qui ne s'offre même pas à être tue ?). Face à ce mutisme de Jean-Pierre, H.1 panique, et son angoisse croît irrémédiablement. Pour s'en débarrasser, il cherche appui sur ceux qui sont à ses côtés, les prenant à témoin, les faisant juges de la menace que Jean-Pierre représente à ses yeux. Devant leur incompréhension cependant, il n'hésite pas à se tourner vers ce dernier, à vouloir composer avec lui. Désespérément, par l'ironie, la colère, la cajolerie, il cherche à rétablir le contact ; mais le malaise ne cesse de grandir. Rien n'y fait, pas même la diversion naïve que les protagonistes cherchent à opérer au moyen d'histoires drôles. Enfin, face à cette situation sans issue, H.1 rassemble son courage et d'une « voix ferme », « avec détermination », il reprend sa description. C'est alors que se produit le miracle : Jean-Pierre ouvre la bouche, prononce une dizaine de mots.

Le muet a parlé, la pièce se termine. On en oublierait presque qu'il y eut un silence et qu'il y eut un drame, s'il n'y avait eu une pièce.

Ainsi pourrait-on brièvement analyser l'action de cette première pièce dont le point de départ se trouve peut-être dans un épisode des *Fruits d'or* :

> « Mais c'est d'eux que cela provient, de celui-ci qui l'a provoqué et qui l'observe maintenant, qui se tait... Il y a quelque chose dans sa présence silencieuse, dans leur silence à tous, assis en cercle autour de lui, dans leur attente lourde de méfiance, qui, comme par un effet de succion, tire de ces mots qu'il lit tout leur sève, pompe leur sang, ils sont vidés... des petites choses desséchées... »[1]

Toute la matière de l'œuvre est indiquée dans le titre même : le silence, c'est-à-dire le contraire *absolu* du mot, et si nous soulignons ainsi le terme c'est pour l'aspect maximaliste de cette première expérience. Pour ses débuts de dramaturge, Sarraute pose une situation extrême. Par la suite au contraire, elle s'attachera à des fissures moins perceptibles, à des variations toujours plus infimes et qui appartiendront au langage lui-même (clichés, défauts de prononciation, etc.). Mais avec le silence, elle nous fait quasiment opérer un saut hors du langage (et en ce sens, nous sommes à l'opposé d'un théâtre « littéraire » pour qui le langage serait tout). Nous sommes plongés dans le lieu même de son absence ; aussi pouvons-nous dès à présent noter que les œuvres suivantes pousseront plus loin la « perversion » en montrant qu'il y a du vide (du non-nommé) au sein même du langage. Le potentiel dramatique est ici, en quelque sorte inversement proportionnel à l'évidence de l'« objet » étudié. Dans *Le Silence*, l'action tragique repose non sur des nuances, mais sur des effets d'opposition extrêmes. Le silence a le poids de la parole et la parole n'est plus que bavardage. Dans une certaine mesure, l'évolution dramatique de Sarraute consistera en un « raffinement » toujours plus grand, en une recherche de la subtilité, de l'acuité (c'est-à-dire de ce qui s'enfonce, perce et tue), par la diminution des écarts au sein du langage.

Le contraste violent sur lequel repose, au contraire, cette première pièce, est d'autant plus mis en valeur par la représentation scénique. Au théâtre, le silence-absence est incarné par l'acteur, qui est là, visible, dans la singularité de sa présence charnelle ; à la radio, en revanche, pour laquelle la pièce fut écrite au départ, le silence a moins d'existence : soit « on » parle, soit « on » se tait et le silence est collectif. En ce sens, l'œuvre est plus qu'aucune autre exemplaire de la révélation que constitue pour l'écriture de Nathalie Sarraute, le passage à la scène.

Outre cet aspect « maximaliste », *Le Silence* fait d'ailleurs figure de « défense et illustration du Nouveau Roman », comme le montre bien H.A. Bouraoui, qui peut dire :

> « Dans *Le Silence*, la condition de la création artistique et le dilemne du nouveau romancier émergent pour occuper peut-être le premier plan. »[1]

Tout se passe comme si le dramaturge ne pouvait s'empêcher, pour son coup d'essai, de donner la parole au Nouveau Romancier, avant de, par la suite, lui voler cette parole et s'affirmer dans la plénitude de son originalité. Ainsi le récit de H.1 et son refus de le poursuivre donnent matière à un étrange petit débat sur les problèmes de la narration. La première réplique fait penser aux regrets maintes fois exprimés par un public que dérouta la révolution néo-romanesque et qui en appela aux récits traditionnels :

> « F.1 : Si, racontez... C'était si joli... Vous racontez si bien... » (p. 129)

Ainsi la pièce s'ouvre-t-elle sur un récit qui s'esquive et à la poursuite duquel tous les actants secondaires/lecteurs néophytes du Nouveau Roman sont tentés de se mettre. Ailleurs, quand le vide ainsi laissé se fera trop oppressant, ils n'hésiteront pas à se réfugier dans une forme pour le moins dégradée de la narration, celle de plaisanteries sans intérêt :

> « H.1 : (...) Je vais *raconter* quelque chose de très drôle. Une anecdote. J'en connais des tas. J'adore les *raconter*, les entendre. » (p. 146 — souligné par nous).

> « H.1 : (...) Mais je vais vous en dire une autre. On vient de me la *raconter*. » (*Ibid.*)

Qui plus est, cette rage de « raconter » ampute en fait ces récits de ce qui pouvait, pour ainsi dire, les sauver. H.2 réduit le sien au seul noyau narratif, à « l'essentiel », se privant de toute échappée hors de l'histoire proprement dite :

> « H.1 : (...) Pourquoi de but en blanc ? Vous auriez pu préparer... comme celui qui cherchait à placer son anecdote sur les chevaux... Il voulait amener la conversation... mais il n'y avait rien à faire... Alors à la fin...
> H.2 : Non : il n'y a pas besoin de préparation... Pour quoi faire ? Pourquoi perdre du temps ? Ça l'agace, il s'impatiente... Eh bien voilà : (...) » (p. 148)

Reste donc l'« histoire » à l'état brut. Et Robbe-Grillet n'est pas loin pour nous dire :

« Un roman, pour la plupart des amateurs — et des critiques — c'est
avant tout une « histoire ». Un vrai romancier, c'est celui qui sait
« raconter une histoire ». »[1]

Ailleurs encore, c'est à Georges Sand et à Balzac qu'on fait appel
(p. 141 et 144), comme si le récit était toujours chargé de combler le
manque provoqué par le silence.

Pourtant, la pièce est loin de se réduire à la mise en scène du débat
qu'ont fait naître les Nouveaux Romanciers. C'est avant tout la force
déstabilisatrice qu'on trouvait dans le Nouveau Roman qui sous-tend
l'action du *Mensonge*. En cela, ce dernier est déjà l'annonce d'*une
dramaturgie nouvelle qui se nourrit d'une pratique romanesque
spécifique* :

> « [Dans le *Silence*, Nathalie Sarraute] ne commence rien, disent J. Duvi-
> gnaud et J. Lagoutte, n'explique rien, glisse d'une voix à l'autre, sans
> chercher d'autre effet que celui d'un envoûtant climat d'inquiétude. »[2]

Sarraute joue du rapport entre le dessin des personnages dans leur singularité et le flou où les plonge l'enchaînement des répliques. De fait,
il est possible de remarquer sur le plan des différentes séquences l'émergence de personnalités réelles qui rattachent les personnages à des
caractères particuliers, alors même que sur l'ensemble de la pièce le
parcours de chacun paraît beaucoup moins cohérent. Pour préciser cette idée, nous pouvons d'abord nous reporter à l'analyse
d'H.A. Bouraoui :

> « Bien que les personnages du *Silence* soient schématiques, ils se révè-
> lent par petites touches et manifestent des personnalités nettement dif-
> férentes les unes des autres. Ils réagissent à un même stimulus — le
> silence de Jean-Pierre — mais chacun d'eux émet ses commentaires selon
> sa propre vision du monde et son interprétation personnelle du silence.
> Lorsque F.1, F.2 et F.3 disent respectivement : « C'est vrai, Jean-Pierre,
> dites quelque chose... — Décidément, Jean-Pierre nous méprise... —
> Jean-Pierre vous m'angoissez... », ces trois femmes montrent des traits
> de caractère spécifiques. La première est curieuse, la seconde semble
> avoir un complexe d'infériorité, la troisième paraît être angoissée. »[3]

Si toute cette démonstration est parfaitement valable sur le plan de la
micro-structure, elle perd cependant beaucoup de sa pertinence sur
le plan de l'ensemble de l'œuvre. En effet, il semble très difficile de
tracer un parcours continu pour chacun des comportements. Plusieurs
contradictions révèlent l'irréalité et le caractère fuyant des personna-

ges. Ainsi, lorsque F.1 dit en parlant de l'obstination du protagoniste silencieux : « Je commence à trouver que Jean-Pierre est très fort, moi je ne tiendrais jamais le coup » (p. 137), elle nous fait vraiment croire à une individualité qui se démarque du groupe. Mais lorsque, quelques répliques plus loin, elle explique : « Moi je pourrais me taire jusqu'à la nuit des temps... » (p. 143), sa cohérence, son existence comme individu, s'effondrent totalement. De même H.2 montre-t-il d'abord une admiration sincère pour le récit de H.1, et le presse de continuer : « C'était ravissant... (...) C'était merveilleux. » (p. 129). Au contraire, c'est avec la même sincérité qu'il dit plus loin, en parlant du motif poétique esquissé par H.1 : « Trop fait. Banal à mourir. Matière épuisée. » (p. 143), tout comme il avait dit peu avant avec mépris : « Oh, que c'est drôle. Vous êtes tordant. Vous voyez bien que vous y tenez, hein, au fond, à vos petits auvents... » (p. 140). F.2, quant à elle, s'indigne de la réaction de H.1 et prend le parti de Jean-Pierre : « Non, mais qu'est-ce qu'il faut entendre. Je suis peut-être craintive, moi aussi, très refoulée, mais ce que j'ose, par exemple, c'est vous dire de laisser ce pauvre garçon tranquille. Il a une patience... Moi à sa place... » (p. 133) Mais c'est pour, cinq répliques après, se retourner contre Jean-Pierre : « Mais Jean-Pierre, dites quelque chose. Je commence à avoir peur, moi aussi. Vous commencez à m'énerver. » (p. 134). La vivacité des deux réactions contraires et leur récurrence alternative au cours de la pièce détruisent totalement le personnage.

Tout ceci découle de la méthode qui appartient en propre à Sarraute, et qui, pour surprenante qu'elle puisse d'abord paraître, se révèle être enrichissante. Ainsi est-elle exposée dans un entretien avec Gretchen R. Besser :

> « Q. : (...) Si vos personnages n'ont pas de personnalité individualisée, ni même de noms propres, comment répartissez-vous le dialogue entre F.1, 2, 3, ou H.1, 2, 3 ?
> R. : Je le fais presque au hasard pour qu'il y ait un changement de voix (...) Il faut que ce soit des voix différentes qui se répondent. »[1]

Cette écriture, Nathalie Sarraute ne la conservera pourtant guère par la suite, dans la mesure où l'évolution, que nous avons déjà pu distinguer, vers la diminution du nombre des personnages et la focalisation sur les deux actants principaux, limite la possibilité d'un tel arbitraire dans la répartition des répliques. Au contraire, *Le Silence* (et à un moindre degré *Le Mensonge*) est marqué par un continuel va-et-vient, du caractère bien défini à la voix irréelle et abstraite.

Ainsi Sarraute joue-t-elle sur le couple construction/déconstruction : construction d'une individualité dans l'espace d'une séquence, déconstruction dans le temps de la pièce. L'effet obtenu n'est pas sans rappeler celui que produisent les procédés cubistes par exemple dans des tableaux comme *Tête d'Arlequin* (1913) ou *Homme à la cheminée* (1916), de Picasso. L'éclatement des motifs provoque dans chaque cas l'éclatement de la perception ; et de la tension entre une vision d'ensemble morcelée et chaque parcelle de la toile (ou chaque séquence de la pièce) naît une émotion et un trouble très particuliers. De ce point de vue, on ne peut que noter avec Robbe-Grillet l'avance qui avait été prise par la peinture et la musique (dodécaphonique) sur la littérature. Il fallait, en un sens, Sarraute et *Le Silence* pour que le retard soit comblé.

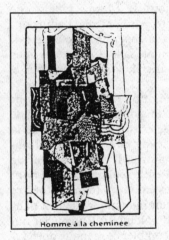
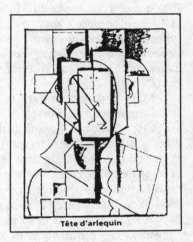

Homme à la cheminee

Tête d'arlequin

Reproductions faites à partir du catalogue de la rétrospective Picasso de 1979 (Réunion des Musées Nationaux n°s 94 et 65)

Pourtant, si l'auteur du *Silence* s'en tenait à ce jeu, qui vise, pour ainsi dire, à brouiller les pistes, il est probable que la pièce ne tiendrait pas, qu'elle lasserait. Si elle fait naître l'intérêt du lecteur et du spectateur, c'est qu'elle leur offre aussi un fil conducteur, qui est bien sûr l'affrontement entre « porteur » et « chasseur ». Au milieu d'eux, l'adjuvant se présente avec une pureté singulière. Mis à part F.1, F.2, F.3 et H.2 qui oscillent sans cesse du « porteur » au « chasseur », se construisant et se détruisant ainsi sous nos yeux, il existe un personnage, F.4, qui ne dévie jamais de sa route et qui, en onze répliques (dont six sont concentrées sur une page), pousse H.1 à aller au bout de sa quête :

> « F.4, *une voix jeune*, *tout bas* : Vous avez tort, vous savez que jamais vous n'en viendrez à bout comme ça. J'ai eu ça, moi aussi, un moment... Eh bien, je peux vous le dire. Un seul truc : ne pas faire attention.
> H.1 : Ne pas faire attention ? Vous êtes bonne...
> F.4 : Oui, je sais (*plus bas*), c'est là-dessus qu'il compte... que vous n'y arriverez pas. (...) Voilà ce qu'il vous faut, tenez : « Vous savez que j'ai rencontré Bonval. Il m'a demandé si je vous voyais... il m'a chargé de ses amitiés pour vous... Je l'ai trouvé très changé, il a beaucoup vieilli. Sa femme, par contre, elle est toujours si belle... » (*Tout bas*) Allons, allez-y... » (p. 136)

F.4, qui est, comme le dit Maurice Cagnon[1], le « je-spectateur » de H.1 (je qui se parle « *tout bas* »), représente, par là-même, l'adjuvant-type. Nulle part ailleurs on ne retrouvera la fonction avec cette évidence (c'est-à-dire sans perversion, par exemple sans ce goût dont nous avons parlé plus haut, qui pousse à classifier le « porteur » pour le neutraliser).

Mais c'est surtout dans la sur-prolifération des représentations fantasmatiques du « porteur », saisi par l'imaginaire obsessionnel de ses partenaires, que paraît résider la caractéristique essentielle de la pièce. Entre Jean-Pierre tel qu'il se donne à voir au spectateur et Jean-Pierre tel qu'il apparaît dans la parole d'autrui, il y a l'épaisseur de la tragédie qui se noue. Par son silence, il est le seul personnage dont nous ne pouvons pénétrer les pensées et les émotions (dans ce théâtre où tout ce qui est pensé et ressenti se traduit immanquablement dans la parole). Il prend, de la sorte, la place du Nouveau Romancier qui s'ingénie à créer le manque. Et c'est pour combler ce manque que H.1 et ceux qui l'entourent en viennent à inventer une réalité parallèle dont ils veulent, pour ainsi dire, revêtir Jean-Pierre. C'est ainsi que ce dernier provoque un déferlement « poétique » (créateur) extraordinaire : il appelle le Verbe. Pour construire, composer et donc rendre inoffensive la personnalité qui leur échappe, les protagonistes accumulent les qualificatifs de toutes sortes et de tous registres :

> « Jean-Pierre, si paisible, si gentil » (p. 131)
> « Oh, le vilain sournois » (p. 131)
> « Ouh, le vilain » (p. 131)
> « L'homme terrible qui fait peur » (p. 132)
> « Jean-Pierre-la-terreur (...) Le redoutable bandit » (p. 132)
> « Il est très timide, c'est tout. » (p. 133)
> « Vous êtes, vous, si pur. D'une pureté d'ange. » (p. 134)

> « Jean-Pierre, le grand connaisseur. » (p. 135)
> « Vous êtes un poète. » (p. 141)
> « Vous êtes destructeur. » (p. 144)
> « Monsieur est snob. » (p. 144)

Ces quelques exemples suffisent à montrer comment Jean-Pierre-le-silencieux force ses partenaires à décliner la parole sur tous les tons — quitte à se contredire, comme le note F.3 :

> « Voilà. Toujours les extrêmes. Tout à l'heure c'était un béotien. Maintenant c'est Baudelaire. Vous savez, Jean-Pierre, que c'est très fort ce que vous faites là. » (p. 141)

Placé au centre du cercle formé par les autres personnages (du moins dans la mise-en-scène de J.L. Barrault, à la création), il attire le mot. Mais la réalité se construit ainsi sur un vide qui semble bien la nier.

Car que peut-on dire des dix mots que prononce Jean-Pierre à la fin du *Silence*, sinon que par leur banalité, leur insignifiance, et donc leur innocence, ils suffisent à dégonfler toutes les représentations vues plus haut. Le silence initial lui-même est renvoyé au néant :

> « F.1 : (...) tout à l'heure...
> H.1 : Quoi, tout à l'heure ?
> F.1 : Enfin vous-même...
> H.1 : Moi-même quoi ?
> F.3 : Son silence...
> H.1 : Mais quel silence ?
> F.4 : *gênée* : C'était un peu... Il m'a semblé... (hésite un instant et puis :) Oh non, rien... Je ne sais pas...
> H.1 : Eh bien, je ne sais pas moi non plus. Je n'ai rien remarqué. » (p. 150)

Bel effet déceptif qui consiste à escamoter en fin de pièce cela même qui motiva l'action.

VII. LE MENSONGE

Comme *Le Silence* et comme les pièces qui suivront (excepté *C'est beau*), *Le Mensonge* commence *in medias res*. Nous sommes dès l'abord projetés au cœur de la conversation engagée entre les neuf personnages : Madeleine qui n'est plus là (les absents ont toujours tort) s'est fait passer pour pauvre, s'attirant les sarcasmes de Pierre. Celui-ci, en effet, ne peut s'empêcher de rappeler à tous, qu'elle est la petite-fille et unique héritière d'un magnat de l'acier. Quand le dialogue s'ouvre, ses huit compagnons accablent de reproches l'insupportable

« machine à détecter le mensonge » qu'il constitue. Pour le guérir de
sa manie de la vérité, Jacques, Jeanne et Juliette proposent à Robert,
qui s'est vanté d'être capable d'accepter sans broncher des petits mensonges comme celui de Madeleine, de leur faire une « démonstration ».
Ainsi mettent-ils en place « comme un psychodrame ». Le motif de
départ en sera un certain Edgar, personnage qu'accepte de jouer Vincent et qui est réputé pour être un menteur expérimenté. Le psychodrame en question tourne pourtant à la confusion et au drame tout
court lorsque Simone laisse échapper un mensonge qui, lui, n'était pas
prévu dans le cérémonial. Pierre, fidèle à lui-même ne manque pas
de le remarquer, tout en croyant — ou feignant de croire — Simone
emportée par le jeu :

> « Elle s'amuse, elle veut continuer à jouer. » (p. 113)

Or, Simone refuse d'avouer. Dès lors Pierre n'a de cesse de la harce-
ler pour la faire se rétracter, provoquant le malaise et la colère des
autres. Lorsqu'elle reconnaît enfin son mensonge, ou plutôt — et nous
aurons à y revenir — lorsqu'elle intègre ce mensonge au mini-
psychodrame (en disant « je jouais »), on peut croire venue la fin de
la pièce. Un dernier rebondissement ravive pourtant le malaise, laissant planer le doute, par delà la dernière réplique : Pierre a cru apercevoir de l'ironie ou de l'hypocrisie dans l'aveu de Simone. Il en vient
ainsi à répéter cet aveu sur tous les tons, le privant de toute réalité
et n'offrant au *Mensonge* qu'une fausse issue.

Cet aperçu de l'intrigue permet de voir se dessiner les rapports
très étroits que semble d'abord entretenir *Le Mensonge* avec *Le Silence*.
Tout comme pour ce dernier, on peut en trouver l'origine dans *Les
Fruits d'or* (v. *supra* p. 50). Tout comme lui, il est bâti sur une négation, un refus (celui de la vérité, comme on avait celui de la parole).
Comme lui encore, il focalise l'action autour d'un personnage qui se
voit confronté à un grand nombre de protagonistes (huit). Cependant,
par rapport au *Silence* il marque déjà une orientation vers une plus
grande concentration dramatique, notamment parce qu'il considère
une faille au sein du langage même et non plus dans ce qui s'y oppose
catégoriquement. En outre, le mensonge dont il est question est un
mensonge minimal, un mensonge de surface qui, par contre-coup, sape
tous les fondements de la conversation lorsque sa présence est mise
en évidence :

« Si j'avais montré un gros mensonge, dit Nathalie Sarraute, un de ceux qui mettent en cause des rapports affectifs connus, qui blessent des sentiments connus, qui abîment ces rapports, il n'était pas possible de quitter la surface, les vastes espaces prospectés dans tous les coins, exploités jusqu'à épuisement — du visible.

Il fallait un mensonge pour ainsi dire à l'état pur, le mensonge en soi, un mensonge abstrait, qui n'affecte en rien notre vie. Une contre-vérité dite par quelqu'un qui nous est indifférent. »[1]

Ce « minimalisme » donne à la situation son caractère intensément dramatique et explique, pour une large part, la préférence qui fut généralement accordée au *Mensonge* sur *Le Silence* lors de leur commune création (Odéon-Théâtre de France, janvier 1967).

Mais le logo-drame ne se contente pas de cette situation initiale. Il en exploite toutes les potentialités et fait ainsi éclater la quiétude du quotidien. La progression des répliques amène une démultiplication du mensonge originel (celui de Madeleine sur sa pseudo-pauvreté). La fin vers laquelle tend la pièce est donc moins un dénouement qui éclaircirait tout et mettrait au jour la vérité, qu'un obscurcissement continuel qui rend celle-ci insaisissable. De fait, il n'y a pas *un* mais *des* mensonges, si l'on en croit Pierre :

(1) celui de Madeleine

(2) celui de Jeanne qui dit : « J'ai horreur de mentir dans les petites choses... je ne pourrais jamais ». En effet, ces mots provoquent le sourire ironique de Pierre qui n'en croit rien (p. 105)

(3) celui ou ceux de Vincent dont Pierre dit malicieusement qu'il est « tout désigné » pour jouer le rôle du menteur dans le psycho-drame

(4) celui d'Edgar, le menteur de ce même psychodrame (p. 109)

(5) le premier mensonge de Simone (p. 113). C'est lui qui met en branle le second moment du logo-drame. Ce n'est plus un mensonge extérieur (comme en (1), (3) et (4)) ou négligé (comme en (2)) — Pierre se contentait alors de sourire et ne réagissait pas avec la violence qu'il montre en (5) — C'est un mensonge interne, actuel (effectif voire efficace) :
PIERRE : Alors, c'est vous maintenant qui tenez le rôle [du menteur], je ne comprends plus...

(6) la succession de mensonges de Simone corroborant le précédent (« Je ne joue pas, je vous dis : c'est vrai » ; « Je ne vous ai rien raconté du tout, vous rêvez... » ; « Je vous dis que non, là. », etc.)

(7) le mensonge final : « Je jouais » (p. 120). Ce dernier est double : d'une part dire : « je jouais » c'est faire du mensonge (5) un des termes du psychodrame, ce qu'il n'était pas ; d'autre part, l'ironie

que Simone met dans cet aveu — ironie que seul Pierre décode — en fausse le contenu. Suprême perversion ! Le rire de Simone nie l'aspect ludique de son mensonge : il est donc la falsification d'une falsification de la vérité. Mensonge au troisième degré si l'on peut dire.

Nathalie Sarraute parvient de la sorte à jeter la plus extrême confusion dans les esprits. Tentés d'osciller sans cesse d'une vérité à l'autre, nous sommes plongés dans une complète incertitude. De Pierre à Jeanne et de Jeanne à Pierre, de Pierre à Vincent et de Vincent à Pierre, de Pierre à Simone et de Simone à Pierre, l'auteur brouille les pistes, multipliant les doutes du spectateur. En soi cet engrenage infernal est sans doute assez peu original, particulièrement si l'on pense — et l'on ne peut pas ne pas y penser — à la pièce de Pirandello. Pourtant, la force du *Mensonge* est que, contrairement à *Chacun sa vérité*, il ne joue pas sur des péripéties déjà tragiques ou rocambolesques (mariages, décès, séquestrations, etc.), mais sur le rien. En quelques minutes, Sarraute nous fait passer de l'infiniment petit à l'infiniment grand, de ce qui est insignifiant à ce qui est vital, par le seul biais de la parole.

De fait, dans *Le Mensonge*, l'impossibilité de fixer la vérité intervient à un niveau très particulier. Il ne s'agit pas réellement de faire la clarté sur les événements (on se moque en fait de savoir si Madeleine est riche ou non, si Simone était ou n'était pas à Genève pendant la guerre). Tout se passe sur le plan des effets de la conversation, sur le plan de la sensation, du ressenti, et donc de l'être intime. Comme le remarque Maurice Cagnon[1], le verbe « changer », qui réapparaît fréquemment dans la pièce, y prend trois sens différents : « changer la vérité », « changer de rôle », « se changer soi-même ». Ainsi passe-t-on du fait brut au Moi, par l'intermédiaire de la représentation. Ce qui compte, ce n'est pas de trouver le vrai, mais de trouver — ou de faire trouver à Pierre — l'état qui permettra d'accepter comme vrai ce qui ne l'est peut-être pas. C'est pourquoi les personnages organisent le psychodrame qui est au centre du *Mensonge*. Une fois encore, c'est Artaud que nous retrouvons, lui qui écrivit :

> « Je propose d'en revenir au théâtre à cette idée élémentaire magique, reprise par la psychanalyse moderne, qui consiste, pour obtenir la guérison d'un malade, à lui faire prendre l'attitude extérieure de l'état auquel on voudrait le ramener. »[2]

Ainsi Jeanne et ses amis vont-ils prier Robert de les aider à guérir Pierre

— et par là-même à guérir la part de Pierre qu'ils ont en chacun d'eux. Il s'agit pour cela de mettre en place une situation identique à celle vécue antérieurement (le mensonge de Madeleine). De la sorte on tentera de faire adopter à Pierre le comportement qu'il n'a pas su prendre le moment venu (c'est-à-dire l'indifférence face à ce mensonge somme toute sans importance). En ce sens, les personnages du *Mensonge* rejoignent tout à fait la perspective adoptée par Jacob-Levy Moreno, l'inventeur du psychodrame. Une étude plus précise du fonctionnement de ce dernier, mis en parallèle avec la pièce de Sarraute, s'avère riche d'enseignements — et pour notre approche du *Mensonge*, et pour celle du logo-drame en général.

Rappelons d'abord en quelques mots la nature et les fondements de la thérapie mise au point par le psychosociologue américain. Pour son créateur, elle est une « science qui explore la vérité par des moyens dramatiques »[1]. Les actants en sont le « *protagoniste* », le « *meneur de jeu* », les « *moi-auxiliaires* » et le *public*[2] :

— Le « protagoniste » est le patient qui est là pour « faire affleurer son « problème », sa véritable vie intérieure dégagée des alluvions du « paraître » et de l'hypocrisie sociale »[3].

— Le « meneur de jeu » est celui qui « doit faire démarrer la séance » ; « il est la cible vers laquelle peut converger le tir de barrage du groupe, car c'est lui qui détient le privilège redoutable de passer (d'un coup de baguette magique semble-t-il) du plan de l'imaginaire à celui de la réalité et vice-versa »[4].

— Les « moi-auxiliaires » quant à eux, selon les théoriciens, soit ont un rôle qui se « [rapproche] de celui du meneur de jeu qu'il[s] complète[nt] », soit sont « rejeté[s] davantage vers les malades »[5].

Les personnages du *Mensonge* retrouvent les fonctions ainsi définies par Moreno et ses disciples. Le rôle du « protagoniste » est tenu, bien entendu, par Pierre — que l'on cherche à guérir de sa manie de la vérité. Celui du « meneur de jeu » revient à Vincent/Edgar, le menteur-type. Enfin, les autres actants se répartissent les tâches de « moi-auxiliaire », tantôt appuyant Pierre, tantôt s'acharnant contre lui, et lui renvoyant de la sorte l'image fidèle de ses contradictions et tiraillements intérieurs. Notons, du reste, que dès *Le Silence* l'on voyait s'esquisser une telle orientation psychodramatique, même si elle avortait alors. Nous pensons à la brève tentative proposée par F.1 :

« F.1 : Moi je vais en faire autant. On va tous en faire autant. Nous allons jouer à ça. Silence. Chacun se taira, plein de dignité...

F.2 : Mais...
F.3 : Chut...
(*Silence*)
F.2, *pouffe de rire* : Non, pouce. Je n'y tiens plus. Je ne peux pas,
la langue me démange...
H.2 : Eh bien, vous savez, nous ne sommes pas à la hauteur. Zéro.
Il faut le constater. Il ne vaut pas un clou notre silence. Aucun effet.
Sur moi, en tout cas. » (p. 142)

De tels rapprochements, cependant, n'ont d'intérêt que par les
limites qu'ils comportent. Si les personnages de Sarraute ressemblent
fort aux patients de Moreno, ils s'en démarquent sur un point tout
à fait essentiel : ils ne peuvent jamais parvenir à la guérison car personne n'est là pour les diriger, c'est-à-dire maîtriser leur spontanéité
en l'orientant dans une direction donnée. Ainsi Vincent ou Simone
ne sont ni des thérapeutes ni des analystes, comme doit l'être le
« meneur de jeu » morénien. En outre, s'ils déclenchent le processus
dramatique, ce n'est pas volontairement. Les actants secondaires, de
leur côté, n'ont pas plus que le « porteur » une vue lucide sur ce qui
se passe, alors que le « moi-auxiliaire » est censé « [assister] le meneur
de jeu, thérapeute principal, dans l'analyse de la situation et le traitement »[1]. Seul Pierre semble vraiment coïncider avec la fonction
psychodramatique car, comme le « protagoniste », il agit « librement,
selon son humeur, ce qui implique que sa liberté d'expression, sa spontanéité est totale »[2]. Il va jusqu'au bout. Or, c'est précisément ce décalage entre lui et les autres qui donne au drame son intensité ; tout se
passe comme si l'on avait un « protagoniste » dont le « meneur de
jeu » et les « moi-auxiliaires » ne sauraient pas canaliser la spontanéité. Et ce, parce qu'ils ne sont pas maîtres de leur fonction :

« PIERRE [à SIMONE] : Alors, c'est vous maintenant qui tenez le rôle,
je ne comprends plus... » (p. 113)

Ainsi le psychodrame obtient-il un résultat opposé à celui escompté.
Il ne parvient qu'à démultiplier le mensonge et à jeter la confusion.
Les personnages n'y assument pas leur rôle et la réalité vient interfé-
rer avec la fiction :

« SIMONE : Non, non. C'est la réalité. Je ne joue pas. » (p. 115)

De fait la situation du psychodrame déborde hors du cadre de ce dernier, enclenchant un mécanisme que personne ne peut arrêter. En sorte
que nous pouvons dire que le logo-drame est un psychodrame qui
tourne mal, un psychodrame piégé dès le départ car aucun personnage ne détient la maîtrise du langage par laquelle pourrait passer la
libération recherchée.

Car il est clair que *Le Mensonge* — et c'est sa principale richesse — ne fait, dans une certaine mesure, qu'exploiter à fond cette dimension qui est présente dans tous les logo-drames. Si le psychodrame est « une science qui explore la vérité par des moyens dramatiques », le logo-drame utilise ces mêmes moyens pour explorer la vérité de la parole. Le « chasseur » est un « protagoniste » qui s'ignore, le « porteur » un « meneur de jeu » malgré lui, les actants secondaires des « moi-auxiliaires » impuissants. En ce sens, *Le Mensonge* est une mise en abyme du théâtre sarrautien. Celui-ci s'y met en scène et semble ainsi découvrir ses propres capacités dramatiques, à travers le mécanisme perverti de la thérapie morénienne.

VIII. *ISMA*

Les Dubuit dérangent sans doute. Mais pourquoi les dénigrer avec une telle hargne ? « Ils n'en méritent vraiment pas tant », dit F.2. Pourquoi cet acharnement qu'Elle et Lui manifestent, au point de se faire rappeler à l'ordre par leurs compagnons, quand commence la pièce. La question est posée. Pour ne pas y répondre tout sera bon : oublier les Dubuit, parler littérature, entendre un ange passer (et repasser), neutraliser la répulsion éprouvée en l'enfermant dans une catégorie bien connue (« L'an-ti-pa-thie »), faire des Dubuit des monstres, etc. Lorsqu'enfin la réponse arrive (« cette façon de prononcer les mots en isme »), on découvre que tout est parti d'un rien. Alors ? Pourquoi tout cela ?

A première vue, la structure d'*Isma* est tout à fait semblable à celle des deux précédentes pièces. Huit personnages conversent et un malaise toujours plus grand s'installe sous l'influence d'un antagonisme foncier entre certains d'entre eux. La seule différence manifeste est que, d'une part, l'opposition repose ici entre deux couples et non plus entre deux individus, et que, d'autre part, l'un des protagonistes (H.1) se retire du jeu et sort définitivement de scène. Nous avons vu plus haut que les œuvres qui suivront adopteront un schéma plus sobre, avec beaucoup moins de personnages. En ce sens *Isma* représente donc une première étape. C'est aussi un aboutissement dramatique dans la mesure où la pièce grossit les effets précédemment rencontrés. Ainsi, il ne s'agit plus d'un conflit ponctuel, provoqué par une occurrence singulière (silence ou mensonge), mais d'un sentiment qui s'inscrit dans une continuité : l'antipathie pour les Dubuit n'est pas nouvelle et n'est pas près de s'estomper. Nous en prenons connaissance sans qu'elle soit vraiment provoquée *sur le moment*. Aussi la violence des personnages prend-elle un tour d'autant plus extrême au fil des répliques qu'elle est nourrie par un passé probablement chargé. Les Dubuit, bien que physiquement absents, ont une action prolongée, passée, présente, à venir, sur leurs « amis » qui, par contre-coup, se déchaînent plus que jamais. Insignifiants au départ, ils deviennent peu à peu, dans les consciences, des assassins aux visages de « petits saints », « des imposteurs... des salauds... » (après Alceste dans *Le Mensonge*, Tartuffe dans *Isma*, Sarraute réécrirait-elle Molière à la lumière — ou à l'ombre — des tropismes ?).

En outre, la cause de ce déferlement d'injures et de médisances meurtrières est, plus encore qu'auparavant, infime et dérisoire. Cette vacuité donne même son sous-titre à la pièce (la seule des six qui en ait un) : *Isma* ou *Ce qui s'appelle rien*. Elle est aussi prétexte à un intéressant petit exercice de style sur les emplois du mot (rappelant celui qui était esquissé dans *Le Mensonge* avec le verbe « changer ») :

> « Plus rien à faire. Il n'y a qu'à se rendre. » (p. 67)
> « Eh bien, il n'y a rien à faire. L'antipathie convient très bien pour ce cas-là. » (p. 79)
> « Non. Ils ne nous ont rien fait. Rien de ce qu'on peut dire... » (p. 80)
> « On n'y peut rien. Ils sont ainsi faits. » (p. 80)
> « Ça vient de rien... » (p. 81)
> « Ça n'apporte rien. » (p. 86)
> « Sans rien pour les justifier... » (p. 86)
> « (...) ce qu'ils veulent, c'est que sans rien savoir, juste à partir de ce qu'ils sentent... » (p. 86)
> « Rien qu'on puisse nommer. » (p. 87)
> « Non je n'ai besoin de *rien* pour détester les Dubuit. Ce qui s'appelle rien. » (p. 88) etc. et bien sûr la réplique finale :
> « Non... ce n'est rien... C'est vraiment... Non... C'est ce qui s'appelle rien. »

Or c'est le contraste entre ce « rien » et ses conséquences qui donne à la pièce son caractère exemplaire. Au reste, il n'est pas inutile de remarquer que, dans le titre lui-même, ce néant est chosifié, voire personnifié par le terme « Isma » (ne croirait-on pas avoir affaire à un prénom féminin ?). Le rien se charge de la chair des mots. Et c'est parce qu'il devient si encombrant, qu'on cherche jusqu'au bout à l'éviter.

Ainsi la stratégie propre à *Isma* repose sur un continuel retardement dramatique. La révélation du pourquoi de ce déchaînement contre les Dubuit est sans cesse reculée, alors que dans *Le Silence* et *Le Mensonge* nous savions dès le début ce qui provoquait le malaise. Ici, il s'agit d'en mettre au jour la cause première, tout en s'abstenant de la nommer (c'est aussi en partie sur ce procédé que reposera *Pour un oui ou pour un non*). Ainsi la pièce est-elle truffée de ce qui semble bien être des diversions. Ce sont ces dernières, d'ailleurs, qui, prises au pied de la lettre comme de simples moments de la conversation, ont amené une part du public à ne voir là que propos de salon sans intérêt. Ainsi la discussion fourmille-t-elle de réflexions sur la littérature, au point que Maurice Cagnon peut dire qu'*Isma* « comprend un réel catalogue d'allusions littéraires dans lequel figurent Molière, Chateaubriand, Vigny, Valéry, Gide, Dante, Dostoïevsky, et, par auto-dérision Sarraute elle-même. »[1] Pourtant, contrairement au critique, nous ne pensons pas que « les préoccupations-obsessions de Sarraute qui dominent dans *Isma* [soient] d'ordre essentiellement artistique. »[1] La réflexion sur l'art n'est là que pour masquer la réalité. En ce sens H.1 a bien raison de souligner la dichotomie qui existe entre l'un et l'autre :

« Là c'est de l'art. Et ici, c'est la vie. » (p. 71)

Car la vie est ailleurs que dans ces propos littéraires, même si ceux-ci ne sont pas dénués d'intérêt — comme ceux du *Silence*. Les isoler du mouvement souterrain des tropismes qu'ils cherchent à cacher, c'est risquer de passer à côté de la richesse proprement dramatique de la pièce. Cette dernière est bâtie sur un manque que les personnages s'ingénient plus ou moins consciemment à préserver ; ils l'entretiennent par leurs craintes et leurs erreurs — qui consistent par exemple à expliquer leur antipathie en exhibant un crime supposé commis par les Dubuit. Or, lorsque ce manque est enfin comblé, lorsqu'enfin l'on sait pourquoi les Dubuit sont insupportables aux yeux d'Elle et Lui, alors apparaît un autre manque, plus crucial encore : le pourquoi de l'antipathie repose sur « ce qui s'appelle rien » ; l'explication débouche sur un vide, explique sans expliquer, explique en empêchant d'expliquer. On aboutit ainsi à une sorte d'aporie théâtrale. Là où *Le Silence* finissait par nier le drame, *Isma* le laisse béant ; mieux, le creuse, l'agrandit et nous laisse suspendus au bord du gouffre. Vertige d'une haine inexplicable, vertige d'une scène ouverte à toutes nos phobies immotivées.

IX. C'EST BEAU

« C'est beau, tu ne trouves pas ? » dit le père. La mère hésite. « Tu ne trouves pas que c'est beau ? » Impossibilité du « oui » franc et massif. « C'est beau », cela sonne faux parce que l'enfant est là. Parole d'un autre temps ? Faudrait-il dire « c'est chouette » ? En apparence la pièce repose sur ce seul déplacement du « c'est beau » au « c'est chouette ». L'évolution profonde est plus complexe. D'abord, pour pouvoir dire « C'est beau », on peut supprimer le gêneur, celui à cause de qui l'on n'ose pas dire cette parole momifiée, celui qui rejette les bandelettes du passé. « Qu'il disparaisse ! » dit le père... Il disparaît en effet, passe de l'autre côté du mur, dans l'autre scène, là où, croit-on, il ne nuira plus. Vient alors la justification auprès des « gens », ces voix qui parlent, venues d'ailleurs. Mais aucune aide n'est à attendre de leur côté. Devant elles, on baisse la tête, on accepte de reprendre auprès de soi l'enfant chéri, on essaie de dire une fois encore « C'est beau » (nouvelle esquisse du psychodrame : « ELLE, *prenant sur elle* : Si, j'ose, tu vois : « c'est beau ». Et même je te montre. Je l'étale... » — Elle joue à dire « c'est beau ». Mais elle perd.) Rien à faire. On cherche alors un terrain d'entente, et c'est le « c'est chouette ». Suivi d'un long silence. L'arête ne passe pas. Le père n'accepte pas sa défaite. Il reprend donc le pouvoir. Le pouvoir de la parole, bien sûr : à défaut de pouvoir dire « c'est beau » devant son fils, il lui reproche vivement de dire « elle » en parlant de sa mère : « Qui « elle » ? » Celui qui tient (à) la parole ne peut qu'avoir le dernier mot. Mais après quelles concessions...

Abordé de la sorte, *C'est beau* ressemble à un petit drame familial, un conflit de pouvoirs et de générations. L'un et l'autre étaient déjà présents dans l'hypotexte de la pièce. Car avec *C'est beau* Sarraute inaugure une formule qu'elle n'avait jusque là approchée qu'indirectement : la réécriture dramatique d'un de ses romans. De fait, si nous avons vu que *Le Silence* et *Le Mensonge* trouvaient leur source dans deux extraits des *Fruits d'or*, c'est ici la totalité de *Vous les entendez ?* qui sert d'appui à la pièce. Nuançons cependant : *C'est beau* n'a rien d'une adaptation. Si l'on peut parler sans crainte d'intertextualité, ce parallèle n'en laisse pas moins voir une différence importante. Dans le roman, la soumission vient en conclusion ; elle est totale et définitive. A la scène, elle n'est plus qu'une étape ; *C'est beau* finit sur une nouvelle révolte et laisse le drame ouvert, quand *Vous les entendez ?* était marqué par une clôture très nette — soulignée par la temporalité : de la visite au départ de l'ami, et à ses conséquences. Les derniers mots du livre sont éloquents :

> « On dirait qu'une porte, là-haut, se referme... Et puis plus rien. »

Le passage à la scène s'accompagne donc d'une ouverture dramatique qui nous semble capitale.

D'autre part, le théâtre implique un chassé-croisé entre le concret et l'abstrait, qui est l'un des intérêts principaux de l'hypertexte par rapport à son hypotexte. D'abord parce que la statue de *Vous les entendez ?* disparaît. Le « c'est beau » ne porte plus sur un objet bien déterminé. Le dialogue ne définit jamais ce dont on parle, ce qui est « beau ». Le « ça » (« c' ») est quasi-immatériel. Ce n'est pas de lui qu'il s'agit. De même, ce n'est pas du sentiment esthétique et du rapport amoureux que l'on peut avoir avec un objet — rapport très présent dans le roman — qu'il est question. Ce qu'interroge la pièce, ce sont les conditions de possibilité ou d'impossibilité d'un tel énoncé, en tant qu'énoncé. Comment peut-on dire : « c'est beau » ? L'ab/straction de l'objet, sa mise à l'écart, déplace l'intérêt, le recentre sur le seul tropisme.

Parler d'abstraction à propos de *C'est beau* peut sembler paradoxal. Ainsi, on a beaucoup épilogué sur le caractère très concret, très réaliste, de la situation qui nous est présentée : il s'agit, a-t-on dit, essentiellement d'un conflit de générations. D'un côté les parents — avec la figure dominante du père —, de l'autre le fils. D'un côté ceux qui commandent et disent « c'est beau », de l'autre celui qui prend le pouvoir à sa façon, en empêchant l'autorité de parler comme elle l'entend, et en la soumettant à son propre langage (« c'est chouette »). La critique théâtrale a abondamment exploité cet aspect de la pièce, en voyant souvent là son attrait principal[1]. Benjamin Suhl va même jusqu'à voir dans le fils « [à travers] son refus de la sensibilité de ses parents, l'héritier non-politique des gauchistes de mai 68 »[2].

Sans doute cette dimension de la pièce n'est-elle pas négligeable. Nous pensons cependant qu'en faire la substance même de *C'est beau*, c'est se méprendre sur l'intérêt fondamental de l'œuvre, et du logo-drame en général. Car le conflit ici mis en scène n'est qu'un aspect du drame de la parole, ce n'est pas une chronique familiale. La diffé-

rence de goût existant entre les parents et leur fils n'est pas un élément moteur. Elle n'est là que pour renforcer le tragique : l'autorité
la plus grande ne peut rien contre le tropisme, contre la faille qui le
provoque. Mais l'important n'est pas l'autorité ; que le « c'est beau »
soit opposé au « c'est chouette » n'est que secondaire. Un petit détail
nous semble significatif : le couple n'est pas désigné par sa fonction
parentale (le père/la mère). Il y a Lui et il y a Elle, exactement comme
dans *Isma*. Simone Benmussa souligne bien le contre-sens qui consis-
terait à réduire la pièce à l'opposition parents/enfant :

> « Certains ont cru à tort y voir un conflit de générations. Dans ce cas
> ce serait simplement d'aimer autre chose que ce que ses parents aiment,
> ni plus ni moins, ou de recouvrir d'un « c'est chouette » d'autres objets
> de jouissance que les leurs recouverts par « c'est beau ». Mais il s'agit
> de quelque chose de plus profond, de plus essentiel. Le père est englué,
> les mots lui collent à la bouche dès qu'il les prononce. Il est bâillonné
> de l'intérieur. »[1]

Ce n'est donc pas à une simple lutte sociale, extérieure, que
nous assistons. Tout se passe au contraire comme s'il s'agissait d'abandonner toute réalité, sociale, politique, etc. La pièce nous conduit en
fait aux frontières du réel, avec beaucoup plus de netteté encore que
les œuvres précédentes. Alors que *Le Silence*, *Le Mensonge* ou *Isma*
restaient matériellement confinés à l'univers du salon, *C'est beau* vire
au surnaturel et se présente en ce sens comme un tournant du logo-
drame. Tournant structurel tout d'abord, par l'extériorisation des
actants secondaires, que nous avons analysée plus haut[2]. Des voix
venues d'ailleurs interviennent dans le dialogue et ouvrent la scène à
un espace étranger. Une sorte de phénomène de surabstraction semble ainsi avoir lieu, comme si adjuvants et opposants mêlés étaient
happés par l'au-delà de la scène, dépouillant toujours plus le logo-
drame de sa réalité. Par là-même, *C'est beau* constitue aussi un tournant dramatique dans l'évolution du théâtre sarrautien. La concentration déjà amenée par le passage à la scène est ici multipliée par la
simple réduction du nombre des personnages présents. *C'est beau* inaugure ainsi une nouvelle direction, proposant une action plus conden-
sée qui ne se disperse plus dans la profusion des actants secondaires.

X. *ELLE EST LÀ*

H.1 et H.2 bavardent. Ils parlent de la situation présente dont
ils sont d'accord pour reconnaître l'incessante dégradation, tout à la

fois « recrudescence » (de quoi ? On ne le sait pas ; le mot est laissé en suspens, sans complément, et d'autant plus chargé de sens) et « mouvement irréversible » (vers où ? là encore, pas de précision). Propos banals s'il en est (*O tempora, o mores !*, etc.). La conversation pourrait ainsi continuer une éternité, mais H.2 n'y tient plus. Quelque chose fait que le mécanisme est grippé. H.2 sort, va pour chercher sa collaboratrice, mais, revient déçu. Elle est déjà partie. Or, c'est elle la cause de son malheur, elle qui déclenche le drame, elle la porteuse d'idées. Elle n'était pas d'accord avec les deux hommes, elle avait sa « petite idée » :

> « Pourquoi « petite » d'ailleurs ? Je cherche à me rassurer... Elle a en elle son idée. Une idée est là. Cachée. Et la nôtre, notre idée à nous, tout à l'heure... a été happée au passage... enfermée là-bas, livrée sans défense, étranglée en silence, dans le secret... » (p. 14)

Déjà le lecteur de *Portrait d'un inconnu* rencontrait une impression de malaise causée par un phénomène assez semblable. Déjà la formule toute simple qui allait devenir le titre de la pièce apparaissait comme un *leitmotiv* obsédant :

> « Elle est là, plantée au cœur de l'angoisse, un corpuscule solide, piquant et dur, autour duquel la douleur irradie, elle est là (parfois il faut tâtonner assez longtemps pour la trouver, parfois on la découvre très rapidement), l'image, l'idée... »[1]

Or, cette idée, H.2 ne peut en supporter l'existence chez l'autre, s'il ne parvient à la confronter, par le dialogue, à sa propre vision du problème. Toute la pièce constitue ainsi une tentative d'établir ledit dialogue, entre H.2 et F. *Elle est là* se présente un peu comme une course-poursuite où F. se déroberait sans cesse à la confrontation.

En ce sens, cette cinquième œuvre dramatique de Nathalie Sarraute est représentative de l'ensemble de son théâtre, et il n'est pas étonnant que Lucette Finas la considère comme la meilleure introduction qui soit à cette écriture :

> « (...) elle résume, sobrement et dramatiquement, ce qui me semble constituer, sous les dehors les plus divers, l'essentiel de [son] œuvre : la hantise et le refus d'une certaine forme de *résistance*. Je veux parler de la résistance qu'opposent, à celui qui tient la parole, ses interlocuteurs réels ou imaginaires. »[2]

Il est de même significatif que ce soit justement *Elle est là* qui ouvre le recueil *Théâtre,* paru en 1978 chez Gallimard, recueil qui contient en outre les quatre œuvres précédemment rencontrées. Aboutissement d'une écriture, *Elle est là* s'offre ainsi comme ouverture au logo-drame et nous invite à refaire à l'envers le chemin parcouru par Sarraute dramaturge.

Par là-même, il est assez logique qu'*Elle est là* soit, dans une certaine mesure, la moins originale de ces pièces, parce qu'elle s'écarte peu des structures générales du logo-drame. Néanmoins, le nombre et la répartition des actants confirment la concentration amorcée dans *C'est beau*. On se rapproche d'une forme pure qui opposerait « chasseur » et « porteur » seuls sur la scène (ce que réalisera *Pour un oui ou pour un non*). Sans doute, deux autres personnages interviennent encore directement dans l'action. Si H.1, qui disparaît très vite, fait figure de confident tragique qui permet l'exposition des différents éléments dramatiques, H.3, lui, est beaucoup plus ambigu, et pour cela plus intéressant sans doute. Il vient de l'extérieur et est donc d'abord un adjuvant externe ; mais il demeure sur scène jusqu'à la fin de la pièce et tend à faire corps avec H.2. Il est le lieu où se rencontrent la parole des autres (les « gens » — il est « grimé en petit bourgeois étriqué ») et le désir du « chasseur ». Il rend visible l'implication du public[a] dans le drame du *logos*. Il incarne en quelque sorte cette part du spectateur qui n'attend qu'un signe pour monter sur scène et participer directement à l'action.

Pourtant, si *Elle est là* mérite qu'on lui consacre une attention particulière, c'est surtout dans la mesure où cette pièce nous permet de saisir la complexité et la richesse de l'actant principal qu'est le chasseur de tropismes. Elle apparaît presque comme une variation sur les réactions possibles du personnage, et en ce sens n'est pas sans avoir un certain aspect « exercice de style », ce qui dans le cas de Sarraute est loin d'être péjoratif. Car l'écrivain exploite à fond la potentialité tragique de la fonction. Ainsi est-il possible de distinguer assez précisément quatorze positions de H.2 par rapport à la porteuse, allant de la tentative de conciliation la plus doucereuse à l'agression la plus destructrice, pour aboutir à une résignation ambiguë. Si l'on dessinait un diagramme de ces rythmes du logo-drame en assignant une valeur positive à l'agression et une valeur négative à la conciliation (ou à la résignation), on obtiendrait une évolution presque régulière « en dents

---

a. Dans la mise en scène de Michel Dumoulin, au festival d'Avignon de juillet 1986, puis à Paris, il venait de la salle.

de scie » d'amplitude croissante. Le premier moment est celui de l'apparition de la révolte (1) (« J'aurais dû intervenir... la forcer à la sortir, à la montrer au grand jour... qu'on la voie, sa belle idée (...) » — p. 15). Puis, lorsque F. apparaît, H.2 tente de la convaincre (2) (« il faut que je vous parle » — p.16), mais il s'emporte (3) (« Tout ce qu'on oppose à ça c'est du brouillard » — p. 16) avant de se calmer et d'essayer de nouveau la persuasion (4) (« J'ai tort de m'énerver » — p. 16). Devant l'incompréhension de F. il se laisse alors une nouvelle fois aller (5) (« Je suis fou... Voilà ce que c'est de traiter d'égal à égal... de discuter » — p. 17) pour se reprendre aussitôt (6) (« oh non, ne parlez pas... j'ai tort. A quoi bon ces attaques ? »). Pendule grotesque et pathétique. La séduction vient alors, qui ne manque pas de sincérité (6') (« Vous êtes une amie, une vraie » — p. 17). Mais, aboutissant à un nouvel échec, elle ne fait que renforcer l'agressivité originelle (7) (« Ça vous agace ? Hein ? Eh bien, je vais vous agacer. Vous serez forcée de l'écouter. Je le ferai entrer que vous le vouliez ou non (*Crie des mots qu'on distingue mal. Elle se bouche les oreilles. Il lui écarte les mains*) », etc. p. 18). Un huitième moment introduit un élément nouveau, l'appel au secours, la prière au public (8) (« Mais il n'y a personne ici... personne qui accepte... oh... » — p. 19). L'arrivée de H.3 conforte H.2, jusqu'à ce qu'une boulette jetée par la salle ravive sa colère (9) (« Je ne me laisserai pas ligoter comme ça » — p. 22). Ainsi la pression monte-t-elle peu à peu jusqu'à ce qu'une nouvelle étape joue encore une fois le rôle de soupape : H.2 et H.3 décident de ressayer la séduction et la persuasion (10) (« C'est ça. Très en douceur. Surtout ne pas la braquer. » — p. 22). On trouve alors une série de didascalies soulignant cette tactique (« *Très doux, doucereux* », « *Tout souriant* », « *Très doux* », « *Doux* »). De « méfiante » qu'elle était F. devient à son tour « confiante » (p. 25). On pourrait donc croire avoir touché au but, quand pourtant F. pénètre le jeu du « chasseur » et se rétracte (« Ah enfin... maintenant c'est clair... (...) » « *F. sort* » p. 26). C'est que H.2 s'est de nouveau laissé emporter (11) (« ... vous n'osez pas sortir ces inepties, ces malhonnêtetés. Et dire que je lui demandais de les étaler devant moi » — p. 26). Suit une longue période durant laquelle gonfle la révolte qui finit par aboutir à une sorte de déclinaison du fantasme meurtrier (« ouvrir le robinet du réchaud à gaz qui est dans son bureau... ou mettre le feu... », etc. p. 29). C'est alors que la tension retombe, une fois encore, la solution n'étant jamais pour le « chasseur » dans la destruction du « porteur », mais dans sa capture, dans son apprivoisement. Ainsi s'explique la dernière tentative de H.2 pour se concilier F. (12). Cette tentative semble aller si loin qu'elle ne peut se dérouler que hors du lieu tragique : de fait, les deux hommes « *sortent puis reviennent* » nous invitant seulement à deviner par leurs propos ce qui s'est passé entre temps (comme les meurtres de la tragédie classique). F. paraît s'être laissée convaincre. Aussi l'apaisement pourrait-il bien venir et la pièce s'achever ; pourtant, comme dans *Le Mensonge*, l'abdication du « porteur » s'est en fait présentée avec un ver dans le fruit (« Eh bien moi je la connais. Elle a tout compris à ce moment-là. Oui, en un éclair, elle a tout vu, ce que nous voulions... ce qui l'attendait, et alors... » p. 32). D'où la nouvelle « crise » de H.2 qui en vient à « [gémir] » sous l'action de son mal (13). Enfin, un dernier revirement l'amène en un instant, et tout aussi contradictoirement, à adopter la position inverse, c'est-à-dire la résignation la plus extrême, la soumission face à F. (14). Ce final donne d'ailleurs lieu à un étrange petit exercice de gamme, très significatif :

> « Vous savez, je ne sais pas ce qui m'arrive... C'est étrange... (*L'air surpris :*) J'accepte. Oui (*Ton furieux :*) J'accepte. (*Accablé :*) J'accepte. (*Ton calmé :*) J'accepte. (*Ton ferme, décidé :*) J'accepte. » (p. 35)

Le « chasseur » en est ainsi réduit à rester seul avec sa propre idée, désespéré de ne pouvoir la faire partager. D'une certaine façon désespéré de ne pouvoir exister (sortir de soi). Or, si *Elle est là* est une pièce poignante, c'est certainement grâce à ce combat sans espoir et sans issue réelle que mène, ou voudrait mener, H.1.

L'énumération précédente est sans doute fastidieuse, comme toute description exhaustive. Pourtant, nous voudrions avoir montré à travers elle comment cette cinquième pièce de Nathalie Sarraute est aussi la plus riche du point de vue de la déchirure intérieure du « porteur ». Aussi pourrait-on dire du logo-drame en général qu'il est un continuel va-et-vient du Moi entre l'adhésion à la parole de l'Autre et le repli sur sa propre parole, entre la fusion avec le monde et ses compromissions et la revendication — toujours destructrice — d'une individualité éprise de pureté et de vérité.

XI. POUR UN OUI OU POUR UN NON

Deux amis se retrouvent après une assez longue séparation qui déclenche le sixième drame sarrautien :

> H.1 : (...) ...je voudrais savoir... que s'est-il passé ? Qu'est-ce que tu as contre moi ?
> H.2 : Mais rien... Pourquoi ? (p. 7)

Encore une fois, c'est du rien que part le logo-drame. H.1 s'entête, interroge : « Pourquoi ? Dis-moi pourquoi ? ». H.2 résiste, puis, cédant peu à peu du terrain, se laisse entraîner dans le labyrinthe dont il sait par avance les détours monstrueux, comme s'il avait lu ou vu *Isma* :

> H.2 : C'est.. c'est plutôt que ce n'est rien... ce qui s'appelle rien... (p. 10)

Ce rien là est une intonation, un suspens puis un accent (« C'est biiien... ça »), une prononciation où H.2 a perçu quelque chose, que H.1 s'empresse d'ailleurs de nommer :

> H.1 : (...) Il y a un terme tout prêt qu'il aurait fallu employer.
> H.2 : Ah ? Lequel ?
> H.1 : Eh bien, c'est le mot « condescendant ». (p. 19-20)

Dès lors, tout s'enchaîne. Les deux hommes, les deux amis vont se retrouver face à face comme deux taureaux dans l'arène. Deux amis de toujours s'entretuent verbalement. On aura beau faire appel au tribunal des gens normaux (H.3 et F.). Aucune aide ne peut venir de l'extérieur. C'est dans cet enclos scénique, sur ces quelques mètres carrés de planches, que doit être fixé le destin d'une amitié : pour un oui ou pour un non. Et c'est le non qui l'emporte.

Dépouillement, concentration extrême, fatalité tragique du mot. Jamais le logo-drame n'avait été aussi loin sur la voie de sa propre épiphanie. Deux personnages anonymes, deux êtres normaux vont s'élever au rang de héros médiévaux, de combattants presque titanesques, pour une syllabe prononcée d'une certaine façon. Il serait facile de dire, à l'heure où *Pour un oui ou pour un non* est encore « la dernière pièce de Nathalie Sarraute », qu'on a là une sorte d'apothéose du théâtre sarrautien. Pourtant, il est sûr que la dramaturge a atteint là une concentration dramatique plus marquée encore que dans les œuvres précédentes. L'opposition initiale que tentaient de réduire les pièces antérieures (même si elles ne parvenaient pas à la détruire) tourne ici à l'aporie :

> « Nous assistons, écrit Gerda Zeltner, à l'extension des oppositions qui, alors qu'elles disparaissaient dans *Le Silence* tel un fantasme ou une illusion, vont désormais jusqu'à l'existentiel. »[1]

Devant nous se construisent peu à peu deux univers inconciliables. Ils se construisent, disons-nous, car, comme l'a très bien montré G. Zeltner, leur incompatibilité « n'existe qu'à partir du moment où elle se déclare au service de la conscience, c'est-à-dire par l'expression verbalisée »[1]. Au début H.1 et H.2 demeurent de véritables amis que le contentieux existant ne suffit pas à séparer définitivement, parce qu'il n'est pas encore formulé. Les personnages sont sincères lorsqu'ils renouvellent des témoignages de cette amitié :

> H.1 : (...) il n'y a jamais rien eu entre nous [aucune dispute] ...rien dont je me souvienne...
> H.2 : Moi, par contre, il y a des choses que je n'oublie pas. Tu as toujours été très chic avec moi... il y a eu des circonstances...
> H.1 : Oh qu'est-ce que c'est ? Toi aussi, tu as toujours été parfait... un ami sûr... (p. 8)

Ce n'est que progressivement, par une fatalité toute tragique[a] que les mots vont créer entre les hommes un mur infranchissable. A la base de ce mécanisme est la « mauvaise foi » de H.2, comme le montre encore G. Zeltner. A travers la parole, celui-ci « se constitue lui-même en individu fictif (...) et à chaque pas de cette auto-définition non authentique, l'ami est rejeté, par contre-coup, dans un univers non-authentique et se transforme en cliché »[2]. L'insistance qu'il met à se défendre face à H.1 laisse souvent planer le doute sur sa vraie nature, sur son caractère inavoué :

> « Je n'étais pas jaloux ! Pas, pas, pas jaloux. Non, je ne t'enviais pas. » (p. 35)

Au reste H.2 n'est pas dupe de ses propres incertitudes et est conscient de l'aspect étrange de son insistance, lorsqu'il s'écrie plus tard :

> « Mais qu'est-ce que j'ai à me défendre comme ça ? Qu'est-ce qu'il y a ? » (p. 40)

La parole, et c'est nouveau pour le « chasseur », devient ainsi une façon de se protéger contre *son propre Moi*. Les failles du langage de l'Autre se retrouvent quasiment dans son langage à lui. Elles se multiplient et contaminent tout, à l'image des fissures qui font craquer la scène où se meurt le roi de Ionesco.

Dans ces conditions, l'appel aux adjuvants externes n'est plus qu'une tentative dérisoire qui ne peut que donner au drame une cou-

---

a. H.2 sait parfaitement ce qui va arriver, même s'il ne peut aller contre : « en parler seulement, évoquer ça... ça peut vous entraîner... » (p. 10), « Tu ne comprendras jamais... personne, du reste, ne pourra comprendre... » (p. 12)

leur kafkaïenne, le tirant vers un fantastique de cauchemar. De H.3 et de F., le texte dit qu'ils sont les « voisins » de H.1. Mais cette fonction sociale est en fait faussée dès le départ. Avant même leur arrivée, il avait été question de leurs homologues, dans le dialogue singulier entre les deux protagonistes :

> H.1 : (...) Je me demande ce qui t'a retenu de rompre avec moi...
> H.2 : C'est que ce n'est pas permis. Je n'ai pas eu l'autorisation.
> H.1 : Ah ? Tu l'avais demandée ?
> H.2 : Oui, j'ai fait quelques démarches...
> H.1 : Auprès de qui ?
> H.2 : Eh bien, auprès de ceux qui ont le pouvoir de donner ces permissions. Des gens normaux, des gens de bon sens, comme les jurés des cours d'assise, des citoyens dont on peut garantir la respectabilité... »
> (p. 14)

H.3 et F. ne sont que l'incarnation et la symbolisation de ces « gens de bon sens ». Déjà dans *Vous les entendez ?*, un tel jury avait été convoqué par l'écrivain :

> « C'en est fait. Il les a livrés. Il n'a pas pu y tenir. Lâchement, pour se disculper, se sauver, rejetant sur eux seuls toute la faute, il est allé les dénoncer. Et maintenant c'est trop tard, les poursuites sont engagées, inéluctablement l'action va suivre son cours (...) La justice ne doit tenir compte que des faits. D'eux seuls. Déclinez votre identité. Levez la main droite et dites : Je le jure. » (Ed. Folio, p. 99)

Or le théâtre permet de faire intervenir physiquement ces juges. Il les arrache à leur immatérialité et plonge par contre-coup le drame dans un surnaturel inquiétant. Le poids de la chair, la présence de l'acteur, dépassent une fois encore l'innocence de la simple écriture. H.2, venu pour rencontrer un vieil ami, se retrouve ainsi pris au piège, dans un monde qu'il a contribué à construire. Ici réside la force de *Pour un oui ou pour un non* : dans cette capacité à faire naître le fantastique et l'insoutenable, du banal et de l'inoffensif.

*
* *

Au terme de ce parcours qui nous a amené à proposer une approche possible des six pièces de Nathalie Sarraute, nous voyons donc se dessiner assez clairement une dramaturgie profondément originale. Cette dernière emprunte au roman sarrautien, sans pour autant n'être que la simple prolongation dramatique d'une écriture romanesque (comme certains propos de l'écrivain l'ont suggéré[1]). Beaucoup plus qu'une pure transposition théâtrale de cette écriture, le logo-drame s'avère en être, de fait, l'aboutissement véritable ; il en révèle la force et la complexité, en met au jour le potentiel tout à la fois tragique et burlesque. Par là-même, on peut affirmer sans risque que le roman tel que le pratique Nathalie Sarraute a ouvert la voie (la voix) à un théâtre très exactement inouï, jamais entendu : n'utilisant que la parole, il rend palpable les fissures de notre langage ; il en fait l'instrument d'une poétique de la « cruauté », sans doute plus proche de celle rêvée par Artaud que celle de bien des prétendus disciples de cette figure quasi-mythique du théâtre moderne.

*

* *

Chapitre III

LES PIÈCES DE ROBERT PINGET : UN THÉÂTRE QUI SE DÉSINVENTE LUI-MÊME

Il ne saurait être question de bien finir.

GŒTHE

I. ROBERT PINGET DRAMATURGE

C'est à l'âge de quarante ans, avec *Lettre morte* (représentée pour la première fois au théâtre Récamier le 22 mars 1960) que Robert Pinget s'essaie véritablement aux difficultés de la scène. A cette date, il est déjà l'auteur de six romans, dont cinq publiés aux Éditions de Minuit — ce qui n'a pas peu contribué au rapprochement opéré entre son œuvre et celle des autres Nouveaux Romanciers. De sorte que, contrairement à Nathalie Sarraute, assez peu de temps (une dizaine d'années) s'est écoulé entre les débuts du romancier et ceux du dramaturge ; cependant, il n'en a pas moins fallu, là aussi, l'épreuve répétée et la maîtrise d'une certaine écriture romanesque, pour que l'écrivain se risquât aux feux de la rampe. Sans doute la rencontre avec Beckett, qui, comme nous le verrons[1], fut, pour les journalistes, source de maints malentendus, n'a probablement pas été étrangère à cette nouvelle approche de la pratique littéraire. D'autre part, lorsque nous avons demandé à Robert Pinget quelles avaient été les motivations de son passage au théâtre, il nous a répondu tout simplement :

« Avant tout le goût du théâtre. Et puis la recherche d'un plus large public. »

Aussi claire et aussi logique que soit cette réponse, le lecteur et le spectateur sont en droit de se demander s'il n'existe pas aussi, sinon des motivations plus profondes, du moins un chemin direct et manifeste qui conduisit l'écrivain d'une écriture à l'autre. Là encore, nous avons posé la question à Robert Pinget qui, tout en affirmant qu'il y avait une « coupure entre [son] écriture romanesque et [son] écriture théâtrale », ajouta, laissant ainsi le champ ouvert à toutes les recherches :

« C'est au critique de trouver une parenté s'il y a lieu ».

De fait, cette parenté s'est offerte aux regards de bien des lecteurs assidus de Pinget. Il apparaît d'abord nettement que, dans son œuvre, roman et théâtre s'épanouissent au sein d'un même imaginaire : même espace situé « entre Fantoine et Agapa », mêmes personnages réapparaissant de-ci, de-là. De façon plus essentielle, c'est au cœur de l'œuvre romanesque que le théâtre s'est d'abord inscrit. Ainsi, dès *Entre Frantoine et Agapa* (1951), l'auteur s'essaie à l'écriture dramatique en joignant aux vingt-deux contes et au journal qui les accompagne cinq piècettes intitulées respectivement : *Sèchepeignoir, La Fondation impossible, Montségur, L'Ascenseur, Malicotte la frontière* — seule la version originale de l'œuvre[1] comporte ce théâtre de chambre qui sera supprimé par la suite (1966), ainsi que deux des contes. A travers ces premières expériences, écrit Jean-Claude Liéber, « Pinget assume narquoisement la diversité de ses essais qui annoncent ses futures tentatives dans le domaine de la radio, du film et de la scène »[2]. De sorte qu'il nous fait retenir que « Pinget n'est pas venu au théâtre par hasard ou par facilité, pour exploiter le thème de ses romans, comme il se plaira à le laisser croire aux journalistes »[3]. C'est tout au long de son œuvre romanesque et d'une manière radicale que s'affirme son plaisir et sa fascination pour la magie théâtrale : de la piècette de *Mahu ou le matériau* (« Les enfants trouvés ») au sketch qui prend place à la fin de *Le Renard et la Boussole*, ou de l'interrogatoire serré de *L'Inquisitoire* aux « interviews » d'*Autour de Mortin*.

Peut-être la forme dialoguée, adoptée la plupart du temps par le romancier, contribue-t-elle essentiellement à cette dramatisation de l'écriture. Mais inversement, le caractère pervers du « dialogue » chez Pinget donne à la parole théâtrale son ambiguïté. Sur cette perversité qui prend forme dans les romans, René Micha a fourni une analyse qui nous permettra de mieux comprendre comment se constitue la voix qui est à l'œuvre dans chacune des pièces :

> « A peu d'exception près, on constate que Robert Pinget a toujours eu recours au dialogue — à un faux dialogue. *Le Renard et la Boussole* est écrit à la première personne ; il se présente comme le journal d'un certain John Tintouin Porridge (...) ; cependant, dès la troisième ou la quatrième page ce journal semble écrit pour quelqu'un : qu'il interpelle de loin en loin. *Graal Flibuste* est un récit de voyage (...) ; cependant, on nous dit à plus d'un endroit que ce texte est rédigé pour le divertissement ou l'édification d'un lecteur qui n'est pas nommé dont il nous semble toutefois éprouver l'existence. Il en va de même de *Baga* (...) On sait que *Le Fiston* est une seule lettre sans cesse recommencée, ou un ensemble de lettres mises bout à bout qui se répètent et se contredisent (...) *L'Hypothèse* est un discours dit par cœur (...) Ces faux

dialogues, ces dialogues en trompe-l'œil, déguisent à peine, ornent plutôt un monologue de type particulier (...) Chaque fois, un personnage parle, personnage central, de qui les choses naissent ou en qui elles meurent (...) Ce personnage ne demeure pas tranquille un instant ; il se fouette comme une toupie ; il se projette hors de soi pour mieux se voir, se mieux entendre ; il s'adresse passionnément à lui-même »[1].

Le dialogue romanesque — *et par contre-coup le dialogue théâtral* — est ainsi épuré de tout ce qui fonderait une pluralité du verbe. Qu'un ou des personnages parlent, *une* voix émerge, se module, attire à elle les différents actants, digère les individualités, non pour les abolir totalement, mais pour les transmuer en une substance unique, alchimique. Comme chez Sarraute, la parole semble toujours au-delà des personnages, qui, plutôt que de la produire semblent bien être produits par elle[a]. La voix pingétienne, néanmoins, diffère profondément du *logos* sarrautien en ce qu'elle se veut vérité, ce que ne peut être chez Sarraute le langage traître et dévastateur. Car elle est vérité, « vérité insaisissable, qui renvoie à elle seule, que forme son propre mouvement », dit encore René Micha[2].

Dès lors, cette voix qui se dégage de la multiplicité du dialogue chemine petit à petit à travers celui-ci, pour finir par triompher de la scène, des acteurs eux-mêmes, en étant cette « voix pour la voix » dont parle Madeleine Chapsal[3]. Aussi n'est-il pas étonnant que Pinget ait, à plusieurs reprises, marqué son intérêt essentiel pour la dimension vocale. La recherche de ce qu'il nomme lui-même un « ton » passe par une attention extrême pour tout ce qui concerne la matière sonore des mots, leur couleur comme leur agencement, leur choc et leur combinaison :

> « (...) j'entends ce que j'écris. Je ne vois pas Mademoiselle Lorpailleur, Monsieur Songe. Je ne saurais pas les décrire. Mais je les entends parler. C'est mon oreille qui est attentive. C'est pourquoi je voulais marquer, à une certaine époque, la différence avec ce qu'on appelait dans le Nouveau Roman « l'école du regard ». Moi, c'est plutôt l'école de l'oreille... J'écris pour l'oreille. C'est pour cela aussi que j'ai écrit pour le théâtre et même pour la radio. »[4]

De fait, l'espace scénique s'offre tout logiquement comme résonateur pour cette voix qui émerge de l'écriture. L'acteur pingétien avant d'être chair en mouvement est ainsi chair en parole. Robert Pinget dit ailleurs :

a. Dans *Paralchimie*, *Identité*, *L'Hypothèse*, par exemple, les personnages se voient peu à peu possédés par une parole qui les traverse.

> « Le théâtre est essentiellement composé de voix. A la limite, il pourrait ne pas être visuel. C'est en cela qu'il existe vraiment par rapport au cinéma qui, lui, n'est que mouvement. »[1]

Mortin — le Mortin d'*Identité* comme celui de *L'Hypothèse* ou de *Paralchimie* — est transporté par son discours ; il ne bouge que par lui, que pour lui. Dès lors, le geste ne peut qu'épouser le mouvement des mots. Le visuel dépend de la seule voix qui le porte. Aussi n'est-ce pas tant le jeu que Pinget vient demander à la scène, qu'un lieu où cette voix pourra s'épanouir en trois dimensions. L'acteur Valère Novarina a, indirectement, exprimé mieux que tout autre ce qui fait que l'écriture à l'œuvre dans *Quelqu'un* ou dans *Baga* a pu trouver sur les tréteaux les moyens de son accomplissement :

> « C'est ça la parole, la *parle*, que l'acteur lance ou retient, et qui vient, fouettant le visage public, atteindre et transformer réellement les corps. C'est l'principal liquide exclu du corps, et c'est la bouche qui est l'endroit de son omission. C'est ce qu'il y a de plus physique au théâtre, c'est ce qu'il y a de plus matériel dans le corps. C'te *parle*, c'est la matière de la matière, et l'on ne peut rien appréhender de plus matériel que ce liquide invisible et instockable. C'est l'acteur qui la fabrique dans le rythme respiré, quand elle lui passe par tout le corps, qu'elle emprunte tous les circuits à l'envers, pour sortir, au bout, par l'trou d'la tête. »[2]

En outre, mise à part cette respiration essentielle — qui est celle de la vie, de la pulsation de la vie — et que seul l'acteur peut apporter au texte, la forme théâtrale force à la concentration du propos romanesque. Or, cette concentration, dont nous avons déjà vu certains effets dans le cas de Sarraute, Pinget sait en tirer tout le bénéfice. Elle permet une clarification qui se passe de toute médiation et *qui rend l'écriture d'emblée « efficace »*. L'écrivain, répondant à nos questions, insista sur ce point :

> « [Le langage dramatique est un] langage plus direct, plus simple, qui doit être saisi immédiatement par le public. Contrairement au discours du roman que le lecteur a tout loisir de relire pour s'en pénétrer. »

Telle est sans doute l'une des conséquences essentielles du passage à la scène, qui confronte directement le spectateur à une écriture et le place, sur le champ, au cœur de cette dernière. C'est le cas des pièces écrites dès le départ pour les planches, qui font entendre cette voix dont nous parlions et qui prend naissance dans les romans. C'est *a fortiori* le cas des adaptations que Pinget pratique avec bonheur : *Architruc* trouve son origine dans *Baga* ; *Lettre morte* dans *Le Fiston* ; *La Manivelle* et *Ici ou ailleurs* dans *Clope au dossier* ; *Le Bifteck* (téléfilm) dans *Quelqu'un*. A chaque fois le spectateur se trouve pris au piège d'une stratégie à laquelle la scène donne tout son caractère vertigineux.

II. UNE STRATÉGIE DU « DÉTRAQUEMENT »

Une définition très grossière du théâtre traditionnel pourrait y voir essentiellement la représentation scénique des actions et interrogations d'un personnage, conduit d'un début à une fin selon un processus de révélation et d'affirmation progressives. C'est aussi bien le cas d'Œdipe que celui d'Harpagon, Phèdre, Arlequin, Marianne, Hernani, Violaine, Caligula ou même Bérenger. Quand la pièce se termine, une crise a été résolue. Le chemin parcouru nous a menés d'une obscurité initiale à une clarté finale. Pinget, lui, propose à la scène un itinéraire inverse : tout ce que l'on savait, ou croyait savoir, au commencement, finit par nous échapper, tout ce qui se faisait se défait et perd son sens. *Tout rate*. Dès lors, nous partons d'une situation originelle donnée pour aboutir à la déréalisation de cette situation. La réalité première s'affole, s'embrouille et se perd. A l'image des acteurs du *Fils Prodigue* qui croient divertir Monsieur Levert dans *Lettre morte*, l'auteur « détraque la machine ». Le geste pingétien est ainsi proche de celui de l'enfant qui se bâtit une Espagne de cartes pour le plaisir de souffler dessus en riant. C'est pourquoi, en inversant l'expression d'Alain Robbe-Grillet qui parle de *Mahu ou le matériau* comme d'« un roman qui s'invente lui-même »[1], nous pouvons parler d'un théâtre qui se « désinvente » lui-même, qui se construit pour se déconstruire, qui se donne pour mieux se refuser.

Il se construit tout d'abord, en posant un monde à voir et à vivre. Souvent, il s'agit même d'un monde quotidien, réaliste, rassurant. Comme le dit Olivier de Magny :

> « Ces rentiers un peu gâteux, ce père chagrin, ce garçon de café et ce postier interchangeables, cette marchande de journaux cancanière, ce clochard picoleur et cartomancien très improvisé, ce littérateur un peu loufoque (quels littérateurs ne le sont pas ?), ne voilà-t-il pas un petit monde bien familier et comme issu de la figuration la plus quotidienne sinon du plus inoffensivement naturaliste des répertoires ? Ils ont quelque chose d'étriqué, de neutre et de bourgadin, la chevrotante obstination du déjà vu et du déjà entendu (...) »[2]

Nous sommes pour ainsi dire chez nous, dans un monde que nous connaissons, que nous savons solide. Dans *Lettre morte*, l'abondance des déictiques dit assez l'importance de cet univers que les personnages contribuent à mettre en place pour nous, et qui a pour principale caractéristique d'être là. Loin de se contenter du décor qui fait de la scène en elle-même un lieu référentiel (on le voit, on est dedans, on ne peut en sortir), Pinget accumule les signes d'une prise de possession de ce monde :

> LEVERT : Si au moins je pouvais me réchauffer avec ça (Il désigne son verre) (p. 72)
> LEVERT : Et ce comptoir, cette plante verte, cette bouteille... (p. 72)
> LEVERT : Je suis comme cette plante et ces bouteilles, n'est-ce pas ? (p. 73)
> LEVERT : (...) Ce comptoir, ces bouteilles, cette plante. C'est bien. (p. 76)
> LEVERT : (...) Tu seras toujours à ce comptoir, non ? (p. 77)

Avec obstination un monde nous est donné à croire ; dès lors nous nous en pénétrons, et le moment venu nous nous y accrocherons. Quand il nous sera retiré.

Plus généralement, on peut constater que chaque pièce pose au départ un tel univers référentiel, c'est-à-dire organisé au travers d'un certain nombre de déterminations, dont on peut énumérer les principales :

— *relation :* père/fils (ex : *Lettre morte, Architruc...*), maître/serviteur (ex : *Architruc, Paralchimie, Identité...*).

— *statut social, métier :* garçon de café, acteur (*Lettre morte*) roi, ministre (*Architruc*), médecin (*Identité*), bonne (*Identité, Autour de Mortin...*), valet (*Paralchimie*).

— *fonction dramatique :* actant principal (M. Levert, Mortin, Clope...), double, reflet (le garçon de café et le postier, Erard, Pierrot...).

— *parole :* à prédominance poétique (*Paralchimie*), conative (*L'Hypothèse* est une tentative de discours à l'adresse d'un public supposé), phatique (*Lettre morte* est une tentative de communication), métalinguistique (Abel et Bela dissertent sur l'écriture théâtrale).

Chacun de ces termes contribue à imposer un système de références auquel, dans un tout autre théâtre, auteur et spectateur ne pourraient que se tenir, jusqu'au dénouement.

Au contraire, Pinget s'ingénie à faire se dérober le sol sur lequel il avait commencé par nous entraîner. Ainsi, relations, statuts, fonctions, paroles, tout se déréalise, perd ses attaches, se brouille. Le gar-

çon de café devient employé des postes, le roi se fait père et le ministre enfant, le serviteur se transforme en maître, les actants principaux
se dégradent en reflets, le discours tourne au délire poétique et l'envol
poétique au charabia. Autrement dit la mécanique s'emballe furieuse-
ment et emporte tout sur son passage (« Je suis emporté par l'action
irréversible » s'écrie Erard dans *Paralchimie* (p. 74)). Pinget détruit
sans scrupule ce qu'il avait d'abord construit ; il nous retire le jeu des
mains. Ce qui fait dire à Joyce O. Lowrie :

> « Chaque œuvre se crée elle-même, pour ainsi dire, et s'engage alors
> dans un cycle d'auto-destruction qui annihile tout ce qui s'est produit
> auparavant. »[1]

Ainsi peut-on parler d'une grande perversité de ce théâtre qui ne nous
donne que ce qu'il va nous prendre. Nous croyons à ce père esseulé
qui vient épancher sa douleur auprès du garçon de café (*Lettre morte*),
nous croyons à ce café, comme nous croyons à ce garçon. Mais voilà
que le rideau tombe pour se relever sur les ruines de notre croyance.
Le café s'est transformé *instantanément* en bureau de poste et le garçon en postier, Levert ne connaît plus les acteurs qu'il a rencontrés au
bistro, etc. Robert Pinget nous propose ainsi une esthétique du piège,
qui accomplit sur la scène ce que Michaux a parfois fait en poésie (et
ce n'est pas un hasard si l'on a, à plusieurs reprises, rapproché ces
deux écrivains). De même que le poète s'amuse à construire une jetée
qu'il nous dérobe au dernier moment (*La jetée*[2]), ou nous invente une
folle nuit de noces qu'il finit par nier (*Nuit de noces*[3]), de même le
dramaturge s'ingénie à nous dessaisir de la réalité première où il nous
avait installés. Il nous laisse, perdus et perplexes, face à ce vol dont
nous tirons notre plaisir. C'est pourquoi ses pièces débouchent souvent sur une impossibilité de continuer, d'aller jusqu'au bout ; car au
bout il n'y a rien. Clope s'en explique ainsi à Madame Tronc :

CLOPE : Évitons les dernières répliques.
TRONC : Comment ?
CLOPE : Je dis évitons les dernières répliques. Arrêtons ce jeu-là pour
ce matin [il vient de tirer les cartes].
TRONC : Vous craignez les dernières répliques ?
CLOPE : Non, mais elle n'apporteraient rien de neuf. » (*Ici ou ail-
leurs*, p. 53)

Trois[a] pièces se terminent comme un disque rayé qui ne peut pas finir
ou qui n'en peut plus de finir :

---

a. Quatre avec *Abel et Bela* dont les derniers mots sont : « Je descends en moi-
même et je trouve quoi ? (Un temps) Je trouve quoi ? ». Suit alors le lever de rideau
de la pièce rêvée par les deux apprentis-auteurs.

— *Lettre morte* :
« Ce qui compte c'est... Ce qui compte... Ce qui compte... »
— *La Manivelle* :
« Quand on pense, quand on pense... »
— *L'Hypothèse* :
« Les occasions perdues de se taire... (Un temps) Les occasions perdues de se taire... (Un temps) Les occasions perdues... »

Mais quel est alors le sens de ce parcours étrange qui sous-tend le théâtre de Pinget ? Barbara Bray tire de son étude de *L'Hypothèse* deux idées qui peuvent nous permettre de mieux comprendre cette entreprise :

> « l'idée que la représentation de la réalité se présente comme un kaléidoscope de contradictions ; et l'idée du dossier manuscrit, dépositaire perdu de cette vérité que nient tous les fragments d'affirmation : la vérité qui gît au fond d'un puits inexistant. »[1]

De fait, la vérité pour Pinget ne peut se saisir que dans son constant mouvement de négation de soi. Elle ne s'offre à nous, à la limite, que dans la mesure où elle se déconstruit sous nos yeux. Elle n'est que la forme de notre désir, dans l'attente d'une impossible résolution : attente d'une réponse improbable à une lettre sans réel destinataire (*Lettre morte*) ; attente d'une solution introuvable à une hypothèse invérifiable et qui fait perdre le sens de la réalité (*L'Hypothèse*) : attente d'une explication insaisissable de l'énigme d'une vie (*Autour de Mortin*), etc. Là où le théâtre traditionnel nous livrait une représentation cohérente d'une réalité à découvrir, et que justifiait cette même cohérence, Pinget nous abandonne des lambeaux de vérité, parties dépareillées d'un puzzle incomplet. Devant nous prend place un processus irréversible d'altération poétique de la réalité première qui nous était offerte. La parole se transforme en verbiage et le verbiage en silence. La brique devient sable entre nos doigts. Mais c'est avec le sable qu'on fait les plus beaux châteaux.

III. FIGURES DE LA DÉRÉALISATION

Les modalités de la déréalisation qui fait que ce théâtre se crée en se détruisant sont diverses. Mais elles reposent toutes essentiellement sur une série de procédés répétitifs, introduisant non la varia-

tion du Même au Même, mais la mutation — c'est-à-dire la dissipa-
tion — du Même en Autre. Dans *Lettre morte*, ce glissement s'effec-
tue, qui plus est, au niveau de la structure générale : on peut dire que
l'acte II est une reprise contradictoire de l'acte I. Ainsi la fille du cor-
donnier est déjà enterrée à l'acte I, quand le cortège funèbre passe
à l'acte II (alors même que la succession des actes épouse une certaine
chronologie de l'action, puisqu'il est fréquemment question dans la
seconde partie d'événements qui ont déjà eu lieu dans la première).
D'où l'étonnement de M. Levert :

> LEVERT : Et l'enterrement a lieu aujourd'hui ?
> EMPLOYÉ : Tout à l'heure.
> LEVERT : Louis m'a dit qu'il avait eu lieu hier.
> EMPLOYÉ : Pourquoi hier ? Ce matin je vous dis.   (p. 133)

Ce qui fait dire à J.C. Liéber :

> « Répétition et inversion compromettent la linéarité du récit. L'enter-
> rement attendu au second acte a déjà eu lieu au premier. Événement
> fantasmatique, sans autre réalité peut-être que la crainte, cet envers du
> désir. La mort est l'horizon du texte, son passé, son présent, son
> avenir. »[1]

De fait la symétrie se révèle toujours trompeuse. Elle consomme le
meurtre de la réalité. Le garçon de café et l'employé des postes — joués
par le même acteur — disent des répliques semblables, avec de légères
différences cependant, qui font qu'on ne peut croire ni à la répétition
du Même, ni au passage direct et complet à l'Autre. Nous restons,
au contraire, coincés entre les deux, incertains, à la recherche d'une
vérité secourable. De ce point de vue, les reproches formulés à l'égard
de *Lettre morte* par les critiques de l'époque sont particulièrement révélateurs. Ainsi Jean-Jacques Gautier put écrire :

> « Cette pièce a deux actes. Un premier acte merveilleusement composé
> qui satisfait pleinement notre sensibilité et psychologiquement, affec-
> tivement, dramatiquement inattaquable. Et puis un second acte qui se
> veut plus démonstratif et sent son procédé. »[2]

Le journaliste apprécie donc le premier acte qui nous présente un
ensemble psychologique cohérent, linéaire (ce qui, en termes de critique romanesque, renverrait au roman classique, « à la Balzac »), mais
rejette en bloc le second acte qui vient détruire cette belle ordonnance.
Par là-même, il saisit admirablement, à sa façon, le côté perversif et
déstabilisateur de la répétition/inversion. Mais il voudrait ne garder
que cette réalité première « qui *satisfait* notre sensibilité » (prône-t-il
un théâtre de la « satisfaction » ?), en nous contant « l'histoire d'un
vieil homme misérable, qui traîne sa solitude, sa tristesse, sa désola-

tion ». Oui au mélodrame, non à sa perversion. En cela J.J. Gautier rejoint l'auteur du compte rendu paru dans *La Croix*, lors de la diffusion télévisée de la pièce :

> « la répétition nuit, on s'en doute, à la *crédibilité du propos* et donc à la *sympathie attristée* que devrait inspirer la douloureuse vieillesse solitaire du père abandonné. »[1]

Ce que n'admettent pas les critiques, c'est que le drame nie les conditions de sa propre réalisation, en s'annihilant dans cette répétition/destruction qui lie les deux actes. Inversement, on peut dire qu'ils comprennent parfaitement ce caractère pervers, qui était déjà celui du Nouveau Roman (le second article parlait d'ailleurs significativement d'un procédé « admissible dans un livre », tout en frappant d'interdit son exploitation dramatique).

Mais précisément, l'avantage de la scène sur le roman est que le malaise est d'autant plus grand que la contradiction est vivante, visible, voire palpable. Dans *Paralchimie*, par exemple, une même scène est reprise contradictoirement à quelques minutes d'intervalle :

> Scène VI :
> (*Entre Lucile portant une tasse de bouillon.*)
> LUCILE : Voici mon oncle.
> MORTIN : Merci ma nièce. (p. 24)
>
> Scène XII :
> (*Entre Lucile portant une tasse de bouillon.*)
> LUCILE : Je vous apporte votre bouillon.
> MORTIN : Comment mon bouillon ? Ne viens-je pas de le prendre ?
> LUCILE : Plaît-il ? (p. 39)

Ici, ce n'est pas seulement l'écriture qui est mise en question (comme dans le roman qui s'interroge lui-même). C'est surtout le spectateur, qui vient de *vivre* les deux épisodes : une scène vécue conjointement par le spectateur et le personnage n'a pas l'innocence d'une page écrite[a]. A travers les répétitions contradictoires qui tissent — ou plutôt défont — la trame d'*Abel et Bela* et de *L'Hypothèse*, aussi bien que celle de *Lettre morte* ou de *Paralchimie,* notre propre existence est mise en cause : chaque moment de cette dernière semble en annuler le précédent. *Autour de Mortin* traduit de façon paroxystique, pourrait-on dire, cette déréalisation continue. D'autant plus que « l'intention initiale de l'œuvre, qui résulta d'une commande de la BBC, était de donner à l'auditeur fortuit l'impression que les interviews qu'il écoutait

---

a. « On est embringué dedans » dit M. Levert de la « machine » que les acteurs s'ingénient à détraquer (*Lettre morte*, p. 76).

étaient réels, et qu'Alexandre Mortin avait vraiment existé »[1]. Mais même au théâtre — et peut-être surtout au théâtre, car le spectateur y est impliqué physiquement — où la mystification pure et simple n'est pas possible, les interférences et oppositions entre les interviews provoquent la perte de tout repère. A peine avons-nous donné notre adhésion à tel personnage qui nous paraît sincère et bien renseigné sur la vie de Mortin, qu'un autre vient tout remettre en question et ébranler notre foi ; il ne reprend les mêmes faits que pour y introduire la légère modification qui fait tout s'écrouler. De sorte que la répétition chez Pinget est toujours essentiellement une forme de négation. C'est pourquoi on peut se demander si Barbara Bray a tout à fait raison lorsqu'elle écrit :

> « (...) nous pouvons faire n'importe quel choix parmi les éléments de la réalité, tout est également valable ou le contraire. »[2]

Ne vaudrait-il pas mieux dire, au contraire, qu'aucun choix n'est possible et que rien n'est valable dans cette réalité qui ne se répète que pour se dégrader ou se nier ?

Une figure particulière du double nous conduit tout particulièrement à pencher pour cette perspective plus tragique qui conclut à l'invalidation de toute réalité et à la perte de toute identité. C'est la forme du reflet qu'Anne C. Murch a étudié chez Pinget, à partir de la définition de Genette :

> « Le reflet est un double, c'est-à-dire à la fois un *autre* et un *même*. »[3]

Mais à travers l'usage qu'en fait Pinget, le reflet devient la forme même de la disparition des personnages. Il prend un sens ainsi bien différent de celui que lui confère Genette, lorsqu'il précise qu'en lui « le Moi se confirme, mais sous les espèces de l'Autre ». Chez Pinget, en effet, loin d'être une confirmation, il est une infirmation du Moi. Quand, dans *Lettre morte*, M. Levert ne cesse de projeter sur l'Autre sa propre situation de père abandonné par son fils, « [il] est bientôt réduit lui-même à l'état de reflet, endossant de grotesques déguisements, comme le remarque Anne C. Murch. Car le père s'identifie malgré soi au père indigne du garçon de café, au père bafoué du vaudeville, au père de l'employé des postes, au vieux qui envoyait des lettres au paradis, et ainsi de suite. Et à chaque nouvel avatar du père répond l'image correspondante du fils »[4]. A tel point que « la prolifération des reflets finira par réduire le vécu à l'état d'objet fuyant sous le regard et consommant la *dépossession* des personnages »[1]. De même, dans *La Manivelle*, le souvenir appelle à chaque fois un souvenir contraire :

> TOUPIN : (...) vous étiez de la classe 1900, 1900, 1902, non ?
> POMMARD : 1903, 1903, et vous c'était donc 1906 ?
> TOUPIN : 1906 oui, à Clermont-Ferrand.
> POMMARD : Vous étiez dans la cavalerie ?
> TOUPIN : Dans l'infanterie, dans l'infanterie.
> POMMARD : Mais l'infanterie n'était pas à Clermont souvenez-vous, c'était la cavalerie, vous deviez être à Toulouse, à Toulouse l'infanterie.
> TOUPIN : Je vous dis à Clermont-Ferrand, je me souviens bien allez, le café du Marronnier à l'angle.
> POMMARD : Charbonnier, le café Charbonnier (...)   (p. 26-28)

Le reflet fonctionne alors comme une sorte de *camera obscura* qui inverse sans arrêt les données premières et leur fait perdre leur réalité. Dans *Architruc*, les déguisements successifs de Baga tournent au drame quand le roi finit par prendre la Mort — qui se présente avec sa faux — pour le nouveau travestissement de son ministre. Le réel est ainsi dissous en reflets et la Mort semble n'être que déguisement. Le paroxysme de cette perversion par le reflet est peut-être atteint dans *L'Hypothèse*, où l'image de Mortin apparaît sur le mur du fond, « projetée cinématographiquement » et « le double de sa grandeur naturelle ». Elle se multiplie même (« une seconde image apparaît », « une troisième image apparaît ») et finit par lui voler son propre rôle. Si bien que Mortin, dépossédé de lui-même, ne parvient plus à continuer son discours. Il ne peut que reprendre, « d'une voix hésitante et cassée », ce refrain que nous avons déjà rencontré, ce refrain qui le nie, lui l'orateur désespéré :

> « Les occasions perdues de se taire... (Un temps) Les occasions perdues de se taire... (Un temps) Les occasions perdues... »

Le reflet a triomphé, implacable.

IV. L'HUMOUR ET LE BURLESQUE

L'élément farcesque vient à la fois tempérer ce tragique de la déréalisation et y participer activement. Car le rire dans le théâtre de Pinget assume la double fonction de « colmater les fissures qui peuvent apparaître dans nos défenses psychologiques », comme le dit Anthony Cheal Pugh[2], et de provoquer ou d'agrandir ces mêmes fissures. Ce comique intervient d'abord au niveau des mots dont il se joue. Ainsi les « perles » de toutes sortes abondent dans la bouche des personnages. Dans *Autour de Mortin,* plusieurs des interviewés expliquent très sérieusement que l'écrivain sur le compte duquel on les interroge avait « le nœud rasténique ». Dans *Ici ou ailleurs*, Madame Flan accumule les méprises de ce genre : « Ah l'embarquement pour Clystère ! », s'écrie-t-elle au premier acte (p. 26), pour se perdre par la suite entre la bible et le *business* :

> FLAN : Le jour viendra où plus personne ne s'intéressera à vous. Vous serez comme Job (*elle prononce Djob*) sur son fumier.
> CLOPE : Il n'y a pas l'ombre d'anglomanie dans cette histoire !
> FLAN : Comment ?
> CLOPE : On ne dit pas Djob on dit Job.
> FLAN : Ils disent tous Djob maintenant. (p. 130)

La Manivelle comporte aussi un exemple de ce type particulièrement savoureux :

> POMMARD : Est-ce qu'elle a eu une pension alimentaire ?
> TOUPIN : Comment ?
> POMMARD : Une pension alimentaire au divorce.
> TOUPIN : Ma foi on l'a mise en pension alimentaire et elle y était mal nourrie, une petite de deux ans si c'est pas malheureux. (p. 36)

Outre ce jeu de perversion des mots, la profusion verbale est, elle aussi, génératrice d'un comique dont Pinget semble être friand. Les accumulations de termes plus ou moins étranges, les énumérations d'éléments incongrus, les récits qui s'emballent, sont d'ailleurs des *symptômes* du détraquement de la machine. Le sens se perd tandis que le verbe se déverse, incontrôlé, sur la scène. On peut penser notamment au duo bouffon de Noémi et du Docteur, dans *Identité*. Les deux personnages récitent ensemble un monologue différent, ce qui accentue le caractère burlesque et le non-sens de la narration, pur déferlement verbal :

DOCTEUR :
Un gros enfant fessu comme il en existe, pas méchant pour son âge mais gâté par la mère, le père n'aimait pas ça rappelant tout le temps son enfance à lui, les mornifles, les privations de dessert, se vengeait sur son lardon mais heureusement n'était pas là de toute la semaine, seulement le dimanche. On était donc un dimanche. Alors la mère dit chéri tout de même ne brutalise pas comme ça notre fils, etc.

NOEMI :
Avant de partir j'ai été voir la veuve à mon frère, je n'ai jamais pu l'appeler belle-sœur, il me fallait la prévenir, qu'elle soit sur ses gardes, pas tellement pour elle bien que maintenant je ne lui en veuille plus mais pour moi, pour la suite que tout ça allait avoir. Je l'ai trouvée dans sa cuisine en train d'éplucher des oignons. Elle porte encore le deuil c'est son affaire mais en noir comme ça et les yeux bouffis elle m'a rappelé l'enterrement, etc.

Comment ne pas penser au fameux monologue de Lucky, dans *En attendant Godot*, et qui semble ici se dédoubler ? Dans *Paralchimie* s'ajoute par ailleurs, à plusieurs reprises, un aspect scatologique qui contraste avec les aspirations de Mortin (« faire appel à ce qui est grand ») et peut se lire comme un indice de la dégradation de la réalité première :

> PLOMBIER : (...) En remontant de la canalisation extérieure jusqu'au siphon intérieur, passant par les divers méandres, courbes, coudes, anses, orbes et figures similaires que composent gracieusement le tuyau de vidange comme aussi celui d'évacuation sans compter l'alimentation, la fermentation, la décoction, la segmentation, l'aération, la sublimation, cuivre, plomb, émail, fer-blanc, antimoine et consort, remontant dis-je de ladite jusqu'à la cause du bouchon de matières situé au niveau le plus bas de la cuvette j'ai constaté que lesdites étaient de nature...
> MORTIN : Au fait plombier, au fait.
> PLOMBIER : Et bien monsieur, il n'y a pas que de la crotte.
> MORTIN : Fichtre !　　　　　　　　　　　　　　　　　　(p. 20-21)

A tel point que les deux protagonistes finissent par s'affronter à coup de citations latines au contenu pour le moins étrange :

> PLOMBIER : Primum cacare
> MORTIN : Primum vivere.　　　　　　　　　　　　　　(p. 22)

Ici l'on voit se dessiner un second aspect de la dérision qui ne concerne pas seulement une perte de maîtrise du langage amenant celui-ci à jouer avec soi-même. Elle est aussi orientée, et prend un caractère parodique, c'est-à-dire de contestation d'un référent. Dans l'extrait précédent, il s'agissait d'une imitation/dégradation du discours scientifique (alchimique). Dans *Lettre morte*, Fred nous offre, quant à lui, une burlesque oraison funèbre :

> « Mes chers amis, mes chers concitoyens... (*Il se reprend*) Pardon. Mon cher papa, mon cher oncle, vieux frangin, vieille sœur, vieux tonton. (*Hoquet.*) Chers amis, chers concitoyens. La triste circonstance qui nous réunit ce soir autour de ce vin... de ce pot... de cette tombe hélas (*hoquet*) ce n'est ni la première ni la dernière. Ça recommencera. Pas la même personne bien sûr... Je veux dire pas notre petite... euh... euh... comment qu'elle s'appelle... Marie, voilà, (*hoquet*) couche-toi là dans cette petite tombe pauvre petite Marie couche-toi là.　(p. 113-114)

Or, en contestant la gravité du discours de funérailles, on peut se demander si le personnage ne conteste pas en même temps la gravité de l'ensemble de la pièce (qui peut se lire comme la lamentation funèbre, la complainte du père abandonné). Au reste, la pièce du *Fils prodigue*, que jouent les acteurs devant M. Levert, fonctionne bien comme une auto-parodie qui permet à *Lettre morte* de ne pas verser, dès le premier acte, dans ce que Mortin appellera plus tard la « mélasse mélodramatique » (*Paralchimie,* p. 27). Dans *Ici ou ailleurs* la dérision prend une forme plus singulière encore. Clope, qui se passionne pour la grammaire, se délecte tout spécialement avec les vers de Hugo : « Un suprême mystère / vit en eux, et le ciel dont ils ont tous les droits / Leur fait un grand festin de peuples et de rois »[1]. Il commence par découper chaque proposition, en bon élève discipliné, pour finir par s'interroger sur le sens de l'ensemble :

> CLOPE : (...) (*Il lit*) Leur fait un grand festin de peuples et de rois (*Un temps*) Vous voyez ?
> FLAN : C'est poétique.
> CLOPE : Je ne vois pas.
> FLAN : Eh bien un festin de peuples c'est par exemple de la choucroute et un festin de rois de la langouste.
> CLOPE : Vous croyez ?
> FLAN : Je dis ça...
> CLOPE : Et le ciel dont ils ont tous les droits leur fait un grand festin de choucroute et de langouste (*un temps*) J'aime assez.
> FLAN : C'est poétique. (p. 44)

De même, dans *Paralchimie*, Pinget se joue d'une certaine poésie, en distribuant le lyrisme entre ses personnages :

> MORTIN : D'abord Erard.
> « Mais quel poids t'alourdit ô mon âme
> Sur ce grabat du temps par ma peine mouillé
> Comme un enfant à naître au ventre d'une femme
> Pressé de voir le jour et tôt désenchanté »
> Et Lucile répond :
> « Depuis qu'en ce jardin les ans sèment le lierre
> Le monde m'apparaît comme un triste grand-père
> qui pleure son épouse en ses habits de veuf.
> (*Il désigne à nouveau Erard*)
> Sous ce fagot qui te console
> Ô mon âme crois-tu donc pas
> Retrouver l'espoir d'une folle
> (*Il désigne Lucile*)
> Que me fait le fagot en ce désert aride
> Que me ferait mon cœur si mon cœur était vide
> Je n'aperçois ici que défunts et faux-pas. » (p. 34)

Plus tard, tous les clichés de la pastorale viendront envahir le discours (« Il y a un pré où paissent des moutons. Le berger est assis au centre sur un tas de pierres », etc.). De sorte que ce personnage qui se veut

« ailleurs » (« je suis ailleurs, ailleurs » — p. 65) est pris par un langage qui fait du pseudo-écrivain le jouet d'une parole dérisoire. Son ailleurs n'est qu'un ailleurs de convention, et, par là même, son ici, pourrions-nous dire, est celui d'un bouffon incapable et grotesque. La parodie finit même par se démultiplier au rythme des échanges :

> (*Mortin prend une pose et fait signe au plombier de l'imiter. Celui-ci s'exécute.*)
> MORTIN (*Autre ton*) : (...)
> PLOMBIER (*prend le ton de Mortin*) : (...)
> LUCILE (*Un temps. Elle parodie Erard*) : (...)
> ERARD (*parodie le plombier*) : (...)   (p. 80-82)

On retrouve ainsi une figure comique du reflet, dont nous avons vu plus haut le rôle dans la déréalisation de la situation. C'est ainsi que la réalité se dégrade dans un continuel mouvement d'auto-dérision, qui évacue tout contenu métaphysique latent. Car ce théâtre est d'abord et essentiellement un jeu : travail ludique de l'auteur qui invente pour « désinventer », travail ludique de la parole qui s'emballe comme un disque fou qu'on ne contrôlerait plus, travail ludique des acteurs qui jouent à jouer et à tout parodier. On est plus près de la farce que du pseudo-théâtre intellectuel (qu'est-ce d'ailleurs qu'un théâtre intellectuel ?) auquel on a souvent voulu réduire les œuvres dramatiques de Pinget.

V. PINGET, BECKETT, L'ABSURDE

Nous avons vu plus haut, au chapitre I, ce que les expériences dramatiques des Nouveaux Romanciers devaient au théâtre dit de l'Absurde. Il nous faut à présent revenir plus en détail sur le cas de Robert Pinget qui demande quelques mises au point. Ces dernières nous semblent d'autant plus nécessaires que le rapprochement opéré par les journalistes entre Pinget et Beckett est souvent à la base d'une incompréhension fondamentale, tout en offrant parfois prétexte à un refus global du théâtre de Pinget. Ainsi, pour beaucoup, l'auteur de *Lettre morte* ne serait qu'un épigone mineur de celui d'*En Attendant Godot*. En 1962, à propos d'*Architruc*, Bertrand Poirot-Delpech parle de « pâle imitation »[1] (de Beckett). André Ransan de son côté, après avoir intitulé son article *Architruc (ou en attendant... une pièce)* écrit :

> « M. Pinget est un fervent disciple de Samuel Beckett : tout ici rappelle *En Attendant Godot* — le génie en moins. »[2]

Quant à Paul Morelle, il conclut, péremptoire, au « vieillissement de l'anti-théâtre, cet adolescent moribond »[1]. Enfin, on peut citer le critique d'*Information* qui, pour sa part, considère le langage de Robert Pinget comme « bien inférieur au délire verbal de Ionesco »[2].

Précisons cependant que la réduction de ces œuvres dramatiques à une catégorie inférieure de l'avant-garde n'est pas toujours le corollaire de leur dépréciation. Ainsi Martin Esslin et Geneviève Serreau les réhabilitent d'une certaine façon, en les rattachant le premier à la branche de l'Absurde[3], la seconde à celle du Nouveau Théâtre[4] (notions voisines, rappelons-le). Qu'en est-il réellement ? Pinget n'est-il qu'un sous-Beckett ?

Reprenons quelques-unes des données qui ont alimenté le malentendu. C'est d'abord sur l'affiche du théâtre Récamier que les deux noms ont été réunis en mars 1960, pour la création de *Lettre morte* d'une part, de *La Dernière Bande* d'autre part. A la même époque, Pinget traduit Beckett (*All that fall/Tous ceux qui tombent*) et inversement Beckett traduit Pinget (*La Manivelle/The Old Tune*). Par ailleurs, il est arrivé à Beckett de mettre en scène une œuvre de Pinget : ainsi *L'Hypothèse*, en mars 1966[5]. Pinget s'est du reste expliqué sur ces différentes expériences communes, lors du Colloque de Cerisy sur le Nouveau Roman :

> John Flechter : (...) Êtes-vous conscient de devoir quelque chose à l'exemple beckettien, de la voix qui parle et qui se cherche par exemple, ou de la genèse du texte par lui-même ?
>
> Robert Pinget : Il faudrait commencer par le début : il y a bien longtemps, vingt ans à peu près, j'ai été complètement bouleversé par *Godot* et j'ai appris par l'entremise d'autres personnes que Beckett s'intéressait à mon livre *Mahu* que j'avais écrit sans le connaître. Il est absolument impossible de ne pas être bouleversé par ce genre d'homme et par la beauté de ses textes. Beckett m'a donné toute sa confiance, c'était un grand honneur qu'il me faisait, en traduisant lui-même une petite pièce que j'ai faite pour la radio : *La Manivelle*. Surtout par gentillesse, il m'a demandé de débrouiller de petits textes radiophoniques qu'il avait écrits (...) Alors l'influence qu'il a eue sur moi, c'est, bien sûr, par le ton même de ses personnages mais, surtout par la conscience extraordinaire qu'il met dans son travail. »[6]

Là s'arrête sans doute la comparaison. Il s'agit plus essentiellement d'une rencontre (plutôt que d'une parenté directe, voire une filiation). Pinget n'est pas un *disciple* de Beckett, pas plus que Beckett n'en est un de Ionesco ou réciproquement. Sarafina de Gregorio[1] fait d'ailleurs remarquer, non sans humour, que « l'on pourrait tout aussi bien dire (...) que Beckett et Ionesco partagent tous deux certaines similitudes avec Pinget » que le contraire.

Pourtant, c'est cette notion même de « similitudes » qu'il convient de relativiser — voire de contester, car elle risquerait de faire accroire l'idée que tout théâtre rejetant les formes « classiques » est forcément semblable à *Oh les beaux jours* ou à *La Cantatrice chauve*. Cette nécessité se fait sentir surtout en ce qui concerne le rapprochement d'avec Beckett, puisque c'est celui qu'on s'est le plus souvent autorisé. On peut d'abord noter que les personnages de Pinget ne sont pas ceux de l'auteur de *Fin de Partie*. Ils sont au départ situés, ancrés dans le concret. Ce ne sont pas des êtres fondamentalement abstraits du monde, perdus, et par là symboliques, comme le sont Didi et Gogo, Pozzo et Lucky, Hamm et Clov, Nagg et Nell, Henry et Ada, Krapp, Winnie, Willie... Qu'ils aient un statut social défini n'est pas un détail. C'est la marque qu'ils sont, au départ, construits, organisés en cette réalité première cohérente et déterminée dont nous avons parlé : Louis est un garçon de café ; M. Levert est apparemment retraité, tout comme Pommard et Toupin ; Architruc est roi, Baga ministre ; Mortin est écrivain, Erard valet, Noémi servante, Mme Flan marchande de journaux, etc. Chacun a donc au commencement un contour précis. Aucun n'est vraiment de nulle part. Par là même, le lieu pingétien n'a rien à voir avec l'espace irréel de Beckett : désert d'*Oh les beaux jours*, lande d'*En Attendant Godot*, paysage apocalyptique qui menace, au dehors, les protagonistes de *Fin de partie*, l'« on ne sait où » de *La dernière bande*, *Pas*, *Comédie*, *Berceuse*, *Actes sans paroles*, etc. Chez Pinget, tout se passe dans un bistro, une poste, un château, un cabinet d'alchimiste ou d'ingénieur du son, une gare. Au pire, des chaises, des tables, des portes définissent un lieu. Là encore il ne s'agit pas de simples décors. On a là la marque d'un monde qui nous est présenté dans sa détermination.

Or c'est précisément sur ce point que ce que nous avons nommé « déréalisation » prend toute son importance. Chez Beckett — ou Ionesco — l'absurde est posé dès le départ, on est immédiatement dedans. Dès lors la pièce ne consiste plus qu'en une exploitation de ce donné. Didi et Gogo *sont*, de toute éternité, des personnages absurdes ; ils ne le deviennent pas. De même les Smith ou le Vieux et la

Vieille des *Chaises*. En ce sens l'Absurde ne déçoit pas : il est à l'arrivée ce qu'il était au départ. D'une certaine façon même, il rassure ;
parce qu'il est un *postulat*. La répétition n'est là que pour nous dire
« plus ça change, plus c'est pareil ». Chez Pinget, au contraire — nous
l'avons vu plus haut — elle tend bien plutôt à faire que plus c'est pareil,
plus ça change, et moins on s'y retrouve. L'absurde est alors un *résultat*. Il se crée, on le voit naître, proliférer, tout emporter. Il nous arrache ce à quoi nous pensions pouvoir nous accrocher. Et tel est peut-
être l'un des apports essentiels du Nouveau Roman. Car celui-ci fait
de l'absurde un devenir et non plus un être-là. Il projette au théâtre
son caractère pervers, ses effets déceptifs, qui s'expriment alors avec
toute leur force et leur véritable intensité dramatique.

*
* *

L'étude générale du logo-drame chez Sarraute nous avait, dans
un deuxième temps, conduit à étudier plus en détail chaque pièce de
l'écrivain. De même nous faut-il maintenant aborder en particulier
chacune des œuvres dont nous venons de donner un aperçu d'ensemble. On ne précisera jamais assez que notre propos n'est pas de présenter une analyse plus ou moins exhaustive des textes en question.
On ne pourra que tenter de vérifier, préciser, et éventuellement nuancer, les affirmations précédemment développées, afin de leur donner
un support concret valable.

L'ampleur de l'œuvre dramatique de Pinget pose, en outre, un
second problème, déjà évoqué au début de cet ouvrage : un choix
s'avère indispensable si l'on veut avoir une chance de ne pas se contenter d'un trop rapide survol de chaque pièce. Nous avons donc écarté,
par nécessité, la plupart des œuvres radiophoniques de l'auteur, bien
qu'elles nous paraissent presque toutes riches de potentialités scéniques. En revanche, nous avons conservé *La Manivelle* et *Autour de
Mortin* qui ont été montés à plusieurs reprises et se sont révélés mani-
festement comme de vrais moments de théâtre. Par ailleurs, il est
apparu préférable de traiter ensemble les différentes œuvres centrées
sur le personnage de Mortin. Si ces choix peuvent être discutés, ils
ne semblent pourtant pas pouvoir être évités.

*
* *

VI. LETTRE MORTE

Monsieur Levert avait un fils. Un jour, ce fils, quitta son père. Depuis, celui-ci ne vit plus que dans l'attente du retour de son enfant. C'est cette attente qu'il vient d'abord tromper dans le bar du premier acte, où il ne cesse de ressasser ses souvenirs et ses peines. L'oreille complaisante du garçon de café, Louis, est là pour recueillir ses lamentations quotidiennes. Qui plus est, ce barman sympathique connaît peut-être le fils disparu ? Peut-être sait-il où il se trouve ? Monsieur Levert (s')interroge. Il cherche surtout à comprendre les raisons de ce départ, et peut-être est-ce Louis qui pourra les lui expliquer ; il pourrait être son fils — et d'ailleurs « garçon » signifie aussi bien « enfant mâle » que « serveur ». A travers l'alcool et à travers la parole, le vieil homme abandonné tente tout à la fois d'oublier et de faire surgir devant lui l'enfant prodigue. Un moment même, il croit le voir bouger, là, derrière ce rideau. A l'hallucination succède alors l'illusion théâtrale, quand surviennent deux acteurs qui jouent chaque soir, au théâtre municipal, une pièce qui n'a bien sûr d'autre titre que *Le Fils Prodigue*. Le vaudeville fait irruption dans le drame dès lors que les deux cabotins se mettent à interpréter ladite pièce devant Monsieur Levert. Celui-ci ne peut s'empêcher d'y lire sa propre histoire. Le fils ne revient-il pas, dans ce mauvais « boulevard » ? A l'acte II, nous retrouvons le même père esseulé et le même consolateur plein de pitié, mais cette fois nous sommes à la poste et le second s'est transformé en employé. Monsieur Levert vient ici, chaque jour, chercher la réponse de son fils à cette lettre que, chaque jour, il lui écrit, sans pouvoir du reste lui adresser puisqu'il ne sait où il se trouve. Aussi n'y a-t-il jamais de réponse à ce qui doit rester « lettre morte ». Du reste, « dead letter » signifie en anglais « lettre au rebut », comme ce paquet d'enveloppes que garde le postier et qui n'ont jamais trouvé leur destinataire. Après *Le Fils Prodigue*, c'est ainsi dans l'histoire de ce malheureux qui écrivait au paradis que Monsieur Levert retrouve sa propre image. Cette fois, il n'a pour s'en divertir que cet enterrement qui passe — mais n'est-il pas déjà passé hier ? Qu'est-ce qui peut bien compter pourtant quand soi-même on a perdu sa raison de vivre ? « Ce qui compte, dit l'employé, c'est... Ce qui compte... Ce qui compte... » Il n'y aura pas de réponse à cette question, pas plus qu'à la lettre cent fois réécrite par le vieil homme.

Belle histoire pour un mélodrame ! pourrait-on penser en lisant un tel résumé... De fait, Robert Pinget ne s'encombre pas de métaphysique, comme nous le suggérions déjà plus haut. Ce qui semble l'intéresser ici, c'est tout à la fois la tragédie du quotidien et sa perversion, sa parodie, sa destruction. La vie de ce père n'a même pas d'originalité par rapport à l'œuvre de l'auteur. C'était déjà celle dont *Le Fiston* nous livrait la version néo-romanesque. Car pour sa première pièce le dramaturge choisit de partir d'un motif auparavant exploité par le romancier. La ressemblance n'est d'ailleurs pas seulement thématique. Elle est aussi structurelle, puisque aux deux parties du *Fiston* correspondent les deux actes de *Lettre morte*. En outre, dans l'hypertexte comme dans l'hypotexte, le deuxième moment semble une contestation du premier. Ainsi retrouve-t-on dans la version dramatique les deux étapes que Jean-Louis Bory distingue dans la version romanesque :

> « (...) voici que se reconstitue sous nos yeux une réalité sordide, paysanne ou gentiment populaire ou petite bourgeoise (...) Et puis l'inquiétude vous prend. »[1]

Pourtant, si le mouvement général ne change pas, *Lettre morte* s'offre aussi, bien évidemment, comme le lieu d'une expérience nouvelle, dont Jean Thibaudeau a parfaitement rendu l'importance et la nécessité, dès septembre 1960 :

> « Il semble que Pinget est arrivé à un moment où il a dû forcer son écriture, en même temps qu'il parvenait à son œuvre romanesque la plus achevée, comme pour reprendre en main, remettre à l'épreuve, une tension langage-réalité dont le roman moderne expose de plus en plus clairement l'ambiguïté et l'urgence. »[2]

Ce que le théâtre apporte au *Fiston*, c'est d'abord un espace où cette tension (à la fois comique et dramatique) prend toute son ampleur. Ainsi le bar et la poste n'offrent aucune issue. L'impasse scénique prive les personnages de la transcendance qui caractérise presque toujours l'espace romanesque. D'autre part, l'absence du fils, qui produit la déréalisation par le jeu de reflets qu'elle fait naître (projection sur le garçon puis sur l'employé), acquiert tout le poids qui est le sien. De même que la scène permettait à Sarraute de faire entendre le silence obsédant de Jean-Pierre (*Le Silence*), elle rend sensible, palpable presque, le vide laissé par le départ de l'enfant. Enfin, la déréalisation elle-même découvre l'intensité de son caractère destructeur. Elle n'est plus seulement un effet inquiétant de l'écriture, elle est la mise en cause d'un vécu. Celui des personnages comme celui des spectateurs. On comprendra mieux cette amplification considérable que permet le théâtre, à partir de la remarque que fait Jean-Claude Lieber à propos des reprises contradictoires qui abondent dans *Le Fiston* :

> « L'inexactitude dans la répétition empêche toute tentative de représentation. »[1]

Sur les planches il ne peut plus être question de « tentative de représentation », puisque la représentation est bel et bien donnée, posée devant nous. Dès lors, les contradictions, ne pouvant atteindre la réalité de l'objet, mettent en question celle du sujet, autrement dit celle du spectateur. On mesure de la sorte l'effet infiniment plus pernicieux de *Lettre morte* comparée au *Fiston*.

Or, pour parvenir à cette dramatisation[a], l'écrivain a dû procéder à une focalisation — là encore déjà rencontrée chez Sarraute, et qui pourrait bien passer pour le propre de l'adaptation. En effet, le point de départ du roman était non la douleur de Monsieur Levert mais l'enterrement de Marie Chinze. Celui-ci, bien que demeurant capital dans la pièce, n'y apparaît plus qu'épisodiquement. Par là même, le lieu se réduit au huis-clos du bar et de la poste (la seconde n'étant peut-être qu'un *analogon* du premier), et laisse de côté, par exemple, le cimetière, qui occupe une place prépondérante dans *Le Fiston*. La scène ramène le monde aux proportions d'une seule pièce, l'histoire à la dimension d'une attente. Les diversions que produisaient alors, dans le récit, les interventions extérieures au drame personnel de Monsieur Levert sont réduites à une plus simple expression (épisode des comédiens à l'acte I, de l'enterrement à l'acte II).

Mais c'est aussi pourquoi elles ont, dans *Lettre morte*, une fonction d'autant plus importante. Leur surgissement joue un rôle essentiel dans la stratégie du détraquement qui se met ainsi en place. Sur le fond de cette attente morne, mais aussi d'une certaine façon rassurante (s'il ne se passe rien, l'on a rien à craindre), elles viennent jeter les grains de sable qui « détraquent la machine ». De sorte que nous n'avons pas seulement là des « diversions » rompant la monotonie du ressassement. Il s'agit d'éléments perversifs qui contribuent à la singularité et à l'intérêt du texte dramatique par rapport au roman. Ils méritent en cela qu'on s'y attache de plus près.

a. Dramatisation qui n'altère en rien, bien au contraire, le comique de l'écriture. Tant il est vrai que, comme l'a écrit Gérard Genette, « le comique n'est qu'un tragique vu de dos » (*Palimpsestes*, IV. p. 23 — Ed. du Seuil, 1982).

L'apparition des comédiens constitue d'abord un échec pour Monsieur Levert qui s'était façonné toutes sortes d'explications au départ de son fils et était presque parvenu à renouer contact avec lui, par la médiation du garçon, son reflet. Joyce O'Lowrie peut dire :

> « M. Levert est conscient qu'avant l'arrivée des acteurs il était peut-être sur le point de communiquer avec le garçon. Mais l'inexorable machine de la pièce a tout fait fonctionner de travers, tout « détraqué ». Le vieil homme avait commencé à assembler quelque chose pour construire un édifice. Mais tout s'est écroulé comme un château de cartes quand les comédiens sont entrés en scène. »[1]

Le titre de la comédie est déjà une parodie : *Le Fils Prodigue* renvoie bien sûr à la parabole rapportée par Luc (15, 11-31) ; or, le théâtre qui lui correspond renvoie, lui, à la forme la plus dégradée de la représentation : effets forcés, caricatures grossières, etc. :

> FRED : (...) (*Il simule la lecture d'une lettre qu'il sort de sa poche. Imite la voix de Lili.*) Mon cher Fiston. (*Il fait un bruit de bouche signifiant qu'il saute tout le début de la lettre.*) Plus de nouvelles depuis un an. Je ne sais plus que devenir. Reviens. Je pardonne à tout le monde.
> LILI : (*à Levert*) C'est moi qui lis la lettre, vous comprenez. (*Elle récite.*) Pardon à qui ? Qui, tout le monde ? Ce vieux saligaud. (*Elle prend la lettre des mains de Fred.*) Voilà ce que j'en fais de son pardon. (*Elle déchire la lettre.*)
> FRED (*voix du facteur. Accent auvergnat*) : C'était bien la peine que je me donne la peine.   (p. 116)

Fred va même jusqu'à interpréter tous les rôles à la fois, ce qui ne fait qu'accroître le ridicule de la situation :

> LILI : Vous n'y êtes pour rien, facteur. (*Se tournant vers l'acteur supposé dont Fred prend rapidement la place.*) Tu vas lui répondre tout de suite que son pardon il peut se le mettre où je pense. Ou plutôt non. Rien. Pas un mot. Et qu'il en crève.
> FRED (*il change de place. Voix du facteur.*) Vous n'êtes point si douce que vous en avez l'air.
> LILI : Vous pouvez disposer. (*A l'acteur supposé dont Fred, etc.*) Tu es bien d'accord.   (p. 116)

Comme dans *Hamlet*, le personnage assiste au spectacle de sa propre vie, mais contrairement à *Hamlet* ce spectacle n'est pas une simple reproduction ; il est aussi et surtout une dégradation. La « mise en *abyme* » s'avère être une mise en *abîme*, un gouffre qui engloutit la douleur de Monsieur Levert et la lui restitue sous l'aspect du grotesque. A partir de l'analyse qu'a faite Borges du procédé à l'œuvre chez Shakespeare, on peut encore mieux saisir le parti qu'en tire Pinget :

« Pourquoi sommes-nous inquiets que la carte soit incluse dans la carte et les mille et une nuits dans le livre des *Mille et une Nuits* ? Que Don Quichotte soit lecteur du *Quichotte* et Hamlet spectateur d'*Hamlet* ? Je crois en avoir trouvé la cause : de telles inversions suggèrent que si les personnages d'une fiction peuvent être lecteurs ou spectateurs, nous, leurs lecteurs ou leurs spectateurs pouvons être des personnages fictifs. »[1]

Appliquée à *Lettre morte* cette réflexion pourrait se traduire de la sorte : si Monsieur Levert, personnage fictif, peut se retrouver spectateur de sa dégradation dans *Le Fils Prodigue*, nous, spectateurs qui assistons à sa dégradation dans *Lettre morte*, sommes peut-être la représentation fictive et *dégradée* de quelqu'un qui nous regarde. C'est notre propre réalité qui est ainsi mise en cause, et nous sommes donc touchés dans ce que nous avons de plus intime.

A l'acte II, cette détérioration prend une forme à la fois moins évidente et plus subtile encore. La médiation caricaturale des acteurs disparaît — et c'est en vain que Monsieur Levert y fait appel (« C'est maintenant qu'il nous faudrait ces acteurs. » — p. 154). La mécanique se détraque à présent toute seule et la réalité semble se pervertir d'elle-même, sans l'intermédiaire de la représentation parodique. Ainsi repasse l'enterrement qui avait normalement déjà eu lieu avant le premier acte. Mais cette fois les deux protagonistes le voient effectivement défiler. Au début, il semble même que le dialogue installe vraiment la scène devant nos yeux. Chaque membre du cortège est décrit par Monsieur Levert et l'Employé ; et l'on finirait presque par se représenter très précisément la situation si quelques indices ne venaient jeter le trouble. D'abord parce que les nez rouges succèdent aux nez rouges (ou violets) d'une façon bizarre, que l'alcoolisme ou l'atavisme ne suffisent pas à justifier :

> EMPLOYÉ : (...) c'est Roger. Il a le nez rouge aussi.
> LEVERT : Sa femme est enceinte en effet. Et derrière ?
> EMPLOYÉ : L'oncle Fulbert et la tante Hélène.
> LEVERT : Ils ont le nez rouge aussi.
> EMPLOYÉ : (...) Derrière c'est l'oncle Janvier et la tante Betty.
> LEVERT : Ils ont le nez violet.
> EMPLOYÉ : (...) Les petites filles sont jumelles.
> LEVERT : Elles ont le nez rouge aussi.   (p. 142-143)

Par la suite l'énumération devient de moins en moins cohérente :

> LEVERT : Il y a même le crétin du village. Il va se mettre à aboyer.
> EMPLOYÉ : Il n'aboie jamais aux enterrements.
> LEVERT : (...) Voilà le corps diplomatique. (*Il salue. L'employé l'imite.*)

EMPLOYÉ : Le doyen avec une grande barbe blanche.
LEVERT : La femme du doyen avec une traîne de deux mètres cinquante.
EMPLOYÉ : La fille du doyen avec son fiancé, un Américain du Massachussets.
LEVERT : La princesse de Hem.
EMPLOYÉ : Le Docteur Tronc.   (p. 146)

Enfin la réalité de la scène se dissout dans la plus absolue fantaisie, quand aux Fulbert et autres Louise Bottu viennent s'adjoindre les plus étranges personnages :

EMPLOYÉ : Le cardinal La Balue dans sa cage de fer.
LEVERT : Ils l'ont mise sur des roulettes pour l'occasion. (*Un temps*) Le secrétaire perpétuel de l'Académie Française.
EMPLOYÉ : Ils auraient pu le mettre sur des roulettes aussi.
LEVERT : Messieurs Dutrou, Dupuis et Ducreux qui ont publié des travaux sur l'origine des patronymes, ouvrages couronnés s'il en fut. (*Il salue. L'employé l'imite.*)
EMPLOYÉ : Le président des amis du tir à la catapulte.
LEVERT : Le corps de ballet de l'opéra.
etc.   (p. 146-147)

Pourtant, ce qui met le comble à cette destruction de ce qui nous avait été présenté pour être cru, c'est que la représentation finit par engloutir la réalité qui vient s'y perdre. En effet, le premier cortège rencontré en appelle un second, celui dont se souvient l'employé, qui se remémore les funérailles de sa sœur. Le souvenir vient alors doubler le présent et démultiplier la représentation, lorsque l'employé évoque les personnages qui saluaient le convoi funèbre :

EMPLOYÉ : En passant devant la poste j'ai vu l'employé sur le pas de la porte et il nous a salués.
LEVERT : Il était le seul ?
EMPLOYÉ : Non. Avec un autre qu'on appelait l'enquiquineur. (p. 150)

La scène fonctionne ainsi comme un véritable « palais des miroirs ». De même que dans l'attraction foraine les badauds viennent se perdre et buter sans cesse sur leur reflet, de même l'enterrement devient une sorte de labyrinthe infernal où la réalité s'égare, se dédouble à l'infini, s'écroule lamentablement.

Cependant, le « détraquement de la machine » ne se limite pas à ces deux moments de crise où il est le plus évident. Il se manifeste aussi dans une certaine continuité qui fait que *Lettre morte* n'est pas un simple jeu de répétitions, dont la monotonie serait rompue ici où là par quelque événement extérieur. Il existe de fait une progression plus subtile grâce à laquelle la parole est à la fois une cause et un effet de la déréalisation. Dans le premier acte, Monsieur Levert cherche à convoquer sur scène son fils perdu, par le seul pouvoir des mots. Il le reconstruit méthodiquement, tentant ainsi d'apprivoiser l'image de ce qui se dérobe. Dominique Nores explique cela très joliment, au travers d'une comparaison :

> « Le sauvage, quand il veut qu'il pleuve, imite la pluie. Le héros de Pinget, en refaisant par la parole, à partir de l'enfance des autres, une enfance à son fils, rend la phrase parlée à son pouvoir magique. »[1]

On peut distinguer plusieurs moments dans cette reconstruction. Celui du passé revécu, tout d'abord, c'est-à-dire le temps du souvenir :

> GARÇON : Vous avez une vigne ?
> LEVERT : J'avais. On s'en occupait ensemble. J'avais un platane. On prenait nos repas dessous. (p. 78)

Puis celui des suppositions, c'est-à-dire de la reconstitution proprement dite :

> LEVERT : (…) Je vends. Vendu sa chambre. (*Il boit.*) Vendu sa chambre. Ces rideaux qu'il n'aimait pas. J'en suis sûr. Parti à cause de ces affreux rideaux. (p. 80)

Enfin, pour aller au bout de cette reconstruction du passé, le personnage va pervertir le présent et assigner à la parole une fonction destructrice de l'identité de chacun. Ainsi, cherchant à travers l'histoire du garçon l'histoire de son propre fils, il prive le premier de sa réalité. Le jeu des pronoms brouille les cartes, dès que Monsieur Levert glisse du « tu » adressé au barman au « tu » adressé à son enfant :

> LEVERT : Tu le sais. Dix pièces tout confort, n'est-ce pas ? (*Un temps*) Avec une chambre d'amis tapissée en cretonne. Et ta chambre avec tes livres, tes petits ours, tes petits machins. A droite en entrant il y a la commode avec une ancienne lampe à pétrole. Dans la commode toutes tes chemises, les italiennes dans le premier tiroir. (p. 102)

Ainsi, dès le premier acte (le plus réaliste des deux — partant le plus sécurisant), la parole trahit le mécanisme de perversion qui s'est mis en branle. Une réalité ne peut être posée sans qu'aussitôt sa contestation ne prenne aussi forme.

Cela est encore plus évident avec le deuxième acte. Non seulement parce que celui-ci contredit en plus d'un point tout ce qui a été proposé auparavant[2], mais aussi parce que son évolution interne révèle une prolifération du verbiage, qui désagrège la parole et débouchera finalement sur une quasi-aphasie. En effet, à la conversation plus ou moins structurée de la première partie succède un dialogue de plus en plus difficile à établir, qui ne fonctionne plus que par questions-réponses. Questions qui se pressent, s'accumulent, se répètent ; réponses qui tardent à venir, comme empêchées de s'exprimer. La communication sombre à mesure que la réalité perd de sa validité :

> LEVERT : Il fait beau aujourd'hui. (*Un temps*) Je dis qu'il fait beau.
> (...) Beau temps hein ? (p. 129)
> LEVERT : Et ses lettres ? Qu'est-ce qu'il disait ?
> EMPLOYÉ : Des ennuis je vous dis.
> LEVERT : Il était seul ? Abandonné ? Peut-être qu'il avait perdu quelqu'un ? Sa femme ? (*Un temps*) Il avait perdu quelqu'un n'est-ce pas ? Son fils ? Il avait perdu son fils ?
> EMPLOYÉ : Des ennuis...
> LEVERT : Son fils, n'est-ce pas ? Réponds. (p. 139-140)
> LEVERT : Il se plaignait ? C'était une prière ? Une menace ?
> EMPLOYÉ : C'était... (*Un temps*)
> LEVERT : Des insultes ? Des lettres d'insultes ? Qu'est-ce qu'il disait ? (p. 140)

Tout n'aboutira qu'au pur délire verbal où le sens se perd, où la parole n'est plus que vaine déclinaison, piétinement :

> LEVERT : Le corps de ballet de l'Opéra. (*Il fait une révérence*)
> EMPLOYÉ : Ces messieurs de la brigade des mœurs.
> LEVERT : (*il hésite*) : Euh...
> EMPLOYÉ : Allez. (*Un temps*) A vous.
> LEVERT : Euh...
> EMPLOYÉ : Le directeur du MSFPIO.
> LEVERT : L'archiviste du MSFPIO.
> EMPLOYÉ : La dactylo de l'archiviste.
> LEVERT : Sa mère.
> EMPLOYÉ : Son père. (p. 147)

Une fois ce recours épuisé, la conversation ne peut redémarrer qu'en reprenant toute une série de répliques déjà entendues au premier acte et qui réapparaissent à peine transformées (sur l'enfance de l'employé/garçon, sur sa femme, etc.). En fin de parcours, on se demande ce qui pourrait subsister de la réalité qui nous était d'abord donnée à contempler. Tout s'est écroulé de ce que nous avions vu se bâtir sous nos yeux. A croire que rien ne comptait vraiment. Et Olivier de Magny de conclure très finement :

> « *Ce qui compte* ne nous sera pas dit ; ainsi nous est-il signifié que nous avons vu et entendu *ce qui ne compte pas*, que la pièce et le contrepoint de son ressassement se sont écoulés comme leur propre élimination, comme l'élimination mot à mot de *ce qui ne compte pas* vers le silence sur quoi s'ouvrent et se perdent les derniers mots. »[1]

Ainsi la pièce aboutit-elle à un résultat inverse de celui du roman, résultat beaucoup plus tragique. Dans *Le Fiston*, comme l'a montré Jean-Claude Liéber, si « Monsieur Levert ne [vient] pas à bout de sa tentative d'écriture (...) malgré tout l'écrivain aura fait l'impossible. Il peut se féliciter d'un succès. Le fils à sa ressemblance, c'est le livre lui-même bien sûr », et en cela le roman « dresse la carte d'une conquête sur le silence »[1]. Dans *Lettre morte* au contraire, la victoire revient à ce dernier. Ce qui est dit ne compte pas, alors que *Le Fiston* se terminait sur ces mots :

« En dehors de ce qui est écrit c'est la mort. »

De sorte que le passage de l'écriture à la parole, du roman au théâtre, remplace une conquête par une défaite, un anéantissement total et définitif. Ce qui nous fait une nouvelle fois penser que le théâtre va au bout de la logique du Nouveau Roman.

VII. LA MANIVELLE

A un carrefour de la ville, Toupin, comme à son habitude, fait tourner la manivelle de son orgue de barbarie qui ressasse toujours la même ritournelle. Soudain, la machine se détraque, comme en écho de celle, plus métaphorique, de *Lettre morte*. Puis, alors que le mécanisme semble repartir, survient Pommard, le père du juge. La conversation s'engage et embraye très vite sur le « bon vieux temps ». Tout y passe, de la revue de famille aux histoires de régiment, sans oublier les premières automobiles et les querelles d'antan. Pourtant, tout s'embrouille aussi, sans tarder ; chaque souvenir contredit le précédent, qui lui-même faisait douter de celui qui venait avant lui. Et ainsi de suite, jusqu'à ce qu'on ne sache plus à qui ni à quoi se fier. A se demander si les deux protagonistes ont vraiment vécu leur vie, s'ils ne l'ont pas plutôt rêvée. Sur cette incertitude complète, la vieille rengaine repart de plus belle, et finit par triompher, nous dit l'auteur, des bruits de la ville. Mais n'est-ce pas plutôt sur les deux hommes et leur problématique passé que l'instrument remporte sa victoire ? Car enfin, n'est-il pas étonnant que la pièce s'ouvre sur une machine détraquée, pour se clore sur une machine qui remarque mais laisse derrière elle une réalité incohérente et plus qu'indécise ? Comme si la manivelle ne pouvait vraiment se débloquer et le vieil air triompher de la rue qu'au prix d'un bouleversement total de cette réalité. Étrange transfert.

La Manivelle se présente ainsi comme la reprise presque littérale de la troisième séquence de *Clope au dossier*. C'est en effet moyennant quelques transformations que Pinget passe du texte romanesque au texte dramatique, transformations assez légères mais néanmoins non négligeables. Notons d'abord que la conversation entre les deux vieillards est à la croisée des différents motifs du roman (anecdotes encadrant le passage). Dans *La Manivelle* au contraire, elle se présente comme un tout isolé qui se suffit à lui-même. Les faits qui nous y sont présentés à travers le prisme déformant du souvenir n'ont donc plus aucun référent externe. De sorte que nous n'avons rien à quoi nous raccrocher, aucune version authentique (ou dont on pourrait décider qu'elle l'est). Nous sommes cette fois totalement à la merci des deux personnages et de leur mémoire défaillante. Par ailleurs, J.C. Liéber a analysé avec précision les modifications stylistiques entraînées par l'adaptation[1]. En résumant ces dernières, on peut dire qu'elles recouvrent la plupart des opérations recensées par Gérard Genette dans *Palimpsestes*[2], avec une prédominance très nette cependant pour les transformations quantitatives (excision, concision, condensation). La dramatisation implique l'épure. Elle introduit par ailleurs une scission entre les bruits et la parole. En effet, le passage du livre à la scène est très logiquement un passage du verbe en puissance (écrit) au verbe en acte (parlé), et donc du style indirect au style direct. Or, dans le premier, ce que disent les personnages est situé sur un même plan (celui du mot) que ce qui se passe autour d'eux ; l'écriture dramatique, quant à elle, introduit une dualité réplique/didascalie. Il n'y a donc plus une voix unique, mais deux : celle (double ici) des personnages, et celle du monde qui les entoure. Dès lors, l'adaptation pose très concrètement une structure de conflit, en différenciant clairement les deux « camps ». Les bruits de la ville, ou son silence, les autos, les passants, viennent faire contrepoint aux paroles des deux protagonistes. Ils les agressent physiquement, comme ces automobiles qui manquent, à plusieurs reprises, de les écharper. Au reste, l'indication qui revient le plus souvent est « *bruit de voiture* », avec ses variantes (« *Bruit de voiture en reprise très proche* », « *Bruit de voiture assourdissant* »). En faisant le décompte des didascalies de ce type pour chaque page (section arbitraire mais pratique), on constate très nettement que plus la pièce progresse, plus ces bruits se font envahissants. Ils apparaissent épisodiquement à partir de la page 14, se font plus nombreux dès la page 32, sont enfin continuellement présents de la page 44 à la fin, avec un sommet de trois apparitions à la page 56. Comme si plus le fil de la conversation se dévidait, plus le monde extérieur faisait obstacle à cette dernière. Par trois fois, d'autre part, la version dramatique introduit une rupture totale, une cassure qui laisse la réalité comme suspendue au bord du vide :

« *Soudain silence total. 10 secondes.* » (p. 14, 26, 62)

Au reste, cette brisure intervient toujours au même moment, lorsque Toupin reprend sa propre ritournelle :

« Quand on pense, quand on pense... »

Quand le dialogue piétine, la vie s'arrête.

Or, ces failles sont d'autant plus inquiétantes qu'elles se présentent sur un fond d'apparent réalisme, c'est-à-dire au cœur d'une situation à laquelle nous adhérons immédiatement. Les deux vieillards ont les couleurs du quotidien dont ils assument la banalité. Leurs propos contribuent d'abord à alimenter la chronique du village. Les bonnes histoires resurgissent et s'enchaînent. En outre, la conversation est truffée de lieux communs (qui prennent souvent forme d'aphorismes) :

« Ah de notre temps Toupin, de notre temps (...) » (p. 14)

« Le divorce est une plaie sociale, une plaie sociale je vous en réponds. »   (p. 36)

« Le terrain Toupin c'est la seule valeur sûre. »   (p. 44)

Parfois même, on tombe dans des lapalissades qui tournent au jeu de mot :

« Ah je crois que vous avez raison, le progrès c'est scientifique et la lune c'est lunatique, voilà. »   (p. 48)

On pourrait presque croire à une conversation entendue dans le métro. Certains ne se sont d'ailleurs pas fait faute de s'en tenir à cette lecture : « Au diable les magnétophones ! » s'écrie Georges Lerminier dans *Le Parisien libéré* (27/1/61), tandis que Poirot-Delpech parle, dans *Le Monde*, d'un « réalisme sadique » (5/9/62). Pourtant, un regard moins rapide porté sur l'ensemble de la pièce révèle assez combien il faut nuancer ce genre de jugement. Pas plus que la langue de

Céline, celle qui est à l'œuvre dans *La Manivelle* n'est une simple reproduction du parler quotidien. Si tel était le cas, personne ne lirait Céline
et personne ne ferait la queue pour assister à la pièce de Pinget, comme
ce fut le cas au festival d'Avignon de 1987. Il suffirait de s'installer
dans la rue, d'écouter les gens, et de s'ennuyer. *La Manivelle* n'est
pas une pièce « réaliste », et le critique qui y salue le « bon vieux
vérisme antoiniste »[1] ne cherche qu'à se raccrocher à du familier, du
bien connu, du rassurant.

Bien au contraire, plusieurs sortes d'éléments déstabilisent peu
à peu le spectateur ou l'auditeur. D'abord les personnages eux-mêmes,
qui tiennent plus de la caricature que d'autre chose. L'un et l'autre
paraissent, de ce point de vue, quasiment interchangeables :

TOUPIN	POMMARD
(*Voix cassée de vieillard. Il reprend continuellement son souffle, s'arrêtant au besoin au milieu d'un mot. Prononciation molle due à un manque d'incisives. Chuintement des consonnes sifflantes.*)	(*Voix cassée de vieillard. Il bafouille, coupant lui aussi ses phrases et répétant les mots. Son dentier lui fait siffler plus qu'il ne le faut les consonnes sifflantes.*)

Ces défauts de prononciation ne font qu'ajouter au caractère peu à
peu obsédant du dialogue, qui tire celui-ci vers une étrangeté qui nous
paraît bien éloignée de tout « vérisme ». Presque systématiquement,
les répliques se dédoublent, par de constantes répétitions. Ces dernières donnent aux phrases un rythme qui finit presque par triompher
de ce qui est dit, la « musique » l'emportant sur les « paroles » :

« après tout ce temps, tout ce temps »   (p. 10)
« Beau mariage, beau mariage »   (p. 12)
« Ah de notre temps Toupin, de notre temps ce carrefour c'était la ban-
lieue, la banlieue. »   (p. 14)
« Ah les chevaux, les voitures, et les landaus, les landaus. »   (p. 14)
« Bon souvenir, bon souvenir »   (p. 30)

Exactement comme dans le phénomène sonore de l'écho, la parole,
une fois reprise (ou renvoyée) perd de sa réalité, tend à n'être plus
que son propre fantôme.

Qui plus est, le décousu de la conversation prend une telle ampleur
qu'on ne sait plus de quoi les personnages parlaient, ni même s'ils parlaient vraiment. Des questions sont posées qui n'ont pas de réponses,
sans que les protagonistes s'en rendent compte :

> POMMARD : Elle est tellement avancée pour son âge si vous saviez, ne disait-elle pas l'autre jour ah l'autre jour, ma pauvre Germaine.
> TOUPIN : Et votre gendre ?
> POMMARD : Comment ?
> TOUPIN : C'est triste Monsieur Pommard, c'est triste (*Un temps*) Oui voyez-vous les enfants.   (p. 12-14)

Parfois, à l'inverse, des réponses sont données à côté des questions :

> TOUPIN : Il [votre fils] a des enfants ?
> POMMARD : C'est-à-dire qu'il en avait un, le petit Hubert, qui est mort à quatre mois il y a de ça, il y a de ça.
> TOUPIN : Quel malheur Monsieur Pommard. Ils n'en ont pas eu d'autres ?
> *Bruit de voiture*
> POMMARD : Comment ?
> TOUPIN : D'autres enfants.
> POMMARD : J'ai les enfants de mes deux filles, je vous l'ai dit. (*Un temps*) A propos ce satyre Bobinot, (...)   (p. 38)

La confusion se répand dans tous les échanges ; il n'est pas un domaine qui en réchappe. Les dates sont particulièrement touchées. Dès que l'un des personnages en avance une, le second en avance une autre :

> TOUPIN : (...) ce devait être autour de 1895 (...) mais oui l'été 1895.
> POMMARD : Ça m'étonnerait Toupin (...) le premier que nous ayons eu ici c'était chez Truitaz, le vieux Truitaz, après la guerre, peut-être 1920.   (p. 18-20)
>
> TOUPIN : (...) ce devait être attendez en 95, 96, ou 95, peu avant sa démission, 95 parfaitement, l'année du grand gel.
> POMMARD : Ah pardon, le grand gel c'était en 93 (...)   (p. 50)
>
> POMMARD : (...) mon père y est entré avec Magnin en 97, l'année de l'incendie chez Perottaz.
> TOUPIN : (...) janvier 96 c'est ça.
> POMMARD : 97, je vous dis, 97, l'année de l'élection de mon père.   (p. 50-52)

Les lieux ne sont pas beaucoup mieux traités :

> POMMARD : Mais l'infanterie n'était pas à Clermont souvenez-vous, c'était la cavalerie, vous deviez être à Toulouse, à Toulouse l'infanterie.
> TOUPIN : Je vous dis à Clermont-Ferrand, je me souviens bien allez, le café du Marronnier à l'angle.
> POMMARD : Charbonnier, le café Charbonnier, vous pensez si je connais Clermont, j'y passais mes vacances avec Madame Pommard, je connais Clermont comme ma poche Toupin, le café Charbonnier à l'angle de la rue, la rue, la rue comment s'appelle-t-elle déjà, la rue qui monte, ça me reviendra, vous pensez si je connais le café Charbonnier à l'angle de la rue, ah c'est trop bête, de la rue et de la grand'place.   (p. 28)

Les événements, les noms, tout est soumis à pareille désagrégation. Martin Esslin a ainsi résumé le processus :

« La conversation passe d'un sujet à l'autre, puis chacun des vieux s'arrête sur un souvenir particulièrement cher. Le malheur est qu'immédiatement l'autre contredit la vérité de ce souvenir et qu'ainsi ce qu'ils évoquent l'un et l'autre de leur vie passée est mis en question. Le passé de chacun d'entre eux annule celui de l'autre. »[1]

Cette formule a l'avantage de souligner l'ambiguïté du problème : l'explication de la déréalisation est réaliste (ce sont des souvenirs incertains qui détruisent tout). Mais ce qui l'emporte, précisément, c'est *la perte de réalité* ; nous sommes engloutis dans ce tourbillon infernal. Le souvenir n'est que l'instrument de la disparition du passé (mais aussi du présent qui le porte). Ce passé que l'on croyait pouvoir saisir.

VIII. ARCHITRUC

Architruc est roi et Architruc s'ennuie. Autrefois (peut-être), il dirigeait encore son royaume, avec l'aide de son ministre Baga. Mais ce royaume existe-t-il toujours ? Baga est ministre et Baga ne veut pas que son roi s'ennuie. Aussi se déguise-t-il. Puisque les ambassadeurs, puisque la tante Estelle ne viennent plus, puisque Dieu est absent, puisque la paternité est refusée à son maître et ami, il se fera tour à tour ambassadeur, tante Estelle, Dieu et enfant. Il endosse avec humour chaque déguisement nouveau, en en profitant ici ou là pour tenter de ramener Architruc aux réalités de la politique. Mais celui-ci s'esquive sans cesse, se soumet docile puis se reprend, se console avec son Pernod, fait mine de faire sa valise, refuse de jouer ou joue trop mal, rendant les tentatives de Baga inopérantes. L'un et l'autre plus bouffons que roi et ministre. Au point que l'on se demande s'ils sont vraiment ce qu'ils disent être, ou s'ils ne sont pas plutôt deux vieux gâteux qui retournent en enfance. Survient soudain le cuisinier, porteur d'un mystérieux message : quelqu'un se fait annoncer. Architruc et Baga continuent de jouer sans comprendre, mais voilà que la Mort surgit en personne, avec sa faux. Le roi a à peine le temps de la prendre pour l'ultime déguisement de son ministre, la faucheuse fait son office. Architruc n'est plus. A force de pervertir la réalité, la comédie produit sa propre mort.

La pièce ne reprend donc l'Architruc de l'hypotexte *Baga* que pour le faire mourir. Quelques heures de l'existence des deux compères répondent au long parcours qui fut le leur dans le roman. Les lieux de ce dernier, le Chanchèze, la forêt, la vallée du Rouget, les pentes du Trognon, tous espaces de fuite, se réduisent sur scène à « une chambre pauvre meublée avec prétention ». Une seule issue demeure : la porte, par laquelle surgira en fait le spectre fatal. Les deux protagonistes semblent ainsi être devenus deux reclus. Leur passé romanesque n'existe plus qu'à l'état de ruine, à l'image du château d'Estellouse, qui à l'inverse était en construction dans *Baga* où il était l'avenir des personnages. D'ailleurs, cet avenir n'a même pas eu lieu puisque Architruc n'a jamais habité le dit château :

> LE ROI : (...) Oh je sais. On va à Estellouse. Les travaux sont finis hein ?
> BAGA : J'y suis allé la semaine dernière. Le château est tout à refaire. Les plafonds sont tombés et il y a de l'eau dans les caves.
> LE ROI : Déjà ? Mais ils ont travaillé comme des cochons ! Quand ont-il fini les travaux ? Tu ne m'as rien dit ?
> BAGA : Mon pauvre vieux. Il y a un siècle que c'est fini. Ça a eu le temps de moisir.   (p. 124-125)

L'existence d'autrefois n'est plus évoquée allusivement que comme une sorte d'âge d'or :

> BAGA : J'ai déjoué des complots moi. Et j'ai fait la guerre du Chanchèze. Et j'ai signé un traité de commerce.   (p. 109)

> BAGA : Depuis le temps qu'on n'a rien fait. Même pas une petite guerre. On se rouille.   (p. 122)

> LE ROI : Tu te souviens quand je te posais des questions ?   (p. 122)

La pièce se présente ainsi comme une sorte de longue agonie du roman, où tout se défait jusqu'à la mort finale. Dans le couple Baga/Architruc, Baga est celui qui est debout, celui qui se soutient et qui soutient l'autre ; Architruc, lui, est celui qui tombe, celui qui s'écroule. On peut en dire autant du couple *Baga/Architruc*. Que le roman et la pièce intervertissent ainsi leur titre au sein du doublet n'est pas un pur hasard. *Architruc* déréalise ce qui dans *Baga* subsistait encore.

De fait, tous les épisodes effectivement vécus dans *Baga* sont fantasmés dans *Architruc*. Ils perdent le poids du réel au profit de la légèreté et de l'inconsistance du jeu. Car, comme le dit Jean-Claude Liéber, « le principal effet de la transposition est la reprise sur le mode ludique des principaux événements du roman »[1]. Par le biais des déguisements, Pinget fait intervenir un système de masques qui provoque la disparition progressive de la réalité. A tel point que quand la mort se présente, bien réelle, Architruc n'y croit plus : il en est resté au masque.

Paradoxalement, le jeu était d'abord pour lui la seule façon d'assumer complètement une existence, de remédier à cette absence de vie qui était déjà la sienne dans *Baga* :

> LE ROI : (...) Je voudrais te parler de mon âme.
> BAGA : Jésus.
> LE ROI : Te parler de mon âme oui... Et de la vie.
> BAGA : Quelle vie ?
> LE ROI : La vie... La vie.
> BAGA : Il y a ta vie. Ce que tu fais, ce que tu as fait, ton gouverne-ment, tes
> LE ROI : Rien que ça ?
> BAGA : Comment rien que ça ?
> LE ROI : Ce n'est pas possible. Alors je n'ai pas de vie ?
> BAGA : Si tu crois que j'en ai une !
> (*Architruc* p. 123 — cf. *Baga* p. 86)

Jouer, c'est tenter de provoquer la vie en faisant naître l'événement, tenter d'être vraiment roi. Mais Architruc s'y refuse continuellement, et la pièce n'est qu'une série de démissions successives :

> « Pourquoi ne pas abdiquer ? On irait vivre à la campagne. On n'aurait rien à faire. » (p. 121)

Le roi ne parvient même pas à se fixer sur le jeu ; il ne cesse d'en sortir en un va-et-vient qui ruine les conditions de sa réussite :

> BAGA (*en ambassadeur*) : Sire mes hommages.
> LE ROI (*salue sans se soulever*) : C'est moi Monsieur. Qu'est-ce que vous voulez ?
> BAGA : On ne dit pas qu'est-ce que vous voulez, on dit nous vous écoutons.
> LE ROI : Nous vous écoutons.
> BAGA : Il est tout de même malheureux qu'après tant d'années tu ne sois pas fichu de savoir les formules. Tu ne fais aucun effort.
> LE ROI : La barbe. On est là pour se distraire. Continue.
> BAGA (*Il resalue*) : Sire. Vous n'êtes pas sans savoir que mon maître le roi de Novocordie a des droits à votre succession. La loi instituée par votre arrière-grand-mère.
> LE ROI : Tu ne vas pas remettre ça non ? Sous prétexte que tu es déguisé. Je t'interdis de me parler de ça.
> BAGA : Bon bon. Je recommence. (*Il resalue*) Sire. Vous n'êtes pas sans savoir
> LE ROI : Tu pourrais varier la formule. (p. 105)
>
> BAGA [*en juge suprême*] : C'est le jugement dernier. Je suis le juge suprême qui va te condamner.

LE ROI : Mince. Je pensais que ce serait plus drôle.
BAGA : On ne s'amuse pas avec Dieu. On écoute sa sentence de mort.
Agenouille-toi.
LE ROI : Pourquoi puisque je suis condamné ?
BAGA : Pour obéir. A genoux.
LE ROI : Je suis fatigué. Et puis je n'aime pas les condamnations.
BAGA : Tu es minable.
LE ROI : Possible. Je n'ai plus envie de m'amuser.   (p. 119)

Ainsi au *je* polyvalent du roman, qui assumait toutes les transformations possibles (du vieil ermite à Sœur Angèle), la pièce substitue un
je qui renonce et à assumer sa pleine identité et à assumer celle que
le jeu lui offrait. Architruc disparaît peu à peu, ne parvenant à se situer
nulle part. Dès lors, l'apparition de la mort est peut-être le seul moyen
de l'empêcher de fuir éternellement et d'acquérir une consistance réelle
face au lot commun. Elle l'arrache à l'indifférenciation du *je* et du
jeu, pour le plonger dans la mort « pour de vrai ».

IX. ICI OU AILLEURS

Clope, clochard excentrique, a trouvé refuge dans le hall d'une
gare. Son existence s'écoule entre les voyageurs qui passent et Madame
Flan, la marchande de journaux dont le kiosque est voisin. Pour gagner
sa vie, il tire les cartes aux passantes, mage de pacotille qui sait trouver l'avenir stéréotypé qui satisfera ses clientes. Entre deux consultations, il s'adonne avec passion à l'étude de la grammaire. Il dissèque
sans merci tantôt les paroles de Madame Flan qui lui fait la conversation, tantôt des vers de Victor Hugo. Le deuxième acte nous découvre un Clope plongé dans la nuit et qui s'adresse à lui-même de mysté-
rieuses injonctions, repassant dans sa tête d'obscurs événements. Il
est question d'un dossier, de preuves, de contre-preuves. On comprend
plus ou moins clairement qu'il s'agit d'une défense que Clope prépare pour répondre à de confuses accusations. Un vague sentiment
de culpabilité se fait jour : sa mère lui apparaît morte et lui parlant.
Une menace se précise peu à peu ; « ils » doivent venir pour le prendre. Survient alors Pierrot, surgissant de la droite, c'est-à-dire, nous
apprendra Clope, de l'est, de l'aurore. Car c'est bien la lumière que
celui-ci semble apporter à l'étrange clochard, lumière d'une amitié à
naître. Clope convertit, de fait, le nouveau venu, et l'invite à rester
avec lui pour préparer lui aussi son « dossier ». Au troisième acte,
on apprend effectivement que Pierrot n'est pas parti. Une seconde
hutte s'est construite à côté de celle de Clope. Le jour vient de se lever

et le grammairien-cartomancien, sorti de sa tanière, reprend, comme chaque fois, ses échanges avec Madame Flan, qui l'aide dans son obscure entreprise linguistique. Mais, comme Pierrot se fait attendre, il se décide à pénétrer sous son « toit » pour le tirer du lit. Il ressort muet, défait, désespéré. Pierrot s'en est allé. Sous le regard navré de la marchande de journaux, Clope fait alors son baluchon, et s'en va, sans un mot, laissant derrière lui grammaire et dossier.

Ici ou ailleurs n'a jamais été joué en France[a]. La seule fois où la pièce fut montée, elle le fut en Suisse et dans une traduction allemande[1]. Elle n'a pas non plus été republiée depuis la première et par conséquent unique édition de 1961 (contrairement à *Architruc* et *L'Hypothèse* qui complétaient alors le volume). Aussi fait-elle figure d'« œuvre sacrifiée », selon l'expression de J.C. Liéber[2]. Pinget lui-même le reconnut lorsque nous lui posâmes la question :

« Elle ne me satisfait plus. Beaucoup de choses à reprendre. »

Peut-être l'auteur a-t-il raison. On ne pourra cependant s'empêcher d'apprécier le remarquable jeu de structures qui caractérise l'œuvre, ainsi que le pathétique qu'il engendre souvent.

Tout comme *La Manivelle*, la pièce se présente comme un épigone théâtral de *Clope au dossier*. Mais alors que *La Manivelle* reprenait presque littéralement une séquence du roman, qui avait à elle seule une certaine unité, *Ici ou ailleurs* transpose l'ensemble de l'hypotexte, ou plus précisément retravaille dramatiquement ce qui constituait son fil directeur et lui donnait son titre : la mésaventure de Clope et sa mise au ban du village, qui le pousse à se constituer un dossier pour sa défense. Pour une fois, la version scénique ne s'accompagne pas d'une réduction du nombre des protagonistes. Si Clope demeure le seul des personnages du roman[b], il n'est que l'une des neuf composantes (sans compter les « comparses ») de l'ample distribution de la pièce. En revanche, celle-ci est caractérisée par une certaine accentuation des données du problème : la gare — avant d'être, comme le veut l'imagerie traditionnelle, un passage et une ouverture vers l'ailleurs — est

a. *Errata :* Les fichiers du C.N.R.S. ont conservé la trace d'un spectacle au théâtre Romain Rolland de Villejuif, le 14/5/69, dans le cadre de la 3e rencontre du Jeune Th. Cie Arlequin.

b. Le Pierrot d'*Ici ou ailleurs* n'est qu'un homonyme sans grand rapport avec le mari volage de Simone Brize dans *Clope*...

pour Clope un refuge, voire une sorte de prison où il s'est lui-même
enfermé, en attendant que la police vienne le chercher[a]. Par là-même,
l'exclusion prend ici tout son poids. Il n'est plus question d'aborder,
par le biais du « procès » intenté à Clope, la chronique du village.
La transposition scénique se focalise sur l'idée du dossier que tente
d'établir patiemment l'accusé, entre la grammaire et la cartomancie.
Encore le contenu dudit dossier demeure-t-il profondément énigmatique[b], beaucoup plus que dans le roman où les pièces de l'instruction nous étaient toutes livrées, quitte à l'être dans le désordre et la
confusion. Le dossier prend donc une certaine dimension mythique
(c'est-à-dire à la fois sacrée et mystérieuse) qu'il n'avait pas dans
l'hypotexte. A peine sait-on ce qui le motive. Il est plus de l'ordre du
fantasme qu'autre chose. Du moins, c'est ce qui ressort du monologue central.

Par rapport au reste de la pièce, celui-ci semble à première vue
détonner complètement, et mérite pour cela d'être abordé moins suc-
cinctement. Ce monologue étrange est en fait la reprise partielle de
la dernière partie du roman. J.C. Liéber en a analysé la transposition
avec minutie :

> « Toute la partie centrale du monologue — la récapitulation du roman
> — est esquivée. Sinon la reprise est littérale. L'auteur n'a supprimé que
> trois allusions à la rédaction du dossier, le nom du chien et une phrase
> à la fin qui faisait mention de Simone et Guillaume. »[1]

La récapitulation du roman disparaît donc, et avec elle les données
qui auraient pu nous éclairer sur le crime réel ou supposé du vieux
mage. Le style et le rythme du texte nous font pénétrer dans un autre
univers que celui de la gare, une sorte d'univers parallèle, celui du dossier précisément. Aux échanges traditionnels qui constituaient l'acte I,
qui constitueront la suite et qui dominent très nettement dans *Lettre
morte*, *La Manivelle* et *Architruc*, se substituent une autre parole et
une autre respiration. Le roman apporte toute sa liberté au théâtre,
liberté fascinante mais ambiguë qui fait s'interroger J.C. Liéber :

> « Comment dire et représenter en même temps un phénomène
> respiratoire ? »[2]

---

a. « Je reste ici. Ils viendront me prendre ici » (p. 78).

b. « Il n'y a rien dedans » dit Clope à Pierrot qui « le regarde interdit » (p. 78).

Ce dernier (l'hallucination de Clope voyant apparaître sa mère morte, les bras en croix, et son assoupissement) est cependant amené progressivement. Il commande dans une certaine mesure tout le monologue. Les phrases sont dès le début elliptiques, avec suppression des verbes et des sujets. De sorte qu'elles sont d'abord, le plus souvent, nominales. Les virgules — et tout ce qui permettrait une suspension dans les séquences — sont supprimées. Les lambeaux de propositions ne butent plus que sur les points :

> « Du calme. Ils peuvent accumuler leurs preuves. Dossier placard cadenassé. L'innocence de Clope. Contre-preuve. Du calme. Personne ici que la nuit. Les oreilles la nuit. »   (p. 69)

La phrase court à l'essentiel, puis se repose à l'abri de ces points, comme si elle venait de franchir un obstacle et cherchait une nouvelle détente. Parcours du combattant verbal. Le sens se fragmente en de multiples petites unités que Clope feuillette comme il le ferait de son dossier. Le spectateur ne peut sans doute rien comprendre à ce délire surprenant (à moins qu'il n'ait lu le roman). Mais il retient des bribes de sens et surtout l'impression d'une réalité qui part en morceaux, se dérobe et ne laisse derrière elle qu'une menace. Toute une série d'infinitifs décrit un ordre à suivre, une tâche à accomplir :

> « Leur dire ce qu'il avait fait (...)
> Fouiller le jardin.
> Commencer du côté de la fontaine.
> Vieux bassin en ciment, regarder dans le fond, passer le doigt dans le trou de vidange. »   (p. 69)

Le texte se déroule ainsi confusément sur le mode de l'impératif. Le dossier est à faire. Il n'existe pas. Il n'est qu'une projection de Clope qui veut échapper à son sentiment de culpabilité :

> « ils vont venir c'est fini »   (p. 73)

L'assoupissement final en vient à absorber le fantasme pour n'en faire plus qu'un cauchemar. Lorsque Pierrot survient, il arrache Clope à sa prostration. Celui-ci réagit comme un enfant qu'on réveille et qu'on tire d'un mauvais rêve :

> CLOPE (*il sursaute*) : Non non pas encore ! (*il regarde hébété Pierrot*) Qui êtes-vous ?   (p. 75)

On peut se demander si le rôle symbolique de Pierrot n'est pas justement de faire sortir Clope de la réalité parallèle du dossier, pour le ramener dans la réalité présente. Si l'on rapproche alors cette fin du monologue de la fin de la pièce, il est possible de lire le dénouement d'une façon résolument positive : par son départ, Pierrot provoque celui de Clope, qui abandonne toute idée de dossier pour courir au devant du réel qu'il avait fui jusqu'ici. Il l'arrache à son enfer destructeur. Puissance orphique de Pierrot ?

Tel quel, le monologue paraît un peu long aux yeux de J.C. Liéber et vraisemblablement à ceux de Pinget. On peut se demander pourtant si l'écriture qui y prend naissance n'est pas l'un des intérêts essentiels de la pièce. Directement importée du roman, elle est chargée d'un souffle et d'une liberté qu'elle doit à ce dernier, mais qui ne peuvent trouver leur vrai sens que dans le corps du comédien. Car comment ne pas rêver à l'extraordinaire travail d'acteur auquel invite un tel texte ? Non pas par les didascalies[a] qui tendent plutôt à faire redondance avec le monologue lui-même, mais par son rythme, sa progression, la menace qu'il fait naître, le vertige qu'il entraîne :

> « (...) rester blotti sous le toit, blotti écoutant tomber les pommes, les bruits de la route, le vent dans les tuiles, blotti, dans l'ombre, ne plus sortir, ne plus bouger, écouter, respirer, écouter, ronger un os, respirer, tâter l'armoire, tâter la couverture, s'étendre (*Il s'étend. Voix decrescendo.*), se recroqueviller, tourné vers le mur, écouter, respirer, pour dormir, fermer le portail, respirer, se recroqueviller, tâter la couverture, dormir, aspirer, expirer, fermer le portail, dormir, le portail, aspirer expirer aspirer expirer aspirer expirer aspirer expirer aspirer expirer aspirer expirer je ne dors pas »
>   (p. 73)

Clope n'en est plus à découper la langue en jolies rondelles grammaticales, comme il le fait par dérision dans le reste de la pièce. On croirait presque qu'il a lu ces lignes du comédien Valère Novarina, qu'on nous permettra de citer un peu longuement :

> « Mâcher et manger le texte. Le spectateur aveugle doit entendre croquer et déglutir, se demander ce que ça mange, là-bas, sur ce plateau. Qu'est-ce qu'ils mangent ? Ils se mangent ? Mâcher ou avaler. Mastication, succion, déglutition. Des bouts de textes doivent être mordus, attaqués méchamment par les mangeuses (lèvres, dents) ; d'autres morceaux doivent être vite gobés, déglutis, engloutis, aspirés, avalés (...) Pas tout couper, tout découper en tranches intelligentes, en tranches intelligibles — comme le veut la diction habituelle française d'aujourd'hui où le travail de l'acteur consiste à découper son texte en salami, à souligner certains mots, les charger d'intentions, à refaire

a. Paradoxalement, ces didascalies prennent presque plus d'intérêt à être lues qu'à être jouées. Elles tracent le parcours saisissant d'une pantomime qui n'aurait pas été déplacée dans *Le Neveu de Rameau* . *Il se baisse cherchant par terre. Il se redresse. Il se baisse. Geste de jeter quelque chose au loin. Marche avec précaution. Stoppe. Il s'étend par terre. Il s'assoit. Il se lève brusquement. Continue de déambuler. Il s'est assis. Il se recroqueville*, etc.

en somme l'exercice de segmentation de la parole qu'on apprend à l'école : phrase découpée en sujet-verbe-complément d'objet, le jeu consistant à chercher le mot important, à souligner un membre de phrase, pour bien montrer qu'on est un bon élève intelligent — alors que, alors que, alors que, la parole forme plutôt quelque chose comme un tube d'air, un tuyau à sphincters, une colonne à échappée irrégulière, à spasmes, à vanne, à flots coupés, à fuite, à pression. »[1]

C'est bien une parole de ce genre que l'on voit se profiler à l'acte II d'*Ici ou ailleurs*, parole qui s'amplifiera pour occuper tout le plateau dans *L'Hypothèse*, mais aussi, dans une large mesure, dans *Identité* ou *Paralchimie*. La différence, qui fait peut-être l'étrangeté de la pièce, est que dans *Ici ou ailleurs* il ne s'agit encore que d'une parenthèse vite refermée. Car, comme une formule magique, c'est un peu elle qui fait apparaître Pierrot sur scène, et reprendre l'échange habituel. Pierrot qui la rejette, de même qu'il rejette le dossier, objet de tous les fantasmes de Clope (« Votre quête n'est pas ragoûtante » — p. 98).

Le problème est que l'existence même de Clope ne semble tenir que par ce fil ténu du dossier, exactement comme Monsieur Levert ne subsistait qu'en rêvant sans cesse à son fils. L'un et l'autre projettent leur désir et vivent de cette projection. Ils ne sont peut-être séparés que par le fait que, dans *Lettre morte*, le vieil homme est le seul à survivre de la sorte, tandis que dans *Ici ou ailleurs*, rêves ou fantasmes se multiplient avec chaque personnage, dédoublant le réel, le dénaturant avec tout l'art dont sait faire preuve Clope. Car les cartes de celui-ci font en quelque sorte office de « dossiers » pour les victimes de son charlatanisme. Dossiers où seraient consignées des vies idéales, seuls espaces de fuite face à la réalité. Le plus grave est que les rêves eux-mêmes sont déréalisés par leur caractère stéréotypé. C'est ainsi qu'ils jouent non un rôle de protection face au réel, mais un rôle de perversion de celui-ci. Pour chaque cas, Clope possède une consultation standard censée répondre aux souhaits de ses clients (patients) mais qui prive en fait ces derniers de toute individualité. De sorte que par le biais des cartes, il substitue à une réalité non une autre réalité, mais une image standardisée. Ainsi Clope peut-il réciter une « consultation-type n° 2 », pour jeune fille (p. 57-58), au grand dam de Madame Flan qui s'était écriée :

« Vous pourriez avoir la vergogne de changer les mots. »

Le nombre des cartes est toujours limité et avec lui le nombre de cas de figure possibles. Or, il semble que cette standardisation de la cartomancie rejaillisse sur l'ensemble de la situation qui à son tour se reproduit mécaniquement. Ainsi, au prix de quelques modifications dérisoires, on retrouve les mêmes échanges à dix pages d'intervalle, malgré un changement de personnage :

> CLOPE : A propos, Monsieur Boulette [Tronc], la santé ?
> BOULETTE [TRONC] : Il recommence à fumer [à boire] depuis son assurance.
> FLAN : Ah les hommes sont bien tous les mêmes.
> (*Un temps*)
> BOULETTE [TRONC] : Alors au revoir.
> FLAN : Au revoir.   (p. 41[53])

Cette fois, la destruction ne se fait plus par répétitions antithétiques, mais par simple reproduction. Et la machine s'emballe si bien que Madame Boulette et Madame Tronc réapparaissent peu après, « en chemise, dépeignées, blafardes », portant chacune une valise et parlant comme des automates, débitant une de ces consultations standards dont elles sont continuellement victimes. Elles assument tour à tour le rôle de Clope. Ainsi rendent-elles manifeste leur aliénation par les cartes. On peut même se demander si la reprise de l'acte I qui s'esquisse dans l'acte III n'est pas un effet de cette même perversion. Si lesdites cartes délivrent des réponses stéréotypées, la réalité ne peut plus qu'être telle. Aussi Clope a-t-il tort de dénier tout pouvoir à son « art » :

> CLOPE : Mes cartes ? Des bouts de papier.
> PIERROT : Mais ce pouvoir que vous avez...
> CLOPE (*irrité*) : Je n'ai pas de pouvoir.   (p. 97)

Il peut beaucoup au contraire, et sans doute à son insu. Il peut « détraquer la machine », comme les acteurs de *Lettre morte*. Et c'est là la conséquence essentielle du dossier, qu'il s'agisse du dossier effectif de Clope, ou de ce dossier en miniature que constitue le jeu de cartes. Dans cette perspective, il est logique que Pierrot s'en aille. Il est le seul personnage (hormis Madame Flan[a]) à ne pas avoir de dossier, ou d'équivalent, puisqu'il n'a pas donné suite à son vague désir, un instant exprimé (« — Vous m'apprendrez à... — A faire votre dossier ? Ça prend du temps. » — p. 97). Et il n'est pas interdit à l'exégète de penser que son départ est peut-être un rejet de toute forme de dossier, c'est-à-dire de toute forme de vérité fantasmée et aliénante, au profit d'une réalité vécue.

---

a. Et encore... Car que dire de ce kiosque qui égrène à travers ses journaux une réalité parallèle qui prétend consigner la vérité du monde ?

X. ABEL ET BELA

Abel et Bela, deux acteurs en quête de pièce, s'improvisent
auteurs. Abel propose, Bela discute. Au fil de la conversation leur
« œuvre » prend forme, en dégénérant constamment. De la « party »
suggérée par Abel on passe à la « partouse » préférée par Bela. Peu
à peu le dialogue qu'essaient de construire les deux apprentis-auteurs
ne tarde pas à piétiner. Le nombre de personnages et d'accessoires
ne cesse de diminuer. Les répliques se suivent et se ressemblent. Le
mélodrame court-circuite le vaudeville, quand l'orgiaque succédait
d'abord au boulevard bon ton. Les styles se mêlent, s'emmêlent, tandis qu'Abel et Bela n'en finissent pas de courir après le théâtre dont
ils rêvent. Ils s'enlisent petit à petit dans un dialogue médiocre qui
les écarte de « l'essentiel » auquel ils aspirent. Pour tenter d'atteindre celui-ci, ils empruntent alors un autre chemin : chacun se met à
raconter son enfance. Celle de Bela ressemble étrangement à celle
d'Abel. Pourtant, l'un et l'autre se laissent doucement emporter par
leur parole, là encore loin du « tréfonds » auquel il faudrait parvenir, à les en croire, pour réussir la pièce. L'universel se dérobe ; « le
dialogue est impossible » constate Bela. Échec donc. L'œuvre ne se
fera pas. Mais pourtant, la voilà qui soudain se met à vivre devant
les deux acteurs médusés, s'anime dans un cadre fastueux :

> « *La lumière devient éblouissante. Un décor somptueux habille d'un
> seul coup la scène* (...) *Puis arrivée par le fond de trois couples élé-
> gants et souriants. Abel et Bela restent figés. L'éclairage baisse cepen-
> dant que les couples commencent à se déshabiller.* »

La « partouse » aura bien lieu ; la pièce a triomphé des acteurs.
Symbole de cette autre pièce, *Abel et Bela*, qui s'est construite sur les
ruines du théâtre ?

A bien des égards, *Abel et Bela* se présente comme une parenthèse souriante dans une production romanesque et dramatique qui
pour manier le burlesque avec bonheur n'en garde pas moins le plus
souvent une gravité non négligeable. Mais c'est que l'interrogation sur
le théâtre ne peut passer, pour Pinget, que par un grand éclat de rire.
L'écrivain précise, en décembre 1970 :

> « J'ai écrit cette pièce d'abord par délassement (le roman m'impose
> un plus grand effort de concentration), ensuite parce que j'ai eu envie

de rédiger un dialogue qui permette aux comédiens de montrer toutes les facettes de leur art, toutes les expressions possibles. »[1]

Ces multiples visages, les acteurs les découvrent par le biais de la farce qui les fait sans cesse osciller — et la pièce avec eux — d'un pôle à l'autre, pour se perdre quelque part entre les deux. La parole, tout d'abord, se déploie sur un double registre . Abel et Bela manient tour à tour les notions les plus philosophiques (auraient-ils lu Henri Gouhier ?) et le langage le plus trivial :

> BELA : Et après ?
> ABEL : L'essence du théâtre. Ce qui fait que ça ne peut être autre chose, que ça doit être, que c'est fatal.
> BELA : A se poser des questions sur la nécessité, sur l'essence et consort on va foirer comme la dernière fois.   (p. 87)

Cette dualité est même thématisée par les personnages qui la prennent à leur compte :

> « Faire du théâtre avec le tréfonds, pas avec le fondement. »   (p. 104)

Elle se laisse voir aussi dans la double direction qu'emprunte la réflexion des deux « auteurs », écartelés entre « le théâtre de recherche et son éternel dialogue de clochards métaphysiques »[2] et le théâtre de boulevard avec ses stéréotypes mondains. Si ces derniers l'emportent cependant assez nettement, c'est au prix d'une caricature qui les rend encore plus dérisoires. Ainsi, chacun des couples invités à la « party »/« partouse » se voit affubler de noms ô combien fameux : Laure et Pétrarque, pour le couple snob ; Castor et Pollux, Abélard et Héloïse pour les deux autres. Par ailleurs les deux protagonistes croient faire œuvre d'artistes en portant tous leurs soins à un dialogue dont même le moins bon vaudevilliste ne voudrait pas :

> « Avez-vous assez de vodka... avez-vous assez de whisky... avez-vous assez de cognac... »   (p. 94)

> « Comment avez-vous trouvé la pièce chère Laure ? Laure. Détestable. C'est bien mon avis. Et vous Pétrarque ? Un peu trop... Vous voyez ce que je veux dire... Je vois. Et vous Pollux ? Pollux. Pas assez... »   (p. 96)

Et le langage des deux acteurs/auteurs finit par se modeler sur la conversation insipide et dérisoire de leurs personnages :

> BELA : Et Shakespeare ?
> ABEL : Quoi Shakespeare ?
> BELA : C'est beau Shakespeare.   (p. 123)

Ils se construisent ainsi peu à peu une identité à l'image de leurs propres créatures.

Car, ce glissement des personnages de la comédie à Abel et Bela est révélateur du mouvement qui finit par les faire coïncider avec les fruits grotesques de leur imagination. La pièce peut ainsi se présenter comme un véritable art poétique qui mêle le discours à la pratique. Le premier est d'autant plus fondamental qu'il nous révèle très clairement l'ambition du dramaturge. A sa façon, Pinget nous offre son *Impromptu de Versailles* (*de Paris* ou *de l'Alma*) sur le mode burlesque. Car c'est bien Pinget qui parle par la bouche des deux compères, même s'il ne se met pas lui-même en scène. En témoignent ces échanges qui mettent l'accent sur sa propre stratégie dramatique :

ABEL : Au second acte on reprend depuis le début.
BELA : Le début ?
ABEL : A l'arrivée des couples ? Et sur un mot de la présidente la conversation part dans un tout autre sens.   (p. 99)

ABEL : Comment, je n'invente rien ? Et l'idée que tout est question de vocabulaire, un mot change et tout le reste suit ? Et qu'il s'agit d'un acte qu'on pourrait recommencer indéfiniment ?
BELA : Théoriquement oui, mais en pratique...
ABEL : En pratique ?
BELA : En pratique on ne pigera pas, on croira à trois actes qui commencent de la même façon.
ABEL : C'est bien ça, trois actes qui commencent de la même façon ou un seul qui varie à l'infini. L'accent est mis sur l'essence du théâtre, la tentation des possibles, l'indifférenciation de tout langage, la vanité, la liberté...   (p. 103)

ABEL : (...) Chacun raconte son histoire, c'est exactement la même, mais la conclusion va ici dans un sens, là dans un autre.   (p. 105)

L'auteur se met à nu mais sait se couvrir du voile pudique du grotesque. Art suprême qui ne peut dire ce qui fait sa raison d'être qu'en en faisant un feu de joie. Car appliquer à eux-mêmes les préceptes précédents, c'est provoquer leur déréalisation. Sous couvert du comique et grâce au constant jeu des doubles registres, Pinget parvient de la sorte à nous offrir la comédie de la comédie qui s'écrit, le théâtre du théâtre qui se défait. Jean-Claude Liéber souligne avec pertinence :

« Procédé familier au Nouveau Roman qui n'écrit bien souvent que le roman du roman. Il y a coïncidence entre le texte à produire et la production du texte. »[1]

De fait, les deux niveaux de la pièce (Abel et Bela personnages de Pinget et Abel et Bela auteurs) subissent une semblable dégradation, que l'on peut aisément repérer.

Le dialogue s'enlise en effet lamentablement, ou ne progresse plus qu'avec peine. Bela est obligé de constamment rappeler Abel à l'ordre, en lui réclamant précisément du « dialogue ». Or, ces injonctions sont tout aussi valables pour le premier niveau (production du texte) que pour le second (texte à produire). Abel et Bela commencent par se répéter l'un l'autre, l'un détruisant l'autre :

ABEL :
L'enfance, ses émerveillements, ses miracles. Les fêtes au village, les premières communions, les vacances. Les vacances ! (*Un temps*) La découverte de l'amour dans un sous-bois.
(p. 105)

BELA :
Oh mon enfance... (*Un temps*). Un émerveillement, un miracle (*Un temps*). Les fêtes au village, les premières communions, tout le tremblement.
(p. 107)

Puis le dialogue s'emballe ; les mots ne sont plus que la déclinaison de l'impossible théâtre :

ABEL : Je nous vois encore en larmes et en haillons... suivre le chemin bordé de dépotoirs, détritus en tous genres, vision d'horreur qui s'est gravée là, à jamais inséparable pour moi du mot promenade, du mot dimanche, du mot prière, du mot orphelinat, du mot famille, du mot tendresse, du mot...
BELA : Assez.
ABEL : Du mot amour, parfaitement. Telle fut notre vie jusqu'à l'âge de l'apprentissage. On me mit chez un savetier et pendant des années j'ai vécu dans l'odeur abominable, pour moi désormais inséparable du mot travail, du mot existence, du mot avenir, du mot espoir, du mot...   (p. 117-118)

Dans tous les cas pourtant, que le dialogue piétine ou qu'il échappe à toute maîtrise, le texte à produire n'avance qu'en se niant continuellement : il semble être tout sauf le théâtre espéré :

« Ce n'est pas du théâtre. »   (p. 98)
« Le théâtre ce n'est pas ça. »   (p. 104)
« Ce n'est pas du théâtre c'est du psycho-psychi. »   (p. 111)
« Ça ne fait pas du théâtre. »   (p. 113)
« Ce n'est plus du théâtre. »   (p. 125)

Bela n'est d'ailleurs là que pour assumer cette fonction de négateur universel. Il est le type même du reflet, c'est-à-dire de l'envers (A/BEL-BEL/A). Il ne fait qu'entraver le travail de son comparse, en prenant par exemple le contrepied de ses désirs (refus de la limousine, du chien, de la bossue, du tohu-bohu, des coups de téléphone, etc.). Il détruit ainsi minutieusement le texte, car il sait que c'est, pour eux, le seul moyen de le produire. Abel et Bela : Robert et Pinget ?

XI. LE CYCLE MORTIN (*L'HYPOTHÈSE, AUTOUR DE MORTIN, IDENTITÉ, PARALCHIMIE*)

Avec *L'Hypothèse* (1961), Robert Pinget fait pour la première fois l'expérience d'une écriture dramatique qui ne s'appuie pas sur une version romanesque antérieure. Le dramaturge se sent définitivement libre, et maître d'une parole théâtrale que le romancier avait contribué à faire naître. Mais Pinget inaugure surtout une quête nouvelle, expérimentant *sur l'auteur* le processus de désinvention et de déréalisation mis au point dans les pièces précédentes. Pour trouver cet auteur, il faudra d'abord le perdre. L'écrivain délègue à l'un de ces reflets qu'il affectionne tant cette tâche redoutable : plonger avec nous dans le puits où il se plait à nous pousser. Ainsi naît Mortin, dont la mystérieuse figure sert de fil directeur à la plupart des œuvres qui suivent *L'Hypothèse* (excepté *Abel et Bela*), jusqu'aux pièces radiophoniques les plus récentes[1].

Quelle est donc cette voix qui monte du puits ?

• *L'Hypothèse* et *Autour de Mortin* :

Dans *L'Hypothèse* et *Autour de Mortin*, un même motif réapparaît sans cesse, qui devient vite l'une des idées forces de l'ensemble de l'œuvre : le manuscrit détruit, comme mis à mort selon un rite sacrificatoire (par l'eau non par le feu, dans le puits non dans le bûcher). Cette mort — aussi réelle que symbolique, puisqu'elle fait disparaître l'auteur en faisant disparaître ce qui le fonde comme tel — se présente sous la forme d'une énigme à déchiffrer. Deux possibilités s'offrent alors pour tenter de la résoudre : l'élucidation progressive à partir d'une hypothèse logique (*L'Hypothèse*) ; l'interrogatoire de témoins, dont on peut espérer qu'il permettra de reconstituer la vérité, en confrontant les différentes versions des faits (*Autour de Mortin*). En réalité, dans les deux cas, l'enquête ne fait qu'accroître l'incertitude initiale et nous laisse, perdus, une nouvelle fois, au cœur du labyrinthe : Holmes se révèle Minotaure.

L'Hypothèse se veut la répétition d'une conférence que Mortin doit donner, et où il s'est apparemment proposé d'expliquer l'étrange disparition du manuscrit. Pour l'occasion, il a revêtu son habit de cérémonie, tel un prêtre qui va officier à la célébration du Mystère. Normalement, le discours est déjà préparé et Mortin ne cessera de se reporter à ses notes. On peut donc supposer que des réponses existent déjà au problème posé, et qu'il ne s'agit plus pour le personnage que de les mettre en forme et de les apprendre par cœur. Or, peu à peu, la démonstration tourne court, les questions remplacent les réponses, les hypothèses contradictoires prolifèrent. Ainsi le texte procède-t-il non par éclaircissement et confirmation de l'hypothèse initiale, mais par démultiplication de cette dernière et obscurcissement des origines. L'image de Mortin apparaît alors projetée sur le mur, se dédouble et grandit, écrase le conférencier par sa présence obsédante, finit par lui voler son discours. Vaincu, dépossédé, l'orateur jette ses notes au feu et s'abandonne à un mutisme désespéré.

En ce sens, Mortin réactualise le sacrifice originel du manuscrit jeté dans le puits. L'hypothèse n'a pas trouvé sa solution et l'énigme a si bien triomphé qu'elle a poussé celui qui prétendait la résoudre à reproduire le geste qui l'avait fait naître. Mortin est un Œdipe raté, l'hypothèse un sphinx vorace qui engloutit l'auteur. Cette lente déglutition aboutit à la disparition progressive de ce dernier, mais aussi à la perversion subtile et maléfique de sa parole. D'abord parce qu'il se disperse en trois instances différentes, directement nommées dans le texte : auteur *réel*, auteur *effectif* (le conférencier), et auteur *présumé* (celui du manuscrit). Or, si l'auteur *effectif* tente de raconter la vie de l'auteur *présumé*, il est produit par ce dernier. Les deux instances interfèrent et n'existent que l'une par l'autre, de sorte que Mortin est sans cesse menacé par l'auteur *présumé* qui se dérobe :

> « Il y aurait l'auteur effectif ou celui qui de la circonstance du puits aurait fait une hypothèse l'auteur présumé étant celui qui ne fût-ce qu'un temps très court se serait déplacé avec le manuscrit et l'aurait jeté dans le puits... (*Se réfère, etc.*) lequel auteur ne pourrait être dit relaté par l'effectif car comment celui-ci se saurait-il l'être posant justement l'hypothèse et présupposant par là le manuscrit (...)	(p. 163)

D'une certaine façon Mortin est ainsi condamné dès le départ, et son discours fait office de chant du cygne. « L'auteur où se trouve l'auteur ? » ne cesse-t-il de répéter, ce qui signifie aussi « Où suis-je » ? ». Car essayant de débusquer l'auteur du manuscrit, il ne parvient qu'à s'annihiler comme auteur de la conférence.

La désagrégation de sa parole se laisse d'autant plus aisément repérer qu'elle est parallèle à cette déréalisation de l'auteur. Au début le spectateur est confronté à un monologue discursif traditionnel. Les charnières logiques soulignent le caractère démonstratif : « Dans un sens », « mais alors », « D'une part... d'autre part », « première-ment... deuxièmement... troisièmement... », etc. Pourtant, le mode des verbes introduit déjà une certaine faille dans la solidité de ce dis-cours : la parole de Mortin ne peut jamais être que *conditionnelle*. Il n'y a rien qui la fonde définitivement, et par là même qui fonde vraiment Mortin. Faute d'une base ferme qui lui permette de progresser régulièrement, il est condamné au ressassement : si... alors, si... alors, si... alors... Comme aucune des conditions n'est jamais remplie en toute sûreté, le discours tourne en rond. Il décline sa propre vacuité en un tourbillon infernal, que matérialise même la typographie du texte :

pourquoi
parce que pourquoi parce que pourquoi
parce que pourquoi parce que pourquoi
parce que pourquoi parce que pourquoi
parce que pourquoi parce que pourquoi
parce que

(p. 184)

Rien n'est dit qu'un chant de mort de la parole.

Sans travailler sur le même plan, *Autour de Mortin* aboutit à des effets assez semblables qui mêlent l'humour à l'inquiétude la plus sub-tile. La pièce comprend, outre les huit interviews qui en constituent l'essentiel, une première partie (*Chuchotements*) où l'on assiste au sui-cide de Mortin, et une conclusion qui nous présente la « preuve » (les « brouillons » de Jehann) censée mettre définitivement un terme à « l'affaire Mortin » : lesdits brouillons doivent démontrer que l'écri-vain avait en fait un « nègre » en la personne du domestique[a].

Les huit interrogatoires tentent de cerner la vérité tout à la fois sur les faits et sur le caractère de Mortin. Mais, au fil des échanges

---

a. La version retenue pour la scène par Jacques Seiler (qui a créé l'œuvre en 1979 au théâtre Essaïon et l'a reprise, depuis, plusieurs fois, avec succès) ne comprend que les interviews. Sans pousser le débat trop loin, on peut penser que cette réduction a l'avantage de donner à la pièce une plus grande unité structurelle. Or, c'est au niveau de la structure précisément que les contradictions prennent leur sens : chaque entretien contredit les précédents et les suivants. D'autre part, la suppression des « brouillons » de Jehann laisse en suspens les affirmations péremptoires de Latirail (VII).

entre l'enquêteur et ceux qui lui font face, la réalité ne fait que se
brouiller un peu plus chaque fois. Chaque témoin annihile les affirmations du précédent en faisant douter de tout ce qui a été dit. Jehann
parle de la demeure de Mortin comme d'une petite maison, Noémie
raconte que c'était une grande villa. Jehann explique que Mortin vivait
toujours en reclus, Cyrille de son côté affirme que l'écrivain voyait
beaucoup de monde. Un premier parle d'un neveu à l'exclusion de
toute autre famille, un second dit qu'il s'agissait d'un ami, un troisième affirme que c'était une nièce, un quatrième avance que la nièce
était aussi la maîtresse de l'écrivain. Rien n'est posé sans que son contradictoire le soit immédiatement après. Parfois tout semble s'éclairer, et l'on peut croire toucher au but. Ainsi, Passavoine explique que
Mortin avait eu deux maisons, une grande et une petite ; le premier
problème énoncé plus haut paraît donc résolu. Mais bien vite on se
rend compte que cela ne fait qu'ajouter à la confusion, car les domes-
tiques ne correspondent pas : un tel qui devait se trouver dans telle
maison n'a jamais existé au dire de tel autre. Et J.C. Liéber d'écrire :

> « Au lieu de contribuer à un ensemble polyphonique, chacune des voix
> impose sa monodie destructive (...) D'un interrogatoire à l'autre les
> différences sont trop radicales pour permettre la reconstitution d'une
> image moyenne synthétique de l'écrivain. Le portrait-robot ne ressem-
> ble à personne. »[1]

Ainsi Pinget lâche-t-il du lest pour mieux nous reprendre. Il manie
avec délice l'art de faire naître le désir, de le tromper, de le faire renaî-
tre, etc.

Les premiers interrogés semblent pourtant avoir un jour détenu
la vérité et l'avoir consignée dans quelque dossier comme on en a déjà
rencontré tant. Ainsi Noémie possédait un cahier où elle couchait par
écrit tous les menus événements de sa vie auprès de Mortin (« ma
mémoire comme on dit »). Mais le cahier a mystérieusement disparu...
De son côté Jehann tenta en vain de rédiger ses souvenirs. Mais, dit-
il, il n'y parvint pas, réécrivant sans cesse ce qu'il venait d'écrire, accu-
mulant les versions différentes sans pouvoir jamais se décider pour
aucune d'entre elles. Mettant peut-être ainsi au jour le processus même
de la création chez Pinget. Quant à Mortin, la cause de tout, a-t-il
jamais écrit le livre dont il passe pour être l'auteur ? On se le demande.
Or, comme certains émettent l'idée que Mortier, dont ledit livre est
la biographie, n'est autre que Mortin lui-même, c'est la réalité de sa
vie qui est en jeu. De la sorte, la pièce accumule les exemples de manus-
crits disparus ou contestés, d'auteurs manqués qui n'échouent pas seulement dans leurs propres œuvres mais aussi dans la possibilité de dire
Mortin.

Certains témoins, cependant, semblent pouvoir être crus plus facilement que d'autres. Dans une certaine mesure, il y a même une progression qui s'esquisse au fil de la pièce, dans le sens d'une plus grande confiance pouvant être accordée aux témoignages. Ainsi Cyrille, Madame Jumeau, Latirail, sont assez convaincants dans leurs assertions. Or ils se contredisent eux aussi entre eux. Si bien que l'incertitude croît en proportion de la confiance portée à chacun. Au bout du compte on s'aperçoit qu'on n'a plus rien entre les mains. Il n'existe aucune valeur sûre. L'interrogatoire se retourne quasiment contre nous. Avons-nous tout suivi ? tout saisi ? Notre seule défense est alors dans le rire.

• *Identité* et *Paralchimie* :

Identité et *Paralchimie* reprennent à leur tour le motif de Mortin, mais cette fois l'écrivain ne constitue plus l'objet de la quête mais son sujet. Au lever de rideau, il se trouve, dans les deux cas, assis à sa table, travaillant à son œuvre. Les deux pièces le confrontent chacune avec deux autres personnages qui viennent irrémédiablement troubler son entreprise. Au Docteur et à Noémi dans *Identité* répondent Erard et Lucile dans *Paralchimie*. J.C. Liéber identifie d'ailleurs la dernière comme le laideron étouffé par la bonne dans *Identité*[1]. Les deux ouvrages ont aussi en commun leur découpage en deux actes et en courtes scènes (14 et 9 pour *Identité*, 15 et 12 pour *Paralchimie*). En outre, l'une et l'autre retrouvent le caractère fantaisiste qui marquait les premières tentatives théâtrales de Pinget[a]. Dès le départ nous sommes plongés dans un univers surprenant, presque baroque : dans *Identité*, Mortin est en robe de chambre tandis que le docteur est en porte-jaquette et pantalon rayé et la bonne en « longue et luxueuse robe d'appartement » ; dans *Paralchimie*, « le décor, très simplifié, évoque en partie le cabinet d'un alchimiste, en partie celui d'un ingénieur du son de naguère » ; Mortin est « un vieillard d'allure inquiétante et ridicule ». La déréalisation ne travaille donc plus sur le plan d'une perversion du réel, mais sur le plan d'une perversion du fantaisiste. Car celui-ci, contrairement au fantaisiste traditionnel[b], n'obéit plus à aucune logique.

a. v. *supra* p. 84.

b. Ainsi, pour ne prendre qu'un exemple, la fantaisie d'un Boris Vian dans *L'Écume des jours* est toujours *motivée* : la chambre de Chloé rétrécit, les murs se rapprochent, le plafond s'abaisse, *à mesure que* l'état de la jeune fille empire.

L'« intrigue » d'*Identité* repose sur l'incertitude de Mortin quant à l'opportunité de garder le Docteur auprès de lui : tantôt il le congédie à tout jamais, tantôt il le réclame à toute force, et toujours au nom de l'œuvre à faire. Celle-ci s'esquisse quoi qu'il en soit sous sa direction, avec l'aide des deux comparses. Mais bientôt ceux-ci se révoltent contre la tyrannie de l'écrivain. Ils lui volent sa parole, comme l'avaient fait les images projetées sur le mur, dans *L'Hypothèse*. C'est en vain que le maître tentera de récupérer son pouvoir. Il est condamné, une fois de plus, à l'aphasie. Car c'est sur cette dernière que se clôt la pièce.

Celle-ci se présente de la sorte comme une conquête du récit (l'« œuvre ») sur le personnage. Prétendant produire la parole, Mortin se retrouve peu à peu contraint de la subir ou de se taire. Car l'échange des rôles qui intervient entre les trois protagonistes traduit la victoire du flot verbal qui ne fait que les traverser de part en part. Tout comme dans *L'Hypothèse* (« l'auteur où se trouve l'auteur ? »), l'écrivain est éclipsé par son verbe. Tel était déjà l'un des propos du Nouveau Roman qui cherchait à se débarrasser de l'auteur omniscient du roman classique. Mais notons que ce qui, somme toute, est assez facile du point de vue romanesque, est beaucoup plus étonnant quand il s'agit de théâtre. De fait, le Nouveau Romancier n'a qu'à faire éclater l'instance omnisciente en une pluralité d'instances qui émiettent dès lors le point de vue. Sur la scène, au contraire, ces instances multiples existent déjà par le biais des personnages. Aussi la suppression de l'« auteur » y passe-t-elle soit par l'exploitation de cette multiplicité sur le mode de la contradiction (comme dans *Autour de Mortin*), soit, à l'inverse, par la naissance d'une parole unique qui échappe à tous et que tous se disputent. C'est la voie, sans doute plus singulière, que trace *Identité*.

Celle-ci implique la mort de la psychologie qui demeurait encore *partiellement* la matière de pièces telles que *Lettre morte*, *Architruc*, ou même *Ici ou ailleurs*. De fait, les scènes d'*Identité* se suivent sans motivation aucune. J.C. Liéber explique finement :

> « Pinget utilise le procédé classique de la péripétie en la vidant de toute causalité. »[1]

Les retournements, les décisions contradictoires de Mortin, ne répondent à aucune nécessité. Nous ne sommes pas au niveau du sens mais au niveau de l'action et du vécu. Ce qui a pu parfois dérouter les premiers spectateurs de ce théâtre est le fait qu'ils se sont trouvés confrontés à une écriture qui refuse d'accéder au simple domaine de la signification — ce qui était encore le propre de l'Absurde qui veut *signifier le non-sens*. Il n'est plus question de cohérence diégétique. L'arbitraire du récit traditionnel, qui fait passer pour nécessaire ce qui est en fait totalement contingent et dont Gérard Genette a montré le fonctionnement subtil[a], est mis à nu par Pinget qui s'en sert comme instrument de la théâtralité. Puisque les personnages se révèlent être des pantins vibrant à la demande de leur créateur absent, place est alors paradoxalement faite à la liberté de l'acteur qui peut se permettre toutes les audaces. L'important n'est pas d'être fidèle à un sens qui se perd, mais de vivre la délectation de cette perte. Robert Pinget a d'ailleurs défini avec précision l'intention qui était la sienne en écrivant la pièce :

> « J'ai voulu d'abord faire de cette pièce une manière de somme de tous les tons possibles du théâtre.
> Propos qui n'est pas spécifiquement littéraire mais avant tout dramatique.
> Afin de souligner cette intention
> j'ai parfois mis dans la bouche des trois acteurs
> un texte interchangeable pour l'entendre dire
> de différentes façons. (...)
> Une sorte de mise en accusation des moyens
> traditionnels du théâtre
> une parodie qui doit
> par sa truculence même redonner foi
> en les possibilités du jeu dramatique et les multiplier. (...) Défaite de la psychologie et triomphe de l'expression. »[1]

Dans une large mesure, le Nouveau Roman libère le théâtre après avoir libéré le roman. Il affranchit l'écriture des contraintes de la motivation et l'ouvre véritablement au plaisir du jeu.

---

a. Genette (Gérard), « Vraisemblance et motivation », in *Figures II* — Seuil 1969. En deux mots, on peut dire que Genette démontre, en particulier à partir de l'écriture balzacienne, que l'auteur vise toujours à donner un contenu logique à des actions qui ne dépendent, en fait, que de lui seul. Il pourrait tout aussi bien justifier, avec la même cohérence, des actions contraires. « De telles ambivalences de motivation laissent donc entière la liberté du romancier, à charge pour lui d'insister, par voie d'épiphrase, tantôt sur une valeur, tantôt sur l'autre. Entre un imbécile et un intrigant profond, par exemple, la partie est égale : selon que l'auteur en décide, l'habile l'emportera grâce à son habileté (c'est la leçon du *Curé de Tours*), ou bien il sera victime de sa propre habileté (c'est la leçon de *La Vieille Fille*). Une femme bafouée peut à volonté se venger par dépit ou pardonner par amour : Madame de Bargenton honore à peu près successivement les deux virtualités dans *Illusions perdues*. » Points Seuil 1982, p. 85.

Paralchimie nous ramène auprès d'un Mortin vieillissant, mais courant toujours après son œuvre. Pour cette nouvelle quête, un nouvel instrument : l'alchimie, ou plutôt, comme l'indique le titre, la paralchimie, alchimie parallèle pour apprenti-sorcier. Le vieil homme se propose cette fois de répondre à la question : « Qui sommes-nous ? » (p. 16). L'expérience alchimique lui est peut-être suggérée par l'intervention du plombier et son étrange litanie : « [l'évacuation] (...) l'alimentation, la fermentation, la décoction, l'aération, la sublimation », avatars de la calcination, la sublimation, la solution, la putréfaction, la coagulation, la teinture alchimiques[1]. Mortin s'écrie alors, à la fois lucide et naïf :

> « Et voilà déchaînées les puissances infernales, c'était couru d'avance (...) Nous tendrons ici à les maîtriser mais ne préjugeons de rien. »
>
> (p. 23)

L'expérience va s'amorcer avec pour *materia prima* la salle et le théâtre. Seulement Mortin, nouveau Faust[a], a vendu son âme au diable et la maléfique machine va bien vite marcher sans lui et lui échapper. Il tente d'abord de concocter une solution initiale à partir des réponses que lui fournit Lucile sur la question de l'âme. Premier échec. Mais Mortin ne se décourage pas :

> « Difficulté du sujet. Mais nous ne reculerons devant aucun obstacle. »
>
> (p. 27)

Il rappelle sa nièce et son valet. Il leur distribue alors des rôles dont ils ne veulent pas. Ils les renvoient donc, désolé, et tente malgré tout de poursuivre seul sa tâche. Reparaissent aussitôt les deux comparses, possédés par une parole qui dépasse bel et bien l'écrivain :

> LUCILE (*Ton narratif*) : Que d'une part le boucher était un âne et que d'autre part la modiste était une dinde, comment espérer dans ces conditions qu'il résulte rien de sensé de cette entreprise, (...)
> MORTIN : Qu'est-ce que c'est que cette histoire ?   (p. 44)
> ÉRARD (*Ton narratif*) : Ou que le boucher pas plus que la modiste n'avaient songé aux conséquences de leur initiative, c'était en tout bien tout honneur, spontanément et sans envisager une action de durée supérieure à celle pour remédier à l'état de chose que l'on sait, (...)
> MORTIN : Pourrais-je placer un mot ?   (p. 45-46)

Furieux, il finit par se proclamer « maître du discours quoi qu'il advienne ». Du coup, il enchaîne sur la narration, signe, en fait, qu'il est à son tour sous l'emprise de la parole. Le premier acte s'achève

---

a. Le fameux pacte est du reste cité, en allemand, à la fin de la scène VII.

peu après sur son sommeil ambigu. Au second lever de rideau, Mortin va se trouver définitivement privé de tout pouvoir. La machine se détraque irrémédiablement. Il a beau faire appel aux puissances alchimiques (l'Ouroboros, Hermès psychopompe, Sol et Luna, etc.), l'expérience se poursuit envers et contre lui. Lucile parle de mort, et voilà que s'élève, funeste, le *Libera me Domine* qui donne son titre à l'un des romans de Pinget :

> MORTIN : Qu'est-ce à dire ?
> ÉRARD : A évoquer la mort, le cantique surgit.
> LUCILE : Oh que j'aime ça ! Suffit d'un mot ?
> ÉRARD : Oui.
> LUCILE (*Elle crie*) Amour !
> (*On entend off un couplet du duo de Mozart*)
>   L'amour partout (...)
> LUCILE : Bravo, bravo ! (*Un temps*) Plombier !
> (*On entend off la chanson du plombier*)
> MORTIN : Nous sommes perdus.

De fait, toute la suite confirme cette constatation. La machine détruit tout, se retourne contre son inventeur et le conduit à la cécité finale.

Il serait aisé de voir à travers cette confuse intrigue une simpliste parabole. On pourrait même, plus sérieusement, repérer un complexe système d'intertextualité. J.C. Liéber a ainsi démontré avec clarté le symbolisme et les implications de la mandala évoquée par Mortin. On peut se demander pourtant s'il ne s'agit pas là d'un niveau un peu secondaire, riche et intéressant sans doute, mais moins essentiel peut-être. Une fois encore, le sens n'est pas le plus important. Pinget a raison d'opposer au roman qui permet au lecteur de s'arrêter et de réfléchir[1], la scène qui est le lieu de l'instant, du vécu, du souffle coupé. La destruction paralchimique est une expérience à vivre, non à méditer. Dans cette mesure, il faudrait se demander si la présentation de la pièce par Pinget (p. 11) ne va pas contre la pièce elle-même. Affirmer que celle-ci est « une projection de l'inconscient de Mortin », c'est se donner un alibi, en prétendant sauver le sens, au travers d'une explication rationnelle de ce qui n'a pas à l'être. Pinget n'en est d'ailleurs probablement pas dupe, puisqu'il fait dire à Mortin :

> « Ce sera notre alibi pour une action qui n'a plus besoin de se fixer nulle part. »
> (p. 95)

De la même façon, la robe de chambre que portait le personnage dans *Identité* jouait ce rôle en suggérant qu'il ne s'agissait peut-être que d'un rêve. Mais rêve et inconscient ne sont que des instruments récupérateurs de la psychologie. Ils rassurent (ce n'est qu'un rêve, tout s'explique, tout va bien). Bien au contraire, l'écriture dramatique de Pinget ne rassure pas, même si elle fait rire. Elle donne le vertige et, avec ce vertige, la jouissance si particulière du « tombera ?/tombera pas ? ».

*
*   *

Tout autant que pour celui de Nathalie Sarraute, on voit donc que le théâtre de Robert Pinget est un théâtre qui dérange. Face à lui, le spectateur se trouve irrémédiablement mis en cause. Il vacille, croit et ne croit plus, sait et ne sait plus. Là encore, la présence des acteurs démultiplie l'effet produit par la seule écriture romanesque. Nous ne pouvons pas mettre en question cette présence, alors que l'écrit reste ce qu'il est : du papier et de l'encre, que l'on peut abandonner au coin d'une table... ou jeter dans le puits. L'acteur, lui, est *là*. Il est là et nous ne pouvons pas lui échapper. Nous ne pouvons pas nous dire qu'il est une simple fiction quand il mesure un mètre quatre-vingts et pèse soixante-dix kilos, qu'il a une voix qui nous accroche, un corps qui nous menace. Le roman est une machine dont nous pouvons toujours contrôler les soubresauts ; au théâtre, au contraire, nous sommes condamnés à subir ces derniers. Cette destruction qui a lieu sous nos yeux, c'est la nôtre.

*
*   *

Chapitre IV

LE THÉÂTRE DE MARGUERITE DURAS : DES MOTS GAGNÉS SUR LE SILENCE

Après cela, il n'y eut plus que nos voix à nous,
entre nous, et tout ce qu'elles ont toujours l'air
d'être près de dire les voix et ne disent jamais.

Louis-Ferdinand CÉLINE

La pagination des œuvres étudiées renvoie aux éditions suivantes :
— Pour *Les Eaux et forêts, Le Square, La Musica* : *Théâtre I*, Gallimard 1965.
— Pour *Suzanna Andler, Des Journées entières dans les arbres, Yes, peut-être, Le Shaga, Un Homme est venu me voir* : *Théâtre II*, Gallimard 1968.
— *L'Eden Cinéma*, Mercure de France 1977.
— *Agatha*, Minuit 1984.
— *Savannah Bay*, nouvelle édition augmentée, Minuit 1984.
— *La Musica Deuxième*, Gallimard 1985.
— *Les Viaducs de la Seine-et-Oise*, « Paris-Théâtre » n° 198 (1963).
— *L'Amante anglaise*, « Avant-Scène Théâtre », n° 422 (1969).

I. DURAS, LE NOUVEAU ROMAN, LE THÉÂTRE

Il n'est pas question de rouvrir ici la polémique portant sur l'« appartenance » ou la non-« appartenance » de Marguerite Duras au mouvement des Nouveaux Romanciers. Il n'est pas sûr d'ailleurs que le débat ait lieu d'exister. Car si nous avons déjà eu l'occasion de rappeler l'ambiguïté de tels rapprochements, il est certain que l'exégèse ne peut que s'accommoder de ces derniers tout en y apportant les nuances nécessaires. Dire que l'écriture durassienne s'inscrit dans la foulée du Nouveau Roman, c'est seulement reconnaître qu'elle découvre de nouvelles voies propres à l'épanouissement du roman : elle fait fi des obligations de la psychologie traditionnelle, de la présence continue d'un narrateur omniscient, des exigences d'une logique séquentielle et de la « motivation ». Les écrivains qui ont su et ont osé se débarrasser des contraintes passées d'une certaine écriture qui s'essoufflait ne sont pas si nombreux que l'on doive s'empêcher de le remarquer lorsqu'on en rencontre un. Et Duras est sans conteste de ceux-là, avec toute l'originalité qui est la sienne.

Tout au moins est-ce un fait qu'elle l'est devenue assez rapidement. Car si ses quatre premiers romans[1] reposent encore sur une pratique assez classique de l'écriture, il est manifeste que *Les Petits Chevaux de Tarquinia* (1953), puis *Les Chantiers* (1954), inaugurent une évolution majeure. Or, ce qui nous intéresse dans cette évolution déjà abondamment étudiée[2], c'est qu'elle est le corollaire d'une épuration de l'écriture qui coïncidera avec le passage au théâtre.

Les romans durassiens font en effet très tôt le vide autour d'eux. Tout ce qui constituait le cadre des œuvres classiques est peu à peu évacué ou n'apparaît qu'épisodiquement. Le monde est comme extérieur à Anne Desbaresde ou à Chauvin dans *Moderato cantabile*. L'un et l'autre se réfugient dans le bar où va s'esquisser leur étrange relation ; le port ou la société mondaine du mari ne surgissent plus que comme des rumeurs ou des lambeaux du passé qui s'efface au loin. De l'entourage de Lol, de celui de Maria, de celui d'Alissa, nous ne savons rien ou presque, car rien n'existe autour d'elles, rien ne se passe. Un vide événementiel se creuse petit à petit autour des personnages. L'écriture travaille à perdre le superflu, cultive la sobriété, va au cœur du drame. Hélène Cixous analyse de la sorte cette entreprise :

> « Ce que Marguerite Duras invente, c'est ce que j'appellerai : l'art de la pauvreté. Petit à petit, il y a un tel travail d'abandon des richesses, des monuments, au fur et à mesure qu'on avance dans son œuvre, et je crois qu'elle en est consciente, c'est-à-dire qu'elle dépouille de plus en plus, elle met de moins en moins de décor, d'ameublement, d'objets, et alors c'est tellement pauvre qu'à la fin quelque chose s'inscrit, reste, et puis ramasse, rassemble tout ce qui ne veut pas mourir. »[1]

Ainsi l'action se resserre-t-elle dans le temps et dans l'espace. Au foisonnement de lieux du *Marin de Gibraltar* succède l'hôtel des *Chantiers*, celui de *Dix heures et demi du soir en été*, le bar de *Moderato cantabile*, la terrasse de Monsieur Andesmas — lieux uniques, antichambres du théâtre. Après la longue histoire du *Barrage* après l'interminable périple de « la femme du marin », prennent place des actions qui cultivent la durée sur quelques jours ou quelques heures. La concentration dramatique semble alors appeler la scène.

Par ailleurs, à côté de ces structures d'ensemble, l'écriture proprement dite prend peu à peu sa forme typiquement « durassienne », et avec elle le théâtre surgit au cœur du roman. Dominique Noguez a analysé avec précision les principales figures de cette écriture[2]. Il ressort notamment de son étude qu'il existe une étonnante parenté entre le style de l'écrivain et une certaine forme d'oralité, particulièrement par sa maîtrise de la parataxe. Duras ne subordonne pas, coordonne à peine, préfère les répétitions à tout autre enchaînement ; ou bien encore elle juxtapose, court au point ou à la virgule :

> « Vous dites que vous voulez essayer, tenter la chose, tenter connaître ça, vous habituer à ça, à ce corps, à ces seins, à ce parfum, à la beauté (...)
> Vous lui dites que vous voulez essayer, essayer plusieurs jours peut-être. Peut-être plusieurs semaines.
> Peut-être même pendant toute votre vie. » (*La Maladie de la mort,* p. 8)

> « Elle vous regarde. Et puis elle ne vous regarde plus, elle regarde ailleurs. Et puis elle répond. » (*Ibid.* p. 11)

D'autre part et surtout, Duras manie avec dextérité les changements de style, passant brusquement du style indirect au style direct et pro-

voquant ainsi, selon les termes de Dominique Noguez, « l'irruption
du théâtral dans le romanesque »[1] :

> « Elle dit que toutes les femmes auraient accepté sans savoir pourquoi
> cette union blanche et désespérée. Qu'elle est comme ces femmes, qu'elle
> ne sait pas pourquoi. Elle demande : Est-ce qu'il comprend quelque
> chose ? » (*Les Yeux bleus cheveux noirs*, p. 31)

Parfois la transition verbale (« il dit », « elle demande », etc.) est
même supprimée :

> « Elle lui dit de venir. Venez. Elle dit que c'est un velours, un vertige
> (...) » (*Les Yeux bleus cheveux noirs*, p. 51)
> « Et puis elle dit qu'elle désire être frappée, elle dit au visage, elle le
> lui demande, viens. » (*L'Homme assis dans le couloir*, p. 32)

Sans doute, une écriture proche d'une certaine oralité ne saurait suf-
fire à introduire une parole théâtrale. Tout au moins, on peut dire
qu'elle trahit une certaine poussée intérieure ; un tel style s'ouvre à
la scène, y tend, y aspire plus ou moins consciemment. De même, la
prolifération des dialogues, déjà rencontrée chez Nathalie Sarraute et
Robert Pinget, et dont nous avons vu qu'elle était presque caractéristique du Nouveau Roman, prédispose au travail théâtral. *Le square*,
roman de 1959, passe de la sorte directement à la scène, au prix de
modifications très minimes. La romancière se découvre dramaturge,
sans vraiment l'avoir recherché. Dès lors vont se succéder *Les Viaducs de la Seine-et-Oise*, *Les Eaux et forêts*, *La Musica*, *Suzanna Andler*, etc. Une nouvelle fois une certaine pratique de l'écriture romanesque débouche sur une ouverture au théâtre.

Par là même, pas n'importe quel théâtre. Un théâtre qui se bâtit
sur un *tempo* jusque là réservé au roman. Un théâtre qui fonde l'ambiguïté d'une réalité prise entre le dire, le mentir et le taire. Un théâtre
qui refuse l'échange traditionnel de répliques informatives et pratique une parole incantatoire, à la fois chant et vision. Un théâtre qui
rend le silence nécessaire pour que les mots ne soient pas vains.

II. CONSOMMER L'ATTENTE

Jusqu'à l'avènement de la littérature moderne, roman et théâtre
s'opposaient, presque de façon définitionnelle, à partir de la temporalité sur laquelle ils reposaient : au premier, creuset où s'écoulait le
temps en une fusion continue, répondait le second, art des crises et
de la catastrophe. Tchékhov fut l'un des premiers à rendre caduque

cette contradiction. Son théâtre, en effet, apprivoise la durée, en fait sa substance même. La crise (qui prend le plus souvent forme de suicide) ne se présente plus que comme une tentative d'évasion. Faute de pouvoir échapper à l'engluement du temps, les personnages se tuent.

On a souvent comparé Duras et Tchékhov[1], et l'on comprend pourquoi. L'auteur du *Square*, tout comme celui de *La Cerisaie*, refuse un temps qui ne coulerait pas de façon lente et continue mais monnaierait arbitrairement l'événement et la péripétie. Qui plus est, le théâtre de Marguerite Duras est en quelque sorte un théâtre de l'anti-crise. Le plus souvent parce que la crise a *déjà* eu lieu (contrairement à l'œuvre tchékhovienne où la crise tend à être l'horizon du texte, par accumulation de la durée). Ainsi le colporteur du *Square* a *déjà* tenté de se suicider, mais par le passé, avant l'attente ; Claire et Marcel Ragond nous sont présentés *après* le meurtre de Marie-Thérèse (*Les Viaducs...*), comme plus tard Claire Lanne (*L'Amante anglaise*) ; Anne-Marie Roche et Michel Nollet se rencontrent *après* leur divorce (*La Musica* et *La Musica deuxième*) ; Agatha a *déjà* décidé de quitter son frère pour toujours (*Agatha*) ; Savannah s'est donné la mort il y a des années et ni Madeleine ni la jeune femme n'y peuvent plus rien (*Savannah Bay*). Tous ont, pour ainsi dire, déjà vécu le dénouement. Ce qu'ils viennent éprouver devant nous c'est le silence irrémédiable qui suit la crise proprement dite (comme on parle du calme après la tempête). De même que la romancière s'est débarrassée de tout recours aux événements, de même la dramaturge repousse tout ce qui viendrait briser le fil rectiligne de la durée. On a maintes fois noté que les personnages de ses pièces étaient des oisifs (retraités, milliardaires, etc.) ou tout au moins étaient saisis dans des moments d'oisiveté (attente dans un square, dans un hall d'hôtel, errance dans une grande maison vide, etc.). C'est qu'une certaine démobilisation est nécessaire pour vivre cette durée dans toute son essence. Aucun investissement ne doit détourner les esprits de la lente coulée du temps. Ainsi celle-ci peut-elle vraiment devenir l'élément moteur du drame.

Aussi n'est-il pas étonnant que les personnages soient, par instants, tentés d'y échapper. Deux temps s'affrontent alors, le tempo intérieur (qui désire l'événement) et le tempo extérieur (qui le refuse), le premier cherchant en vain à imposer son rythme au second. De la sorte, Duras module le contrepoint de ces deux temps ennemis. De brefs éclats, l'esquisse d'une révolte, accélèrent ici ou là la cadence.

Anne-Marie Roche consulte sa montre, Suzanna Andler ne cesse de demander l'heure, comme si dans chaque cas elles voulaient faire coïncider le battement des horloges avec celui de leur désir. Souvent des accès de violence scandent le dialogue. Ainsi la brutalité dont font parfois montre les protagonistes de *La Musica* (*Deuxième*), comme s'ils voulaient en finir au plus vite, tout savoir et partir :

> LUI, *brutal mais poli* : Vous vous remariez ?
> ELLE *brutale aussi* : Qu'est-ce qui s'est passé sur le quai de la gare ?   (p. 27)

Au reste, la volonté répétée d'Anne-Marie Roche de ne pas perdre son temps peut se comprendre comme une tentative d'abréger la durée. Ce qui fait dire à Michel Nollet :

> « Maintenant vous pensez que le temps peut parfois ne pas se perdre ? »
> (p. 28)

Ce qui motive aussi, plus tard, l'échange suivant :

> LUI : Toujours ce temps qu'il ne faut pas perdre.
> ELLE : Ah... je vois que vous faites l'intelligent, comme avant, même avec moi, comme si c'était la peine, comme si je ne savais pas... Oui, je pense que le temps se perd, mais ce n'est pas une raison pour le perdre une seconde fois.   (p. 71)

« Ne pas perdre son temps »[a], c'est bien tenter de hâter l'écoulement de ce dernier, en évitant l'attente. Pour d'autres, la révolte passe par le grognement ou le cri :

> « Que faire de tant de temps, encore et encore ? » (*Les Viaducs de la Seine-et-Oise*, p. 51 et p. 56)

> « Tout ce temps jusqu'au dîner, il faut l'occuper, tout ce temps qui reste... Qu'allons-nous devenir ? » (*Des Journées entières dans les arbres*, p. 109)

> « Tu avais dit quinze jours, et c'est sans fin. Pourquoi ? Pourquoi ? » (*Suzanna Andler*, p. 177)

Pourtant, la solution ne vient jamais d'une résistance à cette coulée interminable et obsédante. Aller contre le flot, c'est risquer d'être englouti. Tous ces essais sont fatalement infructueux. Il ne peut être question de soumettre la durée à la volonté. La seule issue serait de sortir de scène (hors de la durée), autrement dit de mourir. Aussi l'écriture finit-elle toujours, au contraire, par plier ce temps intérieur qui

---

a. Tentative inutile selon Duras, qui écrit dans *La Vie matérielle* « Ce qui remplit le temps, c'est vraiment de le perdre. » (P.O.L., 1987, p. 137)

réclame l'événement au temps extérieur qui le refuse. Le temps « réel », temps de l'action, temps du théâtre, temps du spectateur et de l'acteur — ce *moderato* qui rythme toute l'œuvre de Duras — rattrape immanquablement les personnages et les soumet à sa lenteur. Ainsi Dominique Nores peut affirmer qu'avec Marguerite Duras

> « le théâtre va apparaître comme le moyen, que ni roman ni cinéma ne permettaient, de faire coïncider deux durées. Des corps sont là, corps d'acteurs présents sur une scène, qui vivent le même rythme mécanique de la pulsation du sang du cœur aux veines que le spectateur qui les regarde. Mais dans le même temps ils proposent incessamment, ils exigent incessamment une durée autre, la durée émotionnelle se présentant comme une révolte contre le temps réel, et le temps réel comme une dérision de toute révolte. »[1]

Au reste, cette révolte n'intervient, nous l'avons vu, que comme un contrepoint de la durée ; de sorte qu'elle n'a pour fonction que de faire ressortir le caractère nécessaire de cette dernière, en en rompant épisodiquement le fil. Car le plus souvent les différents personnages acceptent cette lente succession des minutes et des heures. Ils l'assument comme telle, parfois même la désirent : *ils consomment l'attente* ; car ils savent que s'ils sont quelquefois tentés de s'en évader c'est elle — et non les crises qu'ils pourraient provoquer — qui transformera le temps en une donnée positive. Contrairement à Didi et Gogo, attendre leur est toujours bénéfique ; Godot finit toujours par surgir sous la forme même de l'attente : révélation sur soi et sur l'autre. Ainsi peut-on recenser les indications scéniques marquant un désir de ralentir le dialogue, comme pour profiter de la durée. On en compte notamment au moins sept dans *Suzanna Andler*[2] (« *lenteur* », « *lent* », « *lent à construire* », « *moment lent* », etc.), cinq dans *Agatha*[3] (« *elle parle avec lenteur* », « *lenteur accrue* », etc.), huit dans *Savannah Bay*[4] (« *lent* », « *très lent* », « *lourde lenteur* », etc.), douze dans La *Musica Deuxième*[5] (« *lenteur du dialogue* », « *ralentissement* », « *elle égraine les temps, ceux des mots, ceux des silences* », etc.). Il s'agit bien alors de fonder la durée, de la vivre, d'y participer. L'évolution des *Viaducs de la Seine-et-Oise* est sur ce point très significative. Nous avons vu comment les personnages commençaient par se révolter contre l'attente (p. 51 et 56) ; or, au terme de la pièce, nous voyons au contraire que celle-ci est acceptée, goûtée dans sa plénitude par les protagonistes. Cette fois, ils « ont le temps » :

CLAIRE, *sans se retourner* : Combien de temps, pour la fermeture, Monsieur Bill ? (*Pas de réponse*) Avez-vous entendu Bill ce que je vous demandais ?
BILL, *très doux, très bon* : Ça n'a pas d'importance, pour une fois, Madame Marcel, si nous fermons un peu plus tard.
ALPHONSO, *il pleure* : Avons le temps, Madame Marcel. Beaucoup.
(p. 61)

De même à la fin du *Square* le colporteur cherche presque à prolonger l'attente pour lui-même :

JEUNE FILLE : Je voulais vous dire, Monsieur... ne pourriez-vous pas faire un petit tour au lieu de rester là comme ça à attendre la fermeture ?
HOMME : Je vous remercie, mademoiselle, mais non, je préfère rester là jusqu'à la fermeture.
(...)
JEUNE FILLE : Faites-vous toujours cela, monsieur, attendez-vous la fermeture des squares ?
HOMME : Non, mademoiselle. Je suis comme vous, je n'aime pas ce moment-là en général, mais aujourd'hui je tiens à l'attendre.   (p. 131)

Ainsi Duras bouleverse-t-elle la traditionnelle temporalité « dramatique », autrefois associée, comme cet adjectif, avec ce qui avait « la forme mouvementée, passionnée du drame », ou ce qui était rempli de « péripéties émouvantes et de personnages aux aventures surprenantes comme dans un drame »[1]. La scène se découvre alors le lieu d'une durée autre que la dramaturge a tiré de l'œuvre de la romancière, dont Jean-Luc Seylaz a très justement analysé l'un des thèmes essentiels :

« Celui d'un mûrissement nécessaire qui est avant tout l'œuvre du temps ; celui d'une vertu positive accordée à la durée en tant que telle, puisque c'est le temps, plus que l'introspection, la réflexion ou les propos échangés, qui impose finalement une solution ou permet que se dégage une vérité ; l'importance d'une durée pure, nue, sans événements vraiment déterminants, mais grâce à laquelle les distances entre les êtres se comblent peu à peu, puisque par elle l'amour mûrit et qu'un sens vient ainsi au monde. »[2]

A la fin du *Square*, sans qu'il ne se soit rien passé en apparence, le colporteur et la jeune bonne se quittent en laissant l'avenir ouvert sur un possible amour. Au terme des *Viaducs de la Seine-et-Oise*, Claire et Marcel Ragond ont assumé pleinement, dans toute l'horreur et la fascination de leur acte, leur état nouveau de criminels. Les derniers mots de *Suzanna Andler* marquent la prise de conscience de l'amour ambigu mais réel qui lie les deux amants. S'apprêtant à repartir dans les colonies, la mère des *Journées entières dans les arbres* sait que son fils, sa seule passion, est à tout jamais séparé d'elle. Avec le jour qui pointe, survient aussi « la fin de l'histoire » pour les époux de *La Musica Deuxième*, la fin de cette histoire dont ils ont cette fois goûté toute la douleur et tout le désespoir. Et ainsi pour chaque pièce, qui s'inscrit dans un processus de révélation progressive par le temps. Processus dont d'autres Nouveaux Romanciers avaient su jouer avec art, mais eux dans des romans : Alain Robbe-Grillet dans *La Jalousie* et surtout Michel Butor dans *La Modification*.

On est ainsi, en fin de compte, à l'opposé du théâtre de Tchékhov qui, s'il cultive aussi la durée, n'en fait que l'instrument d'un ennui toujours mortel (au sens propre comme au sens figuré). Nul mûrissement, nulle transfiguration ne s'y produisent. On est aussi très loin de l'attente beckettienne qui n'est que ressassement du vide et où les mots ont pour fonction de combler ce dernier. La parole durassienne, elle, est là, bien au contraire, pour vivre pleinement la durée jusqu'à l'accomplissement final qui est la coïncidence avec soi-même.

III. LE DIRE, LE MENTIR ET LE TAIRE

De même que le premier réflexe est de se révolter contre « le temps qui s'use », de même les personnages durassiens n'échappent pas, *dans un premier temps*, à la tentation de meubler l'attente par la conversation, voire le pur et simple bavardage. Car la parole est d'abord un moyen de remédier au vide événementiel vu précédemment. On parle pour oublier qu'il ne se passe rien, que rien — croit-on — ne peut arriver ; on parle pour ne pas se laisser emporter par le vertige du néant. D'ailleurs la parole semble inoffensive, comme le pensent les protagonistes du *Square* :

> HOMME : (...) On peut toujours causer.
> JEUNE FILLE : C'est vrai, oui, et cela ne porte pas à conséquence.
> (p. 59)

Pour Claire et Marcel Ragond, parler est même devenu une habitude, mais aussi une façon de survivre après l'accomplissement de l'« acte » :

> MARCEL : (...) On parle pour ne rien dire et on s'excuse, messieurs dames, de parler, de parler. Toujours plus loin, toujours plus... fort.
> (*Les Viaducs...*, p. 54)

Dans *Les Eaux et Forêts*, les personnages croient devoir masquer leur désir derrière les vertus curatives de la parole :

FEMME 2 : Allez, allez, Mister Thompson... ça fait du bien, faut dire tout ce qu'on a sur le cœur... faut parler, c'est mauvais, de tout garder ça en soi, dans son for intérieur, dans sa personne, dans son système personnel, dans...   (p. 42)

Quant aux deux anciens ennemis qui se retrouvent dans *Un homme est venu me voir*, ils savent que, là encore, les mots sont le seul moyen de rendre le face à face supportable :

VISITEUR : Si je parle, c'est seulement par crainte que vous perdiez patience, que vous me chassiez, quitte d'ailleurs à le regretter tout aussitôt après.
STEINER : Non. Le moment venu, je ne me lasse pas d'entendre votre voix.   (p. 252)

Ainsi, chacun de ces personnages pense détenir en la parole une arme contre l'usure de l'attente et de la durée. Ils ne savent pas que cette arme est à double tranchant et que dire c'est toujours aller au-delà de la chose dite. L'échange est piégé.

Il l'est, d'abord, parce qu'en voulant rendre les mots le plus innocents possible ils les vident de leur contenu référentiel et inventent une réalité qui court-circuite le temps présent : ils mentent aux autres ou se mentent à eux-mêmes. Dans *La Vie matérielle*, Marguerite Duras raconte comment elle fut séduite et fascinée par ce vertige du mensonge qu'incarna l'un de ses amants, au point de désirer écrire sur celui-ci un livre qui se serait appelé *L'Homme menti*[1]. Dans une large mesure on pourrait dire que son théâtre est un « théâtre menti », un théâtre où tout le monde fausse la vérité au point d'être soi-même « menti », contredit, doublé par son mensonge. Ce dernier prend essentiellement deux formes : l'une consciente, l'autre plus ou moins inconsciente. Consciente, tout d'abord, et c'est souvent l'auteur qui nous révèle que mensonge il y a, par le biais des didascalies, qui ont dès lors fonction non plus d'accompagner les personnages, mais d'aller contre eux. Ainsi dans *Suzanna Andler*, une longue litanie de semblables indications piège le texte à tout moment : *mensonge*[2], *mensonge parfait*[3], *mensonge total*[4], *ment*[5], *ment-il ?*[6], *hypocrite*[7], *faussement surprise*[8], *ils n'insistent pas sur le mensonge*[9], *Monique a écouté attentivement cette version des faits (...)*, *Suzanne ne se demande même pas si Monique croit à cette histoire*[10], *Monique arrête le mensonge*[11]. De même, dans *Savannah Bay* on rencontre plusieurs occurrences d'indications semblables. Parfois, le dialogue avoue lui-même sa fausseté :

> LUI : Ce n'est pas complètement la vérité ce que tu dis.
> ELLE : Pas complètement. (*Un temps*) Jamais. (*La Musica Deuxième*, p. 79)
> SUZANNA, *crise* : J'ai beaucoup parlé à Monique. (*Temps*) Beaucoup. (*Temps*) J'ai menti beaucoup. (*Suzanna Andler*, p. 55)
> LUI : Vous inventez. (*temps*)
> ELLE : Je ne sais pas. (*Agatha*, p. 28)

Inversement, quand, par hasard, les personnages semblent être sincères, leur partenaire ne se fait pas faute de le remarquer :

> MICHEL : C'est curieux je crois que tu as dit la vérité sur cet écrivain. (*Suzanna Andler*, p. 70)
> STEINER, *le scrute* : Je vous suis indifférent ?
> VISITEUR, *franchise absolue* : Oui.
> STEINER, *temps* : Vous venez de dire la vérité.
> *Il est ému et se tait* (*Un homme est venu me voir*, p. 256)

A côté de ce jeu conscient entre le vrai et le faux, la mémoire joue un rôle assez similaire, bien que plus ou moins à l'insu des personnages. Car se souvenir c'est inventer le passé et non le reconstruire. Et Duras se joue de cette mémoire qui en fait « a été purifiée de tout souvenir, qui n'est plus qu'une sorte de brouillard, renvoyant perpétuellement à de la mémoire, une mémoire sur de la mémoire, et chaque mémoire effaçant tout souvenir et ceci indéfiniment »[1]. De *La Musica* à *Savannah Bay*, en passant par *L'Eden Cinema* et *Agatha*, cette mémoire criminelle semble travailler à la mort du texte. Nous aurons à revenir plus particulièrement sur ses modalités avec l'étude de *Savannah Bay* ; il convenait cependant de la signaler dès à présent.

Le second « piège » qui mine le dialogue durassien, tout en lui donnant sa force, est le silence sur lequel il repose, sol où s'enfonce ses racines (alors que traditionnellement le silence n'est là — quand il est là — que pour ponctuer la parole). Ainsi Jean-Louis Barrault explique-t-il :

> « Comme notre personnage social, celui que l'être humain veut bien montrer, derrière lequel il s'abrite, adopte une certaine conduite, notre être intérieur observe, surveille et modifie, manœuvre afin d'arriver à ses fins. Mais pendant ce temps, les pulsions changent, l'œil écoute, l'oreille entrevoit, toutes les « grappes » de nos glandes sont sollicitées et vibrent. Et cet écheveau de sensations s'embroussaille dans un secret silence. Finalement, c'est ce *silence* qui devient passionnant. Les mouvements et les sons ne sont faits que pour le servir. C'est en lui que

notre solitude dialogue avec elle-même. (...) Cette fascination du silence, je la ressens en ce moment d'une façon exceptionnelle en travaillant *Des Journées entières dans les arbres* de Marguerite Duras. Ce « silence », elle le connaît bien, et il nous réunit... »[1]

Constatation qui n'est pas valable seulement pour la pièce citée...

Ainsi les personnages durassiens ne disent pas tout, mais taisent bien des choses. Ils créent de la sorte un arrière-plan de la parole qui vient charger celle-ci d'un contenu émotionnel extraordinaire. Le rôle des didascalies est alors fréquemment d'expliciter ce qui se cache derrière les mots, et non plus seulement de suggérer des pauses à respecter ou des mouvements à effectuer. On peut noter à cet égard une évolution flagrante entre *Les Viaducs de la Seine-et-Oise*, aux indications scéniques de facture encore assez classique, et, par exemple, *La Musica* qui vient peu après. Ainsi, dans cette dernière, les didascalies deviennent vite le contrepoint du dialogue :

ELLE : [votre métier] vous passionne toujours autant ?
Sourire. Elle a dû être jalouse de ce travail autrefois. (*Théâtre I,* p. 148)

C'est dans cet hôtel que s'est déroulée la période la plus extraordinaire de leur histoire. Ils se taisent tout à fait. (*Ibid.* p. 152)

Citons surtout cet échange particulièrement singulier où un aveu capital est exprimé sur le mode du silence :

ELLE : (...) On ne reculait devant rien... rien, pour un oui, pour un non, on se payait des nuits d'insomnie, des scènes... des scènes... du drame...
Rires
LUI : Du crime.
Elle hésite et avoue.
ELLE : Et encore autre chose...
Allusion à une tentative de suicide.

Il est stupéfait. Il se lève, s'approche d'elle.
Deuxième acte de La Musica : elle a failli mourir, il l'apprend.
(*Ibid.* p. 155)

Sans doute le non-dit est-il, par définition, ce que le dialogue lui-même ne révèle pas ; mais l'acteur est là précisément pour faire passer cette part d'inconnu que cache la parole. Nourri intérieurement par l'histoire que le personnage a vécue, le comédien nous restitue ainsi cette dernière avec l'infinie délicatesse du silence. Parfois, sans doute, les didascalies sont elles aussi absentes, qui pourraient aider l'interprète ; la part du non-dit revient alors entièrement à celui-ci[a]. Mais dans tous

a. Nous verrons notamment avec *Suzanna Andler* comment les comédiens doivent reconstituer ou décider pour eux-mêmes ce que les personnages taisent, tout en nous permettant de le savoir par intuition.

les cas cependant, l'écrivain réserve un espace pour cette instance intérieure qui se tait. Comme si Duras commençait par tout écrire, tout
dire (comme un dramaturge traditionnel qui « construirait une intrigue »), pour dépouiller ensuite le dialogue, en enlevant tout ce qui
n'est pas absolument nécessaire.

Car de la sorte, et inversement, tout ce que l'auteur conserve, *tout
ce qui est dit, acquiert une portée d'autant plus importante que seul
demeure ce qui doit demeurer*. C'est-à-dire le trop-plein que le silence
ne peut garder en soi. Pour exister, la parole doit forcer le silence.
C'est alors qu'elle peut vraiment devenir une présence. Des amants
d'*Agatha* l'auteur dit à un moment donné :

> « Ils se taisent longtemps. Et puis ils bougent. Reprise des forces visi-
> bles, abandonnées momentanément.
> *La parole est là de nouveau.* »   (p. 40)

Comme si la parole était un personnage qui sortirait des ténèbres, après
avoir lutté contre la nuit. Ce n'est, au reste, pas un hasard si l'écrivain a adapté *Miracle en Alabama*[1] de William Gibson, cette histoire
d'une enfant née aveugle, sourde et muette, Helen Keller, qui finit
par apprendre à parler grâce aux efforts d'Annie Sullivan. Quand
parole il y a, c'est une parole qui s'est forcé un chemin au sein du
silence, pour finir par briser celui-ci. A Marguerite Duras qui lui
demandait si c'était pour les non-dits qu'elle et ses partenaires dési-
raient monter *Suzanna Andler*, la comédienne Dominique Paqueta[a]
répondit avec raison et non sans humour : « C'est aussi pour ce qui
est dit ! » Aussi simple que puisse paraître cet échange, il nous semble aller au cœur du problème. Chez Duras, tout est dans les mots
et dans le silence dont ils surgissent, parce que mots et silences sont
nécessaires. La parole n'est pas plus artificielle et contingente que le
non-dit et les pauses ne constituent des manques de texte. Ainsi, comme
le remarquait la même comédienne, l'écriture de ce théâtre est caractéristique en ce que, contrairement à toute autre, elle n'a jamais la
simple fonction de « liant » ; elle n'intervient pas dans le seul but de
combler des vides diégétiques ou de permettre de simples enchaîne-
ments. Tout au moins est-ce rare. Le plus souvent chaque mot porte ;
chaque phrase délivre quelque chose d'essentiel. La parole vraie

---

a. Qui fut Suzanna dans la version créée au festival d'Avignon de juillet 1987 et
reprise à Paris, au Théâtre 13 en janvier-février 1988.

l'emporte sur le bavardage destiné à meubler l'attente et qui parfois la précède. Nulle autre œuvre dramatique ne répond mieux à ce conseil qu'un autre acteur[a] donnait à ses élèves :

> « Si ce que tu as à dire n'est pas plus fort que le silence, alors taistoi. »

A partir du moment où ce qui est dit l'est parce que cela ne pouvait pas ne pas l'être, le théâtre existe. C'est de cette tension entre la parole et le silence qu'une telle écriture tire sa puissance. Parce que les mots ont été gagnés sur le silence.

IV. LE RÉCITATIF DURASSIEN

Si la parole est toujours doublée par le mensonge et le silence, il existe pourtant une forme particulière du dire qui échappe au piège de l'échange et qui fait l'ambiguïté d'un certain type de dialogue. C'est ce que nous pouvons appeler le récitatif durassien. Que les personnages mentent ou se taisent, et la communication directe est impossible. La conversation tend à se réduire à l'affrontement de voix contradictoires qui se cherchent désespérément. La seule possibilité d'une rencontre véritable entre les êtres demeure dans la vision conjointe d'un même événement ou d'un même souvenir, qui réunira les regards et permettra l'échange vrai. On sait combien cette idée de vision compte pour les écrivains du Nouveau Roman. « L'accent mis sur la disjonction entre le regard et la chose regardée »[1] fonde une certaine conception de l'écriture. Or précisément, on peut penser que Duras a permis une exploitation scénique de ce problème romanesque, au travers du récitatif ; et celui-ci devient assez vite, et tout particulièrement depuis *Agatha*, l'une des dimensions essentielles de son théâtre. Ainsi un procédé anti-dramatique (la description module le simultané dans le progressif, le théâtre donne tout et tout de suite) se découvre un équivalent scénique dans cette incantation du regard que constitue le récitatif. Les personnages ne se parlent pas, ils parlent ce qu'ils voient ; ils n'échangent pas des propos, ils profèrent leur vision. Le lieu du regard devient ainsi médiation qui fait naître le chant. Qu'on nous permette un schéma simple qui pourra expliciter ce déplacement qui se produit par rapport au dialogue habituel :

a. Patrick Simon, qui fut Michel Cayre dans le spectacle précédemment cité.

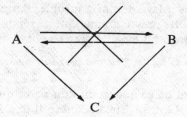

Figure 3 : *Naissance du récitatif durassien*

A la communication traditionnelle, qui prend place au sein de l'échange[a] entre deux personnages A et B, l'écriture dramatique de Duras tend à substituer la communion de ces deux personnages par le biais d'un objet C (souvenir ou fantasme), vers lequel convergent regard et parole. « Comme si chez Duras la communication, la compréhension, un certain amour, et le texte même ne naissaient que lorsque deux personnes dirigent leur regard vers un fait (ou texte) absent », disait déjà Susan D. Cohen à propos des romans[1]. Et de fait, c'est l'absence même de ce troisième terme C qui fait s'élever le chant. Ainsi, Madeleine et la Jeune Femme s'unissent comme pour apprivoiser la mort de Savannah, ou Agatha et son frère comme pour exorciser et goûter la plénitude de leur amour d'enfants.

Le plus souvent, ces récitatifs prennent, très logiquement, la forme de récits visant à reconstituer une action passée (ou parfois présente). Ils sont ainsi scandés par la formule récurrente « c'était », qui installe la vision :

> « C'était il y a longtemps maintenant, vous viviez encore avec nous (...) C'était après votre départ (...) C'était une longue maison grise (...) C'était le piano de la villa Agatha. » (*Agatha*, p. 24-26)

> « C'était un jour très chaud. C'était la canicule. Je me souviens, le théâtre était plein. Je ne sais plus quand ni où. C'était dans une grande capitale. » (*Savannah Bay*, p. 41)

Souvent la formule est au présent et actualise l'objet du regard :

a. Parfois cet échange est explicitement rompu par le texte, l'un des personnages s'adressant non plus à son partenaire mais au public. Ainsi dans *La Musica Deuxième*, où Elle et Lui se tournent à tour de rôle vers la salle (« dit au public », trois occurrences).

« C'est un été admirable. (*Temps*) C'est un jour d'été à Agatha. » (*Agatha*, p. 46)

« C'est une grande pierre blanche au milieu de la mer » (*Savannah Bay*, p. 108)

Plus souvent encore, le récit oscille entre imparfait et présent :

ELLE : C'était dans un jardin de la maison coloniale (...) C'était le long de l'autre fleuve, pendant la sieste.
LUI : Je ne sais plus notre âge à ce moment-là.
ELLE : Vous avez dix-sept ans.
LUI : Je ne sais plus.
   Temps
ELLE : Rappelez-vous, on lit que c'est l'été en Europe, que les amants sont dans un parc. (*Agatha,* p. 63-64)

La vision peut même être explicitement prise en compte par le texte, au travers du verbe « voir » :

ELLE : Je vois que vous avez quinze ans, que vous avez dix-huit ans. (*Agatha*, p. 14)

LUI : Agatha, je te vois.
ELLE : Oui.
LUI (*les yeux fermés*) : Je te vois. Tu es toute petite. D'abord. Et puis ensuite tu es grande. (*Ibid.* p. 20)

Le récitatif se présente la plupart du temps comme un duo. Les personnages s'invitent d'abord l'un l'autre à parler. Ils appellent à eux la parole de la vision, car ils savent que leur communion est là :

LUI : Dites-moi encore davantage. (*Agatha*, p. 24)

ELLE (*les yeux fermés*) : Parlez encore. (*Ibid.* p. 48)

JEUNE FEMME : Redis-moi l'histoire. (*Savannah Bay*, p. 29)

LUI : Parle-moi (...) Encore. Parle-moi encore. (*La Musica Deuxième*, p. 89)

Ils se relaient alors, traversés par cette parole. Ainsi aboutit-on à une forme hybride, faux monologue/faux dialogue, parole adressée ni à soi-même ni à l'autre, mais tournée vers l'espace extérieur où l'un et l'autre se retrouvent. Le récit se partage vite entre les protagonistes qui se complètent, se répondent, comme les deux voix d'une partition :

LUI : C'est un été admirable (*temps*) C'est un jour d'été à Agatha.
ELLE : Une sieste au mois de juillet. Le parc est de l'autre côté de la maison, de l'autre côté de la mer.
LUI : Nos parents sont allongés sous la tonnelle. Je les vois de la fenêtre de ma chambre. Ils dorment à l'ombre de la villa. (*Agatha*, p. 46)

(...) *Madeleine parle de la légende, relayée par la Jeune Femme.*
MADELEINE : Ils s'étaient connus là, à cet endroit-là de cette grande forme plate, cette pierre blanche au milieu de la mer...

> JEUNE FEMME (*redit les récits de Madeleine*) : ...à fleur d'eau, la
> pierre, la houle la recouvrait d'eau fraîche (...) (*Savannah Bay*, p. 32-33)

Ainsi s'opère une sorte de mise à distance du texte par rapport aux
personnages, et c'est pourquoi l'on peut vraiment dire que la parole
devient elle-même un objet regardé. Peut-être est-ce d'ailleurs le rôle
des verbes d'élocution — presque toujours le même, à savoir le verbe
« dire » — qui posent, quasiment le discours en face de celui qui le
profère :

> SUZANNA : (...) Je lui ai dit : « Figure-toi que cette fois-ci... il
> m'arrive une drôle d'histoire, j'ai rencontré un homme qui me demande
> de partir en week-end avec lui. J'ai accepté. » (*Temps*) Il a été étonné.
> Il m'a demandé si j'en avais envie. J'ai dit oui. Beaucoup ? J'ai dit
> oui. (*Temps*) Je lui ai dit la vérité. (*Suzanna Andler*, p. 45)

> ELLE : (...) Dites quelque chose simplement. Dites, je vous en supplie.
> LUI : Oui. (*Temps*) Écoutez, je dis ça. Je dis : « On nous a mariés dans
> les années d'après. Tout a été recouvert » (*Agatha*, p. 56)

> JEUNE FEMME : « Vous nagez si loin (*Temps*). Ce matin par exem-
> ple ». « Faites attention au soleil, ici, il est terrible, vous n'avez pas
> l'air de le savoir. » Elle dit : « J'ai l'habitude de la mer. » Il dit : « Non.
> Ce n'est jamais possible. » Elle dit que c'est vrai. (*Savannah Bay*,
> p. 44-45)

Comme si la parole se regardait, fascinée par son propre surgissement.

De sorte que plutôt que d'appartenir en propre à chaque personnage, qu'il définirait et qui en serait l'unique détenteur, le verbe paraît
s'arracher du lieu de son origine. Il tend ainsi à être perpétuellement
objet et non sujet ; et le récitatif durassien naît alors d'une tension
vers cet objet regardé, désiré, au sein duquel les personnages se rencontrent et communient.

V. ENVOI : *LES YEUX BLEUS CHEVEUX NOIRS* — MARGUE-
RITE DURAS ET L'ŒUVRE INTERGÉNÉRIQUE

Peut-être est-ce l'importance de ces incantations à deux voix qui
fait l'ambiguïté du théâtre durassien (tout particulièrement depuis *Agatha*). L'acteur est comme dépossédé d'une parole qu'il regarde surgir
du dedans de lui. Les indications scéniques tendent aussi à le dépouiller de ses gestes, à n'en faire plus qu'un corps presque fixé, aux
déplacements sobres et douloureux. A tel point que les protagonistes
du *Square* ou de *L'Amante anglaise* restent assis tout au long de la

pièce[a]. Citons, au reste, les propos (par ailleurs enthousiastes) de Duras, concernant la mise en scène de Grüber pour *Bérénice*, à la *Comédie Française* en 1985 :

> « Dans la *Bérénice* de Grüber qui était presque immobile j'ai regretté l'amorce des mouvements, ça éloignait la parole (...) Pourquoi on se ment encore là-dessus ? Bérénice et Titus, ce sont des récitants, le metteur en scène, c'est Racine, la salle, c'est l'humanité. Pourquoi jouer ça dans un salon, un boudoir ? Ça m'est complètement égal ce qu'on peut penser de ce que je dis là. Donnez-moi une salle pour faire lire *Bérénice,* on verra bien. Dans *Savannah Bay*, dans la conversation que nous appelons celle des « voix rapportées » des jeunes amants, les voix étaient inaugurales de ce que je dis là. »[1]

Et de fait, l'écrivain ne cesse d'envisager son œuvre, en dehors de toute catégorie tracée, en dehors du théâtre lui-même, comme une écriture à lire, à porter par le seul élan de la parole. On peut contester cette conception. Il n'est pas certain, même, que cela ne soit pas nécessaire en un sens. On ne peut néanmoins la négliger : elle est l'un des fondements essentiels de cette écriture et de son évolution, qui ne peut que faire progresser une certaine forme de dramaturgie. L'expérience des lectures du Petit Rond-Point fut en cela très révélatrice[b]. Des comédiens lurent des livres de l'auteur, vivant quelques déplacements minimes, livre en mains, portant ainsi la voix au point ultime de l'épure, seule face au silence et face au temps.

Cet intérêt accru de l'écrivain pour un type de théâtre qui ne serait pas « joué »[c] mais lu (et, d'une certaine façon, en puissance non en acte), pour un théâtre qui ne serait pas du « théâtre », marque une tendance qui s'exprime conjointement dans ses romans : la tentation de découvrir une forme nouvelle, en dehors de tous les genres. L'œuvre

a. Ce qui a fait dire automatiquement à de nombreux journalistes qu'il n'y avait pas de mise en scène, sous prétexte qu'il n'y avait pas ou peu de mouvements.

b. En janvier 1984. Lectures réparties en trois soirées : *L'Homme Atlantique*, *L'Homme assis dans le couloir* ; *Aurélia Melbourne, Aurélia Vancouver, Aurélia Paris* ; *La jeune fille et l'enfant, Césarée, Les mains négatives, Le dialogue de Rome*. Avec Gérard Desarthe, Catherine Sellers, Nicole Hiss... — Petit Théâtre du Rond-Point.

c. Ainsi Madeleine explique-t-elle dans *Savannah Bay* : « presque jamais rien n'est joué au théâtre... tout est toujours comme si... comme si c'était possible... » p. 64.

intergénérique — peut-être l'Œuvre tout simplement, de même que
Mallarmé parlait du « Livre ». La démarche rappelle un peu, de ce
point de vue, celle de Michaux en « poésie », dont l'écriture tient tout
à la fois du récit de voyage, de l'autobiographie, de l'expérience clini-
que, du théâtre même (avec *Le Drame des constructeurs* dans *Un certain Plume*). Ainsi les didascalies durassiennes, que nous avons déjà
eu l'occasion d'aborder à plusieurs reprises, comptent autant que le
dialogue lui-même. Elles constituent simplement une autre dimension
du texte. En outre, on peut noter l'importance de la typographie de
ces œuvres dramatiques : souvent (dans la majorité des cas quand
s'amorce un récitatif), les lignes se disloquent, tournent au vers libre,
ou en tout cas invitent au regard de la lecture et non plus seulement
au jeu. Par exemple dans *La Musica deuxième*.

> « Un après-midi, je vous ai vue dans une rue. (*Un temps*)
> Vous étiez si belle que je vous ai suivie...
> Vous êtes rentrée dans un hôtel.
> Je vous ai suivie à l'intérieur.
> Vous êtes allée dans le bar de l'hôtel, vous avez commandé un whisky.
> Le barman vous a embrassé la main.
> Vous étiez assise sur un tabouret.
> (*Un temps*) Vous étiez en noir.
> Oui, c'était bien un whisky. Je l'ai remarqué parce qu'à la maison vous
> n'en buviez jamais. Vous disiez que vous n'aimiez pas ça. »   (p. 76)

Écriture à mi-chemin entre le pur texte dramatique et l'œuvre dite « littéraire », entre l'œuvre à monter et l'œuvre à lire.

Peut-être est-ce pourquoi Marguerite Duras fascine autant les critiques que les acteurs. Plus qu'aucun autre dramaturge, elle n'appartient à personne, et son œuvre est toujours de partout. *Les Yeux bleus
cheveux noirs* sont en tout cas là pour nous inviter à le penser. Roman ?
Théâtre ? Ni l'un ni l'autre et les deux à la fois. Les deux moments
de l'écriture coexistent, se côtoient, se confondent quasiment. Les neufs
couloirs scéniques[1] laissent la place à la respiration dramatique du texte,
didascalies d'une pièce qui n'a pas été écrite mais qui n'en est pas moins
devant nos yeux :

> « La lecture du livre se proposerait donc comme le théâtre de
> l'histoire. »   (p. 38)

Sans doute avons-nous là l'une des principales « clefs » nous permettant d'aborder cette écriture durassienne : le primat du dire sur la représentation, primat dont le « récitatif » était emblématique.

*
* *

Tout comme pour le théâtre de Nathalie Sarraute et celui de Robert Pinget, il est sûr qu'on ne peut se satisfaire pleinement de simples propositions d'approche globale du théâtre de Duras. Pour être un tout, une œuvre n'en est pas moins aussi une multiplicité, et n'existe que dans la diversité. C'est pourquoi on s'attachera, là encore, à mettre à l'épreuve de chaque cas particulier les remarques générales qui ont pu être faites auparavant.

Notons dès à présent que l'écriture durassienne est singulière en ce qu'elle se présente presque toujours sous la forme d'une auto-réécriture : ainsi offre-t-elle de nombreux exemples de « cycles » permettant d'apprécier le parcours effectué entre une œuvre et une version différente de cette œuvre (*Les Viaducs de la Seine-et-Oise/L'Amante anglaise, La Musica/La Musica Deuxième*, etc.). C'est cette particularité qui nous a poussé à étudier conjointement, à chaque fois que cela était possible, les divers moments de ces cycles, au risque de perturber la chronologie. L'évolution interne d'une écriture nous paraît en effet plus intéressante que la simple succession des publications.

Par ailleurs, nous exclurons de notre propos les quelques scénarios de l'auteur qui furent adaptés pour la scène (*Hiroshima mon amour, Vera Baxter*, etc.). Nous les indiquons cependant, pour mémoire, en annexe (p. 219-220).

*
* *

VI. LE SQUARE

Un square, un homme, une jeune fille, un enfant gardé par cette jeune fille. « J'ai faim » s'écrit l'enfant : voilà qui suffit à faire naître la conversation. Quoi de plus normal, au reste, que de parler dans un square ? Lui est « une sorte de voyageur de commerce », un petit colporteur qui s'installe ici ou là dans les marchés pour vendre les petits superflus de la vie quotidienne. Elle est « placée », « bonne à tout faire » pour tout dire. Elle s'occupe notamment d'une vieillarde sénile qu'elle s'imagine parfois pouvoir tuer. Les mots viennent avec une

retenue extrême, et, l'air de rien, se mettent à parler de la vie. De la
vie de ces deux personnages qui se reconnaissent eux-mêmes comme
« les derniers des derniers ». Lui subsiste en se raccrochant au souvenir d'une ville où il passa autrefois quelques jours et où il connut un
instant le bonheur, dans un parc, face au soleil couchant. Cet instant-
là lui suffit pour toujours et rend le présent supportable, en dehors
de tout avenir à espérer. Elle, au contraire, n'a pas vraiment commencé à exister ; elle se garde dans l'attente d'un futur bonheur qui
viendra de lui-même, le bonheur du mariage. Pour le moment, elle
met tous ses soins à entretenir son insatisfaction ; car le jour où elle
commencera à accepter sa situation présente, elle sait qu'elle sera perdue : cette situation n'en est pas une, ce n'est qu'un « état » qui doit
finir. Ainsi, à coup de phrases timides et prudentes, le colporteur et
la petite bonne essaient de se comprendre, de sortir un moment de
leur solitude. A deux reprises pourtant, l'enfant se manifeste à nouveau, clamant « J'ai soif », puis « Je suis fatigué », nous rappelant
que le temps passe et que le square va bientôt fermer. Lentement,
patiemment les mots cheminent et se cherchent. A la tombée du soir,
la jeune fille s'en va, sans se retourner, après avoir invité l'homme
à venir danser et la voir danser, le samedi suivant, au bal de la Croix-
Nivert. Ira-t-il ? On ne peut le dire. Et peut-être n'est-ce pas l'essentiel : l'important est que le dialogue ait eu lieu, pour un instant, ou
pour une vie.

Apparemment rien ne se passe donc. Pas de quoi en faire un
roman, ou encore moins une pièce diraient certains. Et pourtant *Le
Square* existe, *roman et pièce*. Car cette œuvre souvent étudiée (Maurice Blanchot lui consacra même un chapitre du *Livre à venir*) traduit
à merveille l'ambiguïté de l'écriture durassienne dont nous parlions
plus haut. A en croire Marguerite Duras, elle aurait écrit pour le théâtre
sans s'en rendre compte, « tel M. Jourdain »[1]. C'est non sans humour
sans doute, qu'elle affirme au moment de la création du texte au Studio des Champs-Élysées :

> « Ai-je voulu faire une pièce de théâtre en écrivant *Le Square* ? Non.
> Je n'ai voulu faire ni une pièce de théâtre ni, à vrai dire, un roman.
> Si « roman » figure sous le titre du livre, c'est par étourderie de ma
> part, j'ai oublié de le signaler à l'éditeur. Et puis des critiques ont dit
> qu'il s'agissait là de théâtre, qu'il ne fallait pas s'y tromper. »[2]

Ce sont peut-être les mêmes critiques qui affirment, quand le roman est devenu pièce, que celle-ci ferait un bon roman mais n'est pas une vraie pièce :

> « ils [les personnages] feraient mieux de mettre la main à la plume : ils écriraient un assez joli roman. »[1]

> « Il eut mieux valu ne pas porter à la scène ce texte qui ne lui était pas destiné. »[2]

Illustration, s'il en est, du dérangement que provoque chez les journalistes, toujours prêts à cataloguer ce qui leur échappe, une écriture proprement inclassable. Il est intéressant de voir d'ailleurs comment Duras pose le problème du pacte de lecture : l'œuvre sera roman ou pièce de théâtre selon que l'on sera lecteur ou spectateur ; rien n'est dit au départ, tout est à faire.

Demeure, cependant, un petit nombre de différences entre la version publiée en 1955 avec la mention « roman », et celle recueillie en 1965 dans le volume *Théâtre I*. Ce que l'on peut constater grossièrement, c'est qu'il existe trois sortes de transformations : les ajouts, les suppressions, les substitutions. Ces dernières sont assez peu nombreuses (moins de 10) mais souvent significatives : ainsi les protagonistes parlent de « frigidaire » dans le roman et de « réfrigérateur » dans la pièce (terme certainement moins familier) ; le détail n'est pas aussi insignifiant qu'il le paraît : un tel changement contribue en effet à mettre la parole un peu plus à distance des personnages. Par ailleurs il n'est pas inutile de souligner les modifications qui interviennent à propos de la topographie du lieu où le colporteur trouva un soir la plénitude du bonheur. Elles tendent à désolidariser le jardin de la ville et donc à lui donner une place à part, privilégiée :

« Roman » :	« Théâtre » :
La ville et le jardin recevaient encore le soleil alors que la mer était déjà dans l'ombre[a]. (p. 59)	Le jardin recevait encore le soleil alors que la ville était déjà dans l'ombre[a]. (p. 82)

Les suppressions, quant à elles, jouent d'abord sur le plan des didascalies ; elles sont alors le plus souvent motivées par l'absence de l'enfant sur la scène, de même que les ajouts — qui portent, en outre, parfois sur les indications de « temps » ou de « silence » à respecter. On compte, de plus, environ soixante-cinq suppressions dans le dia-

---

a. De même (on indique entre parenthèse la version romanesque) : « même si le soleil s'était couché sur la ville (mer) avant, comme il va très vite à se coucher dans ces pays-là, l'ombre a dû gagner le jardin (la ville) très vite après qu'il ait commencé à se coucher » (84/63).

logue proprement dit, pouvant aller de quelques mots (dans la plupart des cas) à plusieurs répliques. On voit donc que l'adaptation n'est pas une reprise totalement littérale.

Reste, néanmoins, que ces modifications sont, somme toute, négligeables, comparées au texte conservé d'une version à l'autre. Ce qui nous paraît capital, c'est que nombre des interventions du narrateur que l'on rencontrait dans le roman deviennent des didascalies, sans changement (autre que celui des temps). Citons notamment ces deux cas :

« Roman » :	« Théâtre » :
L'homme ne répondit pas et l'on aurait pu le croire attentif à la douceur de la brise qui une nouvelle fois s'était levée. La jeune fille n'avait l'air d'attendre aucune réponse à ce qu'elle venait de dire. (p. 67)	L'homme ne répond pas et l'on pourrait le croire attentif à la douceur de la brise. La jeune fille n'a l'air d'attendre aucune réponse à ce qu'elle vient de dire. (p. 86)
Ils se turent. Le soleil insensiblement baissa et du même coup, le souvenir de l'hiver revint planer sur la ville. (p. 121)	Ils se taisent. Le soleil insensiblement baisse. Et du même coup, le souvenir de l'hiver revient planer sur la ville. (p. 116)

On voit ainsi s'esquisser discrètement ce qui deviendra essentiel dans les pièces suivantes : le rôle majeur des didascalies qui ne sont plus seulement des « indications scéniques : (suggestions de pause, geste, prononciation) mais participent du texte même en étant une couche inférieure (silencieuse) du dialogue. A partir de ces exemples on peut donc mesurer directement l'influence de l'écriture romanesque de Duras sur son écriture dramatique.

En outre, à travers les deux protagonistes du *Square*, on peut apercevoir aussi, d'une façon singulière, certains des traits qui marqueront par la suite tout le théâtre durassien. On a souvent insisté sur le décalage étrange existant entre le langage de l'homme et de la jeune fille et leur statut social. Leurs échanges sont constamment ponctués de formules modalisatrices, d'expressions-tampons pour ainsi dire, et sont de la sorte empreints d'une politesse peu habituelle : « Est-ce que je peux me permettre de vous demander ? », « si j'ose encore me permettre », « excusez-moi encore de vous poser ces questions », « — Excusez-moi — C'est moi qui m'excuse. », « je ne voudrais pas vous déplaire, monsieur, mais... », etc. Sans compter les « mademoiselle » et les « monsieur » sans cesse présents. Certains ne se sont pas fait faute de dire que de petites gens ne parlaient pas de la sorte. Ce à quoi l'écrivain répondit :

> « Je sais, oui. Quoi de plus artificiel pourtant que cette recherche de l'effet pittoresque, si souvent pratiqué par les néoréalistes ! Je l'ai déli-bérément écarté, cherchant à rendre par le langage l'universalité de ces deux situations limites. L'exil de mes personnages est total (...) »[1]

Pas plus que Nathalie Sarraute ne rapportait des propos de salon, ou Robert Pinget des conversations de rue, Marguerite Duras ne prati-que la littérature populiste.

Ce décalage, cultivé avec précision, a un double effet. Le pre-mier est de donner à la parole une grande fragilité, qui fait sa force ; les mots ne sont avancés qu'avec une extrême douceur, avec peine par-fois. Et c'est ce qui fait de ce dialogue « un dialogue rare », comme le dit Maurice Blanchot[2], c'est-à-dire un dialogue où les mots, loin d'être purs *flatus vocis*, sont chargés de la douleur qu'ils ont eue à naître. Tout comme le terme « bonheur » dont parlent le colporteur et la petite bonne, ce n'est pas pour rien que ces mots existent :

> « Je ne sais pas, monsieur, si le bonheur se supporte mal ou si les gens le comprennent mal, ou s'ils ne savent pas très bien celui qu'il leur faut, ou s'ils savent mal s'en servir, ou s'ils s'en fatiguent en le ménageant trop, je ne le sais pas ; ce que je sais, c'est qu'on en parle, que ce mot-là existe et que ce n'est pas pour rien qu'on l'a inventé. »   (p. 101)

Les mots sont là parce qu'on ne peut pas les taire. Parce qu'il faut les dire. Un jour, une fois, dans un square. Ils ont derrière eux un passé de silence obsédant qui les pousse. On est bien loin de la « bla-bla-bla hésitation » dont parle Jean-Jacques Gautier dans un article ravageur[3]. C'est Blanchot qui rend le mieux compte de la puissance de ces paroles blessées :

> « Elles se touchent, elles se retirent au moindre contact un peu vif ; elles sont encore vivantes assurément. Lentes, mais ininterrompues et ne s'arrêtant pas par crainte de manquer de temps : il faut parler main-tenant ou jamais ; toutefois sans hâte, patientes et sur la défensive, cal-mes aussi, comme est calme la parole qui, si elle ne se retenait pas, se briserait dans un cri, et privées, à un point douloureux, de cette faculté du bavardage qui est la légèreté et la liberté d'un certain bonheur. Là, dans le monde simple du besoin[a] et de la nécessité, les paroles sont vouées à l'essentiel, attirées uniquement par l'essentiel (...) »[4]

a. Dans *Les Parleuses* (M.D./Xavière Gauthier), l'auteur dit d'ailleurs : « *Le Square*, c'est la théorie des besoins ». (p. 67)

Le second effet du décalage entre langage et personnages est la création de cette voix durassienne qui aboutira à ce que nous avons nommé « récitatif ». De fait, le caractère cérémonieux, des échanges contribue à désolidariser la voix du lieu producteur de la voix. Ce n'est ni un petit voyageur de commerce, ni une jeune « bonne à tout faire » qui parle, mais une voix double décentrée, sans lieu réel, qui obtient en quelque sorte son autonomie, tout en demeurant chargée du contenu charnel et émotionnel de celui ou celle qu'elle traverse. Elle est projetée en avant ; abstraite mais en même temps infiniment lourde de vie ; étrangère mais infiniment proche. Suspendue, emprisonnée dans ce chant que dessinent aussi les répétitions, et qui laisse percer l'incantation durassienne sous la cendre du quotidien, comme en témoignent, par exemple, les lignes qui suivent :

> JEUNE FILLE : Celle [la peur] d'être comme on est, d'être comme on est au lieu d'être autrement, au lieu même d'être autre chose, peut-être ?
> HOMME : Oui, c'est ça, d'être à la fois comme les autres, tous les autres, et d'être en même temps comme on est. D'être de cette espèce-là plutôt que de n'importe quelle autre, de cette espèce-là précisément. (p. 65)

Parole hésitante, qui bute contre la pudeur (la sienne et celle de l'autre), puis repart, entêtée, portée par le désir. Et célèbre ses noces avec le silence.

VII. DES *VIADUCS DE LA SEINE-ET-OISE* A *L'AMANTE ANGLAISE*

Un soir de décembre 1949, Amélie Rabilloud assassine son mari à coup de marteau de maçon. Ne sachant que faire du corps qu'elle ne peut transporter seule, la meurtrière se met, pendant trois jours, à découper en morceaux l'encombrante victime, à l'aide d'une hache et d'un couteau de boucher. Tout en continuant d'aller faire des ménages, elle emporte à chaque trajet un membre de son époux, et s'en débarrasse ici ou là, dans les terrains vagues et les égouts de Savigny-sur-Orge. Une fois même, l'un de ces morceaux de cadavre est jeté dans un train de marchandises qui passe sous le pont de la Montagne Pavée (les journaux de l'époque[1] ne semblent pas avoir parlé du « recoupement ferroviaire » qu'exploite l'auteur, comme nous le verrons). Néanmoins, la police parvient à identifier le corps ainsi éparpillé, et à en trouver la provenance. Amélie Rabilloud avoue, mais s'avère sincèrement incapable d'expliquer son geste. Examinée par les psychiatres, elle sera reconnue partiellement irresponsable, ce qui la sauvera des travaux forcés. Cinq ans après le meurtre et le dépeçage, elle sera revue dans les rues de Savigny, sans que l'énigme de son crime ait vraiment trouvé une solution.

De ce sordide fait divers[a], Marguerite Duras tire trois œuvres, à huit ans d'intervalle (1960-1968) : deux pièces et un roman, la seconde pièce étant la reprise presque littérale du roman. La première, *Les Viaducs de la Seine-et-Oise*, transpose l'histoire de la façon suivante : le crime n'a plus été commis par la femme sur la personne du mari, mais par l'un et l'autre sur la personne de leur cousine et domestique Marie-Thérèse Ragond, sourde et muette. Lui s'appelle alors Marcel et elle Claire. *Les Viaducs de la Seine-et-Oise* constituent, rappelons-le, la première pièce que Marguerite Duras ait écrite directement pour la scène. Et pour ce premier essai (après *Le Square* qui était une « adaptation »), l'écrivain travaille, assez naturellement, à partir d'un schéma traditionnel. Claire et Marcel viennent de tuer Marie-Thérèse et se sont débarrassés du cadavre de la façon que l'on sait, avec cette différence que tous les morceaux ont été jetés dans des trains. Dès lors, ils n'ont plus qu'à attendre ; ils sont chez eux, à ne manger que des conserves, depuis le meurtre de celle qui était aussi leur cuisinière. Ils se parlent et essaient de comprendre les raisons de leur acte, sans y parvenir. Ils savent que très bientôt la police viendra ; ils se sont rendu compte qu'en recoupant les trajets des différents trains, il serait aisé de localiser la provenance du corps. Ils sont donc condamnés d'avance et en sont conscients. Aussi trouvent-ils finalement qu'ils n'ont rien de mieux à faire que de se rendre dans leur café habituel, et d'aller au devant de leur probable arrestation. Le deuxième acte nous découvre le bar en question. Il y a là Claire et Marcel Ragond, Bill le barman, Alfonso, un ouvrier agricole un peu simple mais plein d'amour pour le couple, ainsi que deux amoureux que personne ne connaît. Tous parlent, là encore, et du meurtre bien évidemment, le centre d'intérêt de tout Épinay-sur-Orge (où l'action est censée se dérouler). Bill déclare nettement qu'un tel acte n'a pas droit au pardon et que la justice réclame la mort du criminel. Aussi, Claire et Marcel se laissent-ils peu à peu prendre par la conversation : ils tentent d'expliquer à Bill pourquoi quelqu'un pourrait selon eux agir de la sorte ; l'amoureux de son côté les pousse à parler. Si bien qu'au fil des mots ils se laissent emporter,

a. On sait l'intérêt de Duras pour les affaires de ce genre. Cf. : la récente « affaire Villemin » et l'article paru le 17 juillet 1985 dans le journal *Libération*.

et il devient de plus en plus évident pour tous que ce sont eux les meur-
triers. Bill, qui l'a compris, essaie alors, affolé, de les faire taire. Mais en
vain. Ils n'entendent plus rien. En même temps, tous ont deviné que
le pseudo-amoureux était en fait un policier. Tout est donc joué pour
de bon. Pourtant, la conversation continue encore quelque temps. Face
à cette situation désespérée, l'atmosphère devient même de plus en plus
amicale. Le drame fait naître une étrange solidarité qui pousse Claire
et Marcel à tendre quasiment les poings aux menottes de
« l'amoureux ».

   L'Amante anglaise reprend le même fait, tout en en modifiant
quelque peu les données. Cette fois Claire seule a tué. Son mari, Pierre
Lannes, n'en savait rien. Et surtout, l'action est chronologiquement
postérieure à celle des *Viaducs*. Claire a déjà été arrêtée et probablement jugée. Elle doit en effet être enfermée à l'asile de Versailles. Un
homme, ni juge ni psychiatre, un « interrogateur », tente pourtant
une dernière fois de comprendre cet acte resté inexpliqué. Il est écrivain (dans le roman) et parle d'un livre à faire sur le crime et sur Claire.
Il interroge d'abord Robert Lamy, l'homologue du Bill des *Viaducs*,
et lui fait écouter la bande enregistrée par le faux policier, le soir des
aveux de Claire, au café. *L'Amante anglaise* intègre ainsi en partie
le deuxième acte des *Viaducs de la Seine-et-Oise*. Puis c'est le tour
de Pierre Lannes, le mari. Un personnage que l'auteur dit veule,
« nationaliste, sentimental, un logicien, fourbe, jésuite », et qui nous
apparaît surtout comme un petit bourgeois qui ne s'est jamais réveillé,
pour reprendre les termes de Claire. Celle-ci est elle-même questionn-
née en dernier. Avec sincérité, elle essaie d'aider l'homme qui est devant
elle à comprendre le pourquoi du meurtre qu'elle a commis. Elle
parle de Marie-Thérèse, de sa cuisine qu'elle n'aimait pas, de ses propres rêves dans le jardin de la maison, de la menthe anglaise — qu'elle
écrit comme un amant, une amante. Sa vie se dessine, trouble, confuse. Est-elle folle ? C'est en tout cas ce que lui dit finalement l'interrogateur découragé, à qui elle refuse de dire où elle a caché la tête
de sa victime. Cette tête qui seule, sans doute, permettrait l'identifi-
cation certaine du cadavre, et par là confirmerait que c'est bien Marie-
Thérèse qui a été tuée et que c'est bien Claire Lannes qui l'a tuée. Ce
que parfois l'on se demande.

   Deux versions d'un même fait, trois œuvres. Duras serait-elle une
éternelle insatisfaite ? Une chose est sûre, c'est que l'auteur a très vite

désavoué sa première tentative, au point de « [refuser] d'en faire auto-
riser la représentation, d'en toucher les droits »[1]. Tout comme *Ici ou
ailleurs* dans le cas de Pinget, les *Viaducs de la Seine-et-Oise* font donc
figure d'œuvre sacrifiée. Ce qui est ici une chance pour l'exégèse, car
l'écrivain n'a pu s'empêcher de retravailler le même problème à près
de dix ans de distance. De la sorte nous pouvons mesurer parfaitement l'évolution de son écriture et de son approche du théâtre. Dans
les *Viaducs*, nous avons vu que nous étions confrontés à une structure classique, tout particulièrement au second acte, avec la représentation de la scène de l'aveu. Dans *L'Amante anglaise*, au contraire,
tout élément concret de ce genre a disparu. Presque plus rien ne nous
est donné. Nous sommes dans un lieu indéfini où des voix se conten-
tent de parler. Sans doute la scène du café est-elle encore présente dans
le premier entretien (du roman, et le dernier de la pièce) ; mais elle
l'est alors par le biais d'un enregistrement qui la déréalise complètement. Claude Regy qui mit en scène la pièce à la création explique
précisément :

> « Le premier dialogue se situait dans un café et Marguerite, un moment,
> pensait qu'il était nécessaire encore de représenter une des scènes du
> café. Finalement on a renoncé même à cette représentation de la réa-
> lité et on est reparti, dans une représentation complètement abstraite,
> c'est-à-dire que les personnages étaient assis sur une chaise au centre
> du public et que quelque chose, quelqu'un posait des questions, invisi-
> ble, dans le public (...) »[2].

Nous retrouvons très exactement le déplacement schématisé par la
figure 3 vue plus haut (p. 154). D'une confrontation directe entre les
personnages dans *Les Viaducs de la Seine-et-Oise*, on est passé à un
rapport médiatisé par la présence de l'interrogateur[a]. Il est vrai, cependant qu'il ne s'agit pas pour Claire et son mari de se rencontrer au
travers de ce troisième terme. Ils semblent à tout jamais séparés. Car
la modification intervenue au niveau du crime, accompli non plus par
les deux époux mais par Claire seule, a entraîné une modification du
caractère du mari. Celui-ci semble plus proche de ce que l'on savait
du personnage réel de Georges Rabilloud. D'ailleurs, Claire avoue
qu'en toute logique elle aurait dû tuer son conjoint non sa cousine.
Mais Duras a ressenti le besoin de conserver cet époux afin de pouvoir le faire parler :

---

a. De ce troisième terme, Michael Lonsdale (qui joue le rôle depuis la création),
dit très justement : « Il est la parole et il cherche la parole » — « Michael Lonsdale
mis en questions », *Le Figaro* (24/2/82).

« (...) je voulais savoir qui était Pierre Lannes et avoir son témoignage sur sa femme. Je l'ai sorti de son cercueil pour qu'il soit entendu de tous une fois dans sa vie. Il était aussi sourd et aussi muet que la victime : c'était la petite bourgeoisie française, morte vive dès qu'elle est en âge de « penser », tuée par l'héritage ancestral du formalisme »[1].

Mais l'intérêt du personnage est surtout qu'il permet de donner deux visions des faits (la sienne et celle de Claire) ; celles-ci ne sont pas vraiment contradictoires comme cela aurait été le cas chez Robert Pinget, mais n'en rendent pas moins la réalité totalement confuse, en montrant qu'aucune d'entre elles ne peut parvenir à la cerner. Au contraire, dans *Les Viaducs*, il n'y avait en fait qu'une voix, celle du couple criminel. Dans *L'Amante anglaise*, nous avons un innocent et un coupable, mais l'un et l'autre semblent tout aussi étrangers au meurtre et à son caractère sauvage :

> PIERRE : (...) Vous voyez c'est à ce point que je me suis demandé si elle n'avait pas tout inventé, si c'était bien elle qui avait tué cette pauvre fille... Les empreintes digitales concordent ? N'est-ce pas ?
> L'INTERROGATEUR : Je ne sais rien sur ce point.
> PIERRE : Elle, une femme, où a-t-elle trouvé la force ?... Il n'y aurait pas les preuves, vous ne le croiriez pas vous non plus ?
> L'INTERROGATEUR : Personne. Elle non plus peut-être.   (p. 10)

Comme si l'acte venait du dehors, comme si entre Claire et les autres il n'y avait que cette différence du geste commis par elle, et comme si cette différence était nulle.

Nous avons vu par ailleurs que *L'Amante anglaise* s'est d'abord présentée sous la forme d'un « roman » publié en 1967 à la N.R.F. Le texte en question rappelle fort, dans sa structure, celui du *Square*. Dans les deux cas, il s'agit uniquement d'un long dialogue. Mais là où *Le Square* conservait encore quelques interventions extérieures du narrateur, *L'Amante anglaise* se veut véritablement d'un bout à l'autre, un entretien. Les questions se distinguent nettement des réponses par les caractères italiques. Par conséquent, le passage à la scène n'a même pas nécessité les légères transformations que nous avions rencontrées avec *Le Square*. Ainsi, les seules modifications intervenues à la création au théâtre Gémier en 1968 pourraient être mises au compte des transformations qu'apporte toujours l'auteur au moment de faire jouer une pièce déjà écrite. Mais il n'y a pas d'adaptation à proprement parler. Parmi les transformations en question, la plus importante est sans doute la suppression du premier dialogue (avec le patron du café). Robert Lamy disparaît en effet à la scène. Ne restent donc plus que les deux époux et l'interrogateur, ce qui a l'avantage d'éliminer tout ce que l'action pouvait encore avoir de trop référentiel, avec le monde du bar. Notons toutefois qu'à la reprise au théâtre du Rond-Point, le 25 février 1982, le quatrième personnage du roman réapparut... pour disparaître à nouveau quelques semaines plus tard : malgré la présence de Jean-Marie Patte, le premier entretien s'avéra de fait inutile. La force de la pièce tient au contraire dans ce triangle brisé que constituent Claire, Pierre et l'interrogateur. Par ailleurs, ce dernier change un peu d'identité du roman à la scène. Dans le texte de 1967, il s'agit d'un écrivain qui se prépare à écrire un livre sur le meurtre de Marie-Thérèse Bousquet :

> « Un livre sur le crime commence à se faire. »

Attitude typique du Nouveau Roman qui n'est souvent, nous l'avons vu avec Pinget, que le roman de l'œuvre en train de naître. Cependant, dans la pièce, le personnage devient beaucoup plus étrange et impersonnel, comme si l'œuvre s'écrivait cette fois toute seule. Ainsi se contente-t-il de dire :

> « Je cherche qui est cette femme, Claire Lannes, et pourquoi elle dit avoir commis ce crime. Le reste m'est égal. Elle ne donne aucune raison à ce crime. Alors je cherche pour elle. »   (p. 10)

Il n'existe pas autrement que comme une force en action qui fait parler Claire et Pierre. Il est une voix sortie d'on ne sait où[a], indéfinie, indéfinissable.

Et là est sans doute ce qui fait l'essentiel de la pièce et ce qui permet à Claude Regy de parler à son propos de « révolution ». Entre *Les Viaducs de Seine-et-Oise* et *L'Amante anglaise*, la notion de « personnage » s'est perdue. Aux protagonistes qui s'affrontaient, se confrontaient, échangeaient *des* paroles, dans la première pièce, ont succédé des actants immobiles traversés par *la* parole. Car si Claire et Pierre demeurent en partie des « caractères », des personnalités, au contact du troisième terme ils gagnent eux aussi en mystère et en ambiguïté. Ils sont en quelque sorte aspirés par le vide qui s'est creusé entre eux et le lieu d'où les appelle l'interrogateur. Leur parole n'est plus adressée à personne sinon à un point perdu quelque part dans la salle et qui, loin de les aider à se révéler à eux-mêmes, comme le faisaient Bill, Alfonso ou les faux amoureux des *Viaducs*, leur renvoie leurs propres interrogations, leur propre trouble. Béance d'une parole ouverte et qui n'est pas située.

---

a. Durant les représentations, Michael Lonsdale se trouvait avec le public, habillé en noir et se perdant donc dans l'obscurité. Il évoluait lentement dans la salle, sans que l'on s'en rende compte. De sorte qu'il apparaissait tantôt ici, tantôt là, profondément troublant — redoublant le mystère que fait naître en lui-même ce comédien.

VIII. TROIS « POCHADES » : *LES EAUX ET FORÊTS, YES, PEUT-ÊTRE, LE SHAGA*

Les Eaux et Forêts est la deuxième pièce de Marguerite Duras directement créée à la scène (le 14 mai 1965). Cette œuvre burlesque, un peu surprenante, si on la compare au reste de la production dramatique de l'auteur, inaugure pourtant une veine comique que Duras exploite à nouveau à deux reprises quelques années plus tard, avec *Yes, peut-être* et *Le Shaga* (créés le 5 janvier 1968). Les trois pièces forment ainsi une sorte de tout, presque une trilogie comique du langage dramatique. A travers l'humour et la dérision, l'écrivain expérimente l'instrument nouveau qu'il s'est donné. On se permettra de parler de « pochades », dans la mesure où, précisément, il s'agit plus d'une expérimentation que d'une voie sur laquelle la dramaturge déciderait de s'engager à fond. Non que ces œuvres ne soient pas achevées — elles le sont et ont une portée non négligeable — mais on ne peut s'empêcher de partager l'avis formulé par Jean Pierrot :

> « il s'agit là d'une sorte de théâtre de laboratoire, d'exercices qui sans doute furent utiles à l'écrivain pour assouplir sa propre langue et préparer d'autres développements. »[1]

...mais aussi pour découvrir l'aspect ludique de l'écriture. Notre ambition se bornera ici plus qu'ailleurs à *proposer quelques directions possibles*.

Trois personnages sur un passage clouté : tels sont les protagonistes des *Eaux et Forêts*. Trois personnages qui ne se connaissent pas, dans un lieu on ne peut plus public. Quatre personnages devrions-nous dire puisque l'on ne peut omettre Zigou, le chien : c'est que l'animal ne manque pas de répliques ; on ne saurait compter les « ouah ouah » joyeux ou dubitatifs que lui inspire la situation. Situation qu'il provoque, par ailleurs, en mordant l'homme qui passait à sa portée. Une fois l'attentat commis, la propriétaire du chien veut en effet à tout prix emmener ce dernier et sa victime à l'Institut Pasteur, pour prévenir une éventuelle épidémie de rage. La conversation s'engage ainsi, l'homme repoussant absolument les injonctions de la première femme, laquelle est appuyée par une autre passante, témoin du « drame ». Un farouche débat s'organise, prétexte en fait à parler et parler encore. Parler de tout, de rien. De Zigou (qui semble habitué aux circonstances de ce genre), de Missis Thompson, qui s'avérera s'appeler Marguerite-Victoire Sénéchal, de Missis Johnson, alias Jeanne-Marie Duvivier, du mari de la première, mort noyé dans le canal de la Marne au Rhin, des Champs-Élysées, du Lac des Settons, de l'Ile de Ré, etc., des eaux et des forêts. Au tomber de rideau, chacun révèle aux autres que tous ses propos étaient mensongers. Et tout se termine par une chanson.

On pense à Ionesco — et comment ne pas y penser entre les absurdités de langage et les Missis Johnson ou Thompson ? Mais surtout, on pense à un texte qui se produirait lui-même, et produirait avec lui la réalité. Les personnages s'inventent burlesquement comme ils le feront plus tard tragiquement. Ils se jouent la comédie pour créer l'événement. Ainsi, pour briser la monotonie quotidienne des sentiments, ils ne cessent de passer d'un excès à un autre. Sans qu'il n'y ait d'autre lien logique que le désir de se donner l'impression de vivre :

> HOMME : La preuve ! La preuve !
> FEMME 2 : Calmez-vous, monsieur. S'exciter ne fait pas avancer les choses.
> HOMME, *très calme subitement* : Ça y est. Je suis calmé.
> FEMME 1 : Souffrez-vous encore ?
> HOMME, *en rigolant* : Le martyre.   (p. 12)
> FEMME 2, *hurlé* : Mais qu'est-ce que c'est que cette attitude, malpoli ! Je ne sais pas ce que je veux ! Je ne le sais pas !
> FEMME 1, *hurlé* : Mais qu'est-ce que c'est que cette voix qu'elle prend tout d'un coup cette passante ! (…)
> HOMME, *hurlé* : Vous nous cassez les oreilles, la barbe !
> FEMME 2, *calmée, à plat* : Je ferai ce qui me déplaît le plus. Je mangerai du camembert.   (p. 23)

Ils se construisent un drame de toutes pièces, ce qui les rend lyriques à l'occasion, même dans la dérision :

> HOMME : Dans des souffrances atroces. Paris contaminé. Paris anéanti. Dans des souffrances atroces. (*Récité à part d'une voix très détachée, parodique*) Le temps revient sur ses pas. Le souvenir de l'avenir se perd. Le Bois de Boulogne arrive sur ses grands chevaux, déferle sur les Champs-Élysées, atterrit à la Concorde, et là foisonne, foisonne, en un Himalaya...   (p. 20)

Ailleurs, l'homme joue au juge d'instruction, essayant en vain de mettre au jour les motivations du chien :

> HOMME : Ce matin, a-t-il mangé ?
> FEMME 1 : Il a. Peu.
> HOMME : Bu ?
> FEMME 1 : Il a. Énormément.
> HOMME : Crotté ?
> FEMME 1 : *pudique* : Je ne le regarde pas toujours.

> HOMME : Pissé ?
> FEMME 1 : Quinze fois.   (p. 18)

Et dans une certaine mesure, on a là la version parodique de l'acte inexplicable, dont *L'Amante anglaise* tirera, comme nous l'avons vu, tous les effets tragiques (Pourquoi le chien a-t-il mordu ?/Pourquoi Claire a-t-elle tué et dépecé sa cousine ?). Duras s'amuse avec ce qui fait ou va faire la matière de son théâtre.

Sur une terre dévastée, un jour, une femme A est là, immobile, qui semble n'attendre plus rien. L'arrivée d'une femme B qui traîne derrière elle un homme effondré fait naître une « action », quand la discussion s'engage. Chacune des femmes porte sur elle « un appareil du genre compteur, noir, destiné à combattre la radio-activité ambiante ». L'homme est un guerrier, le dernier sans doute de l'ultime combat qui paraît avoir coûté la vie à la planète entière. Peut-être s'agit-il des derniers survivants de la troisième guerre mondiale ? Tout au moins, il est question des habitants de l'« Américanos » qui « allaient dans l'Asiaticos où c'est qu'on les avait jamais vus, disaient ils défendaient la mère patrie ». (P. 173). Autour de cet homme affalé, les deux femmes semblent avoir perdu la mémoire des événements ; elles échangent pourtant des mots, des vieux restes des langages d'antan, « yes », « peut-être » ...Or, c'est à partir de ceux-ci qu'elles parviennent à reconstituer tout doucement un monde et une histoire, à la manière d'enfants « innocentes, insolentes, tendres et gaies » qui, découvrant les mots, découvrent le monde et le plaisir de l'invention.

On le voit très clairement, *Yes, peut-être* se veut avant tout une condamnation satirique de la guerre du Vietnam, dans la foulée des *Vietnam days*, nés d'ailleurs aux États-Unis. L'allégorie se veut manifeste, et c'est ce qui fait la faiblesse d'une pièce qui, voulant faire passer un « message », risque de nous faire manquer l'intérêt réel qui est le sien. Aussi laisserons-nous de côté l'idéologie — qui, au reste, s'exprime, pour le moins, de façon assez peu subtile et trop voyante[a]. Si Duras se limitait à ce genre de paraboles, il est peu probable que l'on continuerait à la jouer vingt ans après 1968. L'originalité de l'œuvre est qu'elle travaille le problème du manque de façon ludi-

---

a. « Le vêtement est déchiré et rempli d'inscriptions dont « Honneur » (sur la veste) et « Patrie » (sur les fesses) et « God », étoiles du drapeau américain, coq gaulois, Légion d'honneur (...) qui côtoieront des réclames diverses, gaîne Scandale, Dubonnet, etc. »

que. Comme l'a dit Alain Rais qui monta le spectacle à Bourges en 1982 :

> « Tout est à réinventer : la parole, le regard, le geste, la respiration, la musique, le moindre frémissement de vie, le moindre mouvement du corps. Lieu de l'oubli. Lumière trouée d'ombres. Des corps sans identité apparente se heurtent aux débris d'un passé détruit, d'un présent informe, mais qui recèle les premières ébauches d'une histoire à venir, peut-être (...) »[1]

Duras fait table rase, au sens propre comme au sens figuré, de toute prédonation du monde. Celui-ci ne renaît (ou ne naît) qu'au travers d'une parole qui se cherche et regarde derrière elle. Quand tout est mort, et quand le silence s'est installé partout, cette parole surgit encore, pour rassembler les morceaux épars :

> B : (...) Là-bas c'était désert seulement : sable et craquements seulement. *Yes.* Ferrailles tordues et sifflement des vents. Puis il y avait le soir, puis il y avait le matin, puis il nous ont dit qu'il fallait se dire bonjour bonsoir. (p. 164)

Les personnages se sauvent par les mots, qu'ils dépouillent des conventions passées pour les charger d'une émotion réelle : celle du cri, du premier vagissement. « Pour quoi ces mots ? » demande B au terme de la pièce. « Pour les enfants plus tard ». Le dire surgi du silence donne sens à ce dernier.

Une femme se mit un jour à parler une langue d'elle seule connue. Une telle langue est pratique, c'est le lieu du bonheur et de la liberté, de l'épanouissement total ; mais que surviennent deux personnages étrangers à ce « shaga », qu'advient-il de lui ? Les trois protagonistes du *Shaga* rappellent ceux de *Yes, peut-être* et des *Eaux et Forêts* : ils ont une même capacité à retrouver leur enfance à travers l'usage de la parole. L'une joue au shaga (B), les deux autres (A et H) jouent à pénétrer le shaga, les trois tentent de communiquer et d'attirer l'autre sur leur propre terrain. Cette langue étrange amuse et interroge. Deux fins sont proposées par l'auteur : soit la pièce redémarre, comme chez Ionesco par exemple, soit les personnages finissent en quelque sorte par être happés par le shaga (répétant tous d'un seul cœur : « Cha va, cha va »). Mais dans tous les cas le shaga se présente comme une énigme qui rapproche les protagonistes en faisant naître leur curiosité.

C'est à partir de cette idée centrale que l'on peut peut-être proposer la réflexion suivante : est-ce que toute la pièce ne serait pas comme l'expérimentation d'un bonheur qui naît du manque, lequel peut seul provoquer la communication véritable ? Il est significatif que toute l'œuvre soit parcourue par le motif sous-jacent de l'opposition entre le plein et le creux. Ainsi en est-il du bidon que transporte H avec lui :

> A : Il y a des trous.
> H : Oui.
> B, *son acquiescement.*
> A : Vous ne pouvez pas mettre de l'essence dedans ?
> B : Non non. Dès qu'on met de l'essence dedans, elle s'en va dehors.
> (p. 199)

A priori, l'existence de ces trous est un inconvénient majeur. Pourtant, très vite, les personnages retournent le problème en mettant en évidence le danger qu'il y aurait pour eux à boucher les trous :

> A, *informe* : Je connais quelqu'un, c'était pareil, c'était comme ça, elle avait une maison mais elle ne pouvait pas rester dedans. La maison était pleine de trous et elle, elle coulait par les trous. Alors on l'a mise dans une maison sans trous, avec des barres de fer à la place des trous, alors elle reste entièrement maintenant. Oui.   (p. 200)

Ainsi l'alternative est la suivante : laisser les trous et vivre du manque, ou les boucher et s'enfermer dans une prison « avec des barres de fer ». Dans cette optique, *Le Shaga* serait, moins une tentative des deux personnages pour combler le manque à comprendre du shaga, qu'une tentative pour faire naître la parole à partir de ce manque. Car, contrairement aux apparences, le but de A n'est pas tant de traduire ce que dit B, que de profiter du fait même que le shaga leur résiste. Au reste, les protagonistes l'avouent quasiment :

> A, *réfléchit* : Peut-être qu'on est doué pour essayer de comprendre mais pas pour comprendre pourquoi et pourquoi ?
> H : Peut-être bien.
> A : Pour la question mais pas pour la réponse ? (*Temps*)
> Qu'est-ce que vous en pensez ?
> H : Je pense que ce n'est pas plus mal.   (p. 214)

Le Shaga fonctionne ainsi comme la traduction, sur le mode du jeu, de cette résistance au savoir. C'est à partir de celle-ci que la vie peut s'organiser. Peu importe dès lors qu'il s'agisse ici de fous, comme le suggère l'auteur dans l'introduction à la pièce (p. 187). Qui plus est, affirmer qu'il est probable que nous sommes ici dans la cour d'un asile, c'est, une fois encore, exactement comme dans le cas d'*Identité* (le « rêve » de Mortin) et de *Paralchimie* (l'« inconscient » de Mortin), chez Pinget, s'exposer à une récupération par le sens de ce qui réclame

le désir et non le savoir. La grâce du shaga est qu'il est incompréhen-
sible, même pour B très certainement (hier encore il lui était inconnu).
Car c'est cette incompréhension qui rend les personnages désirables
les uns aux autres.

IX. SUZANNA ANDLER

Suzanna Andler, une femme seule dans l'hiver tropézien, visite
une grande villa des bords de mer, Les Colonnades, que lui montre
Rivière, l'agent immobilier. Elle est ici pour louer une maison pour
le prochain été. Elle hésite, ne sait pas si la villa lui plaît. Elle téléphone à Jean Andler, son époux milliardaire. Jean est absent de Paris.
Suzanna sait qu'il est avec une maîtresse, quelque part en France. Elle-
même est à Saint-Tropez avec son premier amant, Michel Cayre. Celui-
ci la surprend dans la grande maison vide après le départ de Rivière.
Elle aurait dû rejoindre Michel à une heure et demie à l'hôtel. Il
s'inquiétait. A présent qu'ils se sont retrouvés, ils parlent. De leur histoire qui n'est pas une passion, de leur histoire qui doit finir — ils
se le sont dit le premier jour. Une histoire toute simple, qui leur échappe
pourtant. D'abord, peut-être, parce que Suzanna ment — se ment ?
— fausse le jeu. Après le départ de Michel, elle ment de même à Monique Combès, son amie, qui fût la maîtresse de Jean Andler. Pourtant, quand celui-ci l'appelle pour prendre des nouvelles de sa femme,
Suzanna dit tout. Elle dit la vérité, elle dit qu'elle a un amant, qu'elle
veut se tuer, puis qu'elle va rejoindre Michel. Quand ce dernier réapparaît, elle raccroche et le découvre qui a bu. Comme chaque soir.
Car ils ont tous deux besoin d'alcool pour « s'aimer ». Une dernière
fois, ils se retrouvent face à face ; et à son tour Michel dit tout, il
dit la vérité, il dit que la maison est déjà louée par Jean Andler, il
dit que tout le monde sait que Suzanna a un amant et que cet amant
est Michel Cayre. Il dit qu'il a été choisi par Jean Andler. Que tout
a été prévu, vécu d'avance. « Tu me tues, tu me fais du bien » disait
la voix d'*Hiroshima mon amour* : avec les derniers rayons du jour,
les amants découvrent que peut-être ils s'aiment.

Le mari, la femme, l'amant : Duras donnerait-elle dans le triangle archi-traditionnel du théâtre de boulevard ? Il est vrai que les premières lectures théâtrales de l'écrivain furent les publications de *La*

Petite Illustration[1] : Flers et Caillavet et consorts, qui passionnèrent l'enfant Duras. Et, dans une certaine mesure, on peut dire en effet que *Suzanna Andler* est une réécriture de ce théâtre à partir, notamment, du manque cher au Nouveau Roman. Une sorte de pièce de boulevard pleine de trous, qui font naître désir et tragique, à l'opposé de tout vaudeville. On peut d'ailleurs mettre ces « trous » en évidence à partir de la rédaction même de l'œuvre. Celle-ci connut plusieurs versions ; il ne reste apparemment qu'une seule d'entre elles en français — outre l'hypertexte filmique *Vera Baxter*. En revanche, une version en traduction anglaise de Barbara Bray, a été conservée. C'est notamment à partir de ce texte que les comédiens qui ont recréé la pièce au festival d'Avignon de 1987[a] ont travaillé, afin de mesurer plus précisément la part du non-dit. Ainsi, au travers de tels recoupements, l'acteur peut reconstituer pour lui-même l'histoire de cet amour. Il peut alors, dans un second temps, la restituer avec la force du silence qu'il laissera derrière les mots. Travail étrange qui vise en quelque sorte à construire un squelette destiné à disparaître derrière la chair de la parole.

Plusieurs points s'éclaircissent de la sorte, qui, s'ils étaient exposés directement par l'auteur, perdraient tout intérêt. C'est donc seulement à titre indicatif que l'on en citera quelques-uns, pour, à l'inverse, prendre conscience de la profondeur du silence durassien.

— Michel Cayre est journaliste. Il écrit « dans des sales journaux que tu ne lis pas, toi », explique Suzanna à Monique. Ce qui veut dire en fait, très certainement, dans un journal communiste (cf. *Vera Baxter*). Dès lors, Michel a dans toute la pièce un rapport très particulier à l'argent, qui contribue à son ambiguïté ; il se voit déchiré entre son mépris et sa fascination indubitable pour la richesse de Suzanna et la négligence de celle-ci concernant ces problèmes.

— Michel Cayre semble, par ailleurs, avoir été *payé* par Jean Andler qui voulait un amant pour sa femme, afin de la connaître différente. Dans la pièce, le personnage déclare seulement : « Il [Jean] m'a téléphoné. Il a dit qu'il avait quelque chose à me dire. Nous nous sommes vus à la sortie de son bureau » (p. 71).

— Le début de la liaison entre Michel et Suzanna a donc été presque

a. Groupe 3/5 Quatre-Vingt-Un. M. en sc. Bernard Anbérrée. Avec Dominique Paquet, Patrick Simon, Carole Delacourt, Bernard Anbérrée. Création au Théâtre du Chien qui Fume, le 9/7/87. Reprise à Paris, au Théâtre 13, en janvier et février 1988. La version représentée est le fruit d'une réécriture partielle par Marguerite Duras de la version créée le 5/12/69 au Théâtre des Mathurins (M. en sc. Tania Balachova).

calculé, juste avant le voyage à Bordeaux dont il est question à plusieurs reprises.

— etc.

On pourrait ainsi continuer longtemps cette manière de jeu qui consiste à boucher les trous. Mais on ne précisera jamais assez qu'il ne s'agit justement que d'un jeu, sans doute nécessaire au comédien — qui doit donner vie au non-dit — mais dangereux pour le spectateur. Car pour ce dernier, trop de savoir tue l'émotion. Et Duras le sait qui élimine ce savoir et ouvre le jeu à l'inconnu.

C'est encore ce problème du savoir et du non-savoir qui fait la richesse du personnage-titre de Suzanna, emblématique de bien des héroïnes durassiennes. Car d'elle, nous ne parviendrons jamais à posséder quelque connaissance que ce soit. Elle se dérobe toujours à nous. D'abord parce que c'est une « femme mentie » comme les aime Marguerite Duras. Elle ne cesse de se construire et se détruire sous nos yeux, en un même élan, les termes « mensonge » et « vérité » n'ayant pour elle aucun contenu véritable. On peut même se demander si le mensonge n'est pas un moyen qu'elle a trouvé pour coïncider avec elle-même, c'est-à-dire avec son désir du moment, sans céder aux nécessités de la réalité. Ainsi pourrait se comprendre l'énigmatique affirmation de Jean Andler :

« Il n'y a que toi qui dises la vérité. »   (p. 55)

Car la seule vérité dans ce théâtre du mensonge est sans aucun doute celle du désir, non celle du savoir ferme et assuré. Pour saisir l'essence du personnage chez Duras, il faut faire abstraction de toute connaissance. Peu importe de savoir ce qui s'est passé exactement et où est le vrai. Suzanna est « inconnaissable, sauf par le désir », comme l'affirme encore Jean Andler (p. 41), c'est-à-dire par le manque. Et tout est dit dans ces quelques mots. Au contraire, lorsque Michel essaie de démêler le vrai du faux, il ne peut que s'entendre répondre très sincèrement :

« Je ne sais pas ce que tu veux savoir. »   (p. 22)

De même à Monique qui lui demande si elle a dit la vérité, Suzanna réplique :

« Je ne cherche pas à savoir. »   (p. 44)

Parce qu'il n'y a rien à *savoir*. Tout est à *désirer*.

De la même façon, c'est dans le manque que Suzanna va finir par se connaître et se reconnaître elle-même. Manque d'événements réels, surtout. Sans doute a-t-elle fini par prendre un amant pour échapper à l'abandon dans lequel elle se trouve depuis des années. Sans doute peut-elle affirmer de cet infléchissement du cours habituel des choses :

> « Ça a été un changement très grand. Au début... j'étais débordée. »[a]
>   (p. 30)

L'adultère en soi ne lui en a pas moins rien apporté. Elle s'est très vite « [habituée] à cette idée », et tout est finalement revenu dans l'ordre. C'est justement parce qu'elle en est consciente qu'elle ne peut d'abord supporter cette liaison qu'en tentant sans arrêt de faire qu'il arrive quelque chose, ou d'oublier qu'il n'arrive rien. Telle nous paraît être la fonction de l'alcool[b] et de la violence. On pourrait probablement lire cette dernière comme une simple manifestation d'un rapport sado-masochiste entre les deux amants. Pourtant, si ce rapport n'est pas absent, la dureté continuelle de Michel plaît essentiellement à Suzanna parce qu'elle lui donne l'impression que le temps ne s'enlise plus :

> SUZANNA, *baisse les yeux* : Tu es toujours aussi dur ?
> MICHEL, *temps* : Non. (*Temps*) Ça te plaît ?
> SUZANNA, *élan profond* : Oui. (*Temps long*) Je crois que j'attendais depuis longtemps de... (*elle sourit*) de te rencontrer, tu vois. (*Temps*)
> Il y avait autour de moi trop de douceur.
>   (p. 28)

De même l'alcool est le seul moyen qui leur reste pour oublier l'absence d'amour qu'ils avaient posée une fois pour toute au début de leur relation, comme fondatrice de cette dernière :

> « Nous aurons une histoire sans importance. Ne va pas t'imaginer que c'est la passion. »
>   (p. 27)

Car à présent, Suzanna découvre l'horreur de cette absence qui recrée le vide où elle a toujours vécu :

> « On ne voit rien. Nous n'avons rien devant nous. (*Temps*) Rien n'arrivera. (*Temps*) Nous ne nous aimons pas et... c'est tellement fort entre nous et rien n'arrêtera ça justement... la nuit, si on ne buvait pas on

---

a. De même, Anne-Marie Roche disait dans *La Musica* : « Vous savez, c'est tout-à-fait terrible d'être infidèle pour la première fois... c'est... épouvantable. » (*Théâtre I*, p. 158)

b. On sait que l'alcool est l'un des motifs majeurs de l'œuvre durassienne, de *Moderato Cantabile* à *La Vie Matérielle*. V. aussi *M.D.* de Yann Andréa (Minuit, 1983).

ne le supporterait pas, on s'en irait. Ou bien… (*Arrêt*) Je ne savais pas que cela pouvait être aussi effrayant de ne pas s'aimer. »   (p. 44)

Pourtant, alcool et violence ne sont jamais que des pis-aller qui ne remplacent pas la lente maturation de la durée. Celle-ci est inscrite au cœur même de l'étrange relation des deux personnages : elle supplée à l'amour absent.

> MONIQUE, *temps* : Depuis tout à l'heure tu parles d'une histoire sans importance, je ne comprends pas très bien…
> SUZANNA : Elle est sans importance mais elle dure, tu vois. (p. 43)

Or la durée est un piège, car elle finit par provoquer la révélation de l'amour dont elle comblait d'abord le vide. C'est cette révélation qui clôt la pièce. Celle-ci en effet a beau se terminer sur un « peut-être » (« Peut-être que je t'aime »), nous savons, nous spectateurs, même sans avoir sous les yeux les didascalies, que « c'est le moment où l'amour passe réellement entre eux, étouffant ». Mais il aura fallu pour cela que Suzanna puisse s'écrier, en parlant de leur liaison :

> « Tu avais dit quinze jours, et c'est sans fin. Pourquoi ? Pourquoi ? »
> (p. 77)

Enfin, notons que cette révélation passe aussi par la médiation d'un autre amour, sur lequel les personnages posent leur regard :

> MICHEL, *temps* : Tu n'as pas pensé… qu'autre chose… une autre histoire, plus, plus lointaine… intervenait ? Mais sans qu'on le sache ? Sans qu'on la voie ?
> *Elle écoute. Sa tête est sur son épaule. Il a posé son visage sur ses cheveux.*
> MICHEL : …et que chaque nuit… à un moment donné… après… tu vois Suzanna, *après*…, elle entre dans la chambre et nous… nous sommes assassinés… tu comprends Suzanna ce que je veux dire, je suis sûr que tu comprends Suzanna…
> *Silence*
> MICHEL : Comme… comme un autre amour, tu vois…   (p. 77-78)

Côte à côte, Suzanna et Michel se rencontrent vraiment, pour la première fois peut-être, dans cette vision commune, alors que jusque là ils n'avaient cessé de se dérober l'un à l'autre par le mensonge ou le silence. Alors seulement, les voix se répondent, parce qu'elles ont cessé de s'adresser l'une à l'autre :

> MICHEL : Un frère. Imagine un frère que tu aurais aimé.
> *Silence*
> SUZANNA, *étonnement profond* : Un frère…
> MICHEL : Oui.
> *Silence*

SUZANNA : Nous ne le savons pas ?
MICHEL : Si. (*Temps*) Moins que les autres qui vous regardent.
Immobiles, toujours enlacés.
SUZANNA, *mots arrachés* : Un amour... invivable ? une agonie ?
MICHEL : Oui. (*Temps*) N'importe quel... autre est plus attrayant que
celui-là.
Long silence
SUZANNA, *opacité* : Peut-être que nous nous aimons pour cet amour
où personne ne s'aime ?
*Silence. Il ne répond pas tout de suite. Cette phrase ne sera jamais
explicitée.*
MICHEL : Peut-être que nous nous aimons.

De même qu'Agatha et son frère, dans *Agatha*, ne pourront vivre leur
amour incestueux, « criminel », qu'en le projetant sur un autre
homme, une autre femme, Suzanna et Michel ne parviennent à la connaissance de leur propre amour qu'en se tournant vers cette « agonie », cette histoire plus lointaine où l'amour est impossible. D'ailleurs Michel ne serait-il pas ce frère aimé d'Agatha, et cette histoire
lointaine ne serait-elle pas celle d'*Agatha*[a] ? Il serait intéressant de jouer
Suzanna Andler dans la continuité de cette dernière pièce.

X. LE THÉÂTRE DE LA MÈRE (*DES JOURNÉES ENTIÈRES DANS LES ARBRES, L'EDEN CINÉMA*)

De son enfance indochinoise, Marguerite Duras a « tiré » un certain nombre d'œuvres : des romans bien sûr, avec *Un Barrage contre
le Pacifique* (1950), *Des Journées entières dans les arbres* (1954), et
L'Amant (1984), mais aussi deux pièces, avec l'adaptation de *Des Journées...* (1968) et celle du *Barrage....* (*L'Eden Cinéma* — 1977). A chaque fois l'action s'ordonne à partir du personnage de la mère de
l'auteur, femme excentrique, douloureuse, exubérante, folle, incom-
préhensible, qui construit un théâtre tout autour d'elle. Dans la pièce
Des Journées entières dans les arbres et dans *L'Eden Cinéma*, la singularité de ce caractère nous est rendue perceptible par des moyens
totalement opposés, qui constituent en quelque sorte, là aussi, deux
étapes de l'écriture dramatique de Duras. Tout comme dans le cas des
Viaducs de la Seine-et-Oise et de *L'Amante anglaise*, le continuel retra-
vail qu'opère l'auteur sur ses divers textes (ici, plus largement sur l'histoire de la mère) nous est un instrument précieux pour mesurer la distance parcourue entre les différentes approches, et tout particulièrement dans le cas présent, entre les différentes façons d'aborder le problème de l'adaptation.

a. v. *infra* pp. 186-190.

Les deux versions de *Des Journées entières dans les arbres*, sont en fait, on le voit au su des dates, encadrées par les deux versions du *Barrage*... Ces dernières sont, elles, presque aux deux extrémités de l'œuvre de Duras. C'est pourtant par les premières qu'il convient de commencer, du fait des liens classiques d'hypotexte à hypertexte qu'elles entretiennent entre elles. En effet, entre le roman et la pièce créée à l'Odéon en 1965, il existe une grande unité structurelle. Très certainement parce que le récit de 1954 s'inscrit déjà en partie dans une évolution vers l'œuvre intergénérique, mais aussi parce que la transposition scénique innove assez peu, il faut le dire, dans ses modalités. L'« intrigue » est rigoureusement identique dans les deux cas. Une vieille femme, propriétaire d'une usine dans les anciennes colonies, se rend à Paris pour acheter un lit dans les grands magasins. Mais elle est surtout là pour une ultime visite à son fils, avant de s'en retourner mourir chez elle : « Voir Naples et mourir » lance-t-elle en riant à l'intéressé. C'est une femme très riche, qui porte sur elle des bracelets d'or massif. Le fils, au contraire, vit chichement, dévoré par le démon du jeu. Pour subsister, il travaille dans un « night-club » où il a pour tâche de faire danser les clientes esseulées. Avec lui habite une jeune femme un peu simple, Marcelle, qu'il n'aime pas, mais qu'il garde avec lui pour ne pas rester tout-à-fait seul. Il est ce que certains appellent un médiocre, ce que la mère nomme quant à elle, plus tendrement, « un éternel enfant ». Pourtant, ce fils-là, sa déchéance, qui l'a déjà ruinée une fois, le seul de ses six enfants qui n'ait pas « réussi », est aussi son unique amour. Et l'on comprend qu'elle vient lui rendre cette dernière visite avec tout à la fois la crainte et l'espoir de le retrouver tel qu'il a toujours été, vil, lâche, douloureux, « extraordinaire ». Les retrouvailles sont donc scellées autour d'une énorme choucroute, payée avec quelques billets d'une immense liasse donnée par la mère. Celle-ci dévore, boulimique, au côté de ses deux hôtes qui ont perdu l'habitude de manger à leur faim. Après avoir renoncé à acheter le lit prévu, les trois personnages se rendent, le soir venu, dans la boîte de nuit où officient le fils et sa compagne. Là, la mère juge en quelque sorte de l'étendue du désastre, en voyant la situation de son enfant. Grisée par l'alcool elle frôle le scandale et rentre se coucher, tandis que le fils court perdre autour du tapis vert l'argent donné par la vieille femme. Dépouillé de tout, il finit par rentrer chez lui et s'empresse de s'emparer des bracelets en or déposés en évidence par la mère. Il repart les jouer, sachant qu'à son retour celle-ci, qui a décidé de s'en retourner le lendemain, ne sera sans doute plus là. Réveillée, la vieille femme s'aperçoit du vol de ses bijoux et parle une dernière fois avec douceur de cet enfant pas comme les autres, qui, petit, passait des journées entières dans les arbres. « Ce... prince, oui... mon enfant... »

Entre le roman de 1954 et la pièce jouée en 1965, les différences sont, comme nous l'annoncions, finalement assez peu importantes. L'action est, dans un cas comme dans l'autre, concentrée sur quelques heures, de l'arrivée de la mère à son coucher, prélude à son départ. La version scénique demande quelquefois certains aménagements : ainsi la sieste qui suit le repas (p. 42 du roman) est remplacée par le deuxième tableau qui nous présente les trois protagonistes en train de marcher sur le boulevard Magenta. Ils reviennent des Galeries Barbès, où la vieille femme a renoncé à s'acheter un lit. Un dialogue se substitue donc au vide du sommeil romanesque. Par ailleurs, la pièce gagne en tension, en créant, différemment, ses propres creux, et en faisant ainsi intervenir la douleur de la durée. Par exemple, à la place du long reprisage des torchons, qui sert de fond à la conversation d'après le repas dans le roman, intervient la partie de dames quasi-muette qui clôt le premier acte. Partie qui, dans sa brièveté, suffit à traduire, mieux que toute autre scène, l'obsession du désœuvrement :

> LE MÈRE, *marmonnant* : Tout ce temps jusqu'au dîner, il faut l'occuper, tout ce temps qui reste... Qu'allons-nous devenir ?
> MARCELLE, *merveilleuse* : Nous trouverons comment nous occuper.
> *Du temps passe. Tout à coup, d'un revers de main, la mère balaie le damier, écarte les pions de Marcelle et fait une « dame ». Tout le jeu tombe par terre. Marcelle le ramasse en silence.*
> LA MÈRE : Dame !   (p. 108-109)

Reste pourtant que, si la pièce innove en quelque domaine, ce n'est pas sur le plan des structures, et, en ce sens, *Des Journées entières dans les arbres* est sans doute la moins durassienne des œuvres de la dramaturge. Le dialogue demeure assez classique ; il est constitué d'échanges informatifs qui nous apprennent quelle fut l'enfance du fils, quelle est sa vie actuelle, etc. Les scènes tendent essentiellement à représenter ces échanges. Tout le troisième tableau, en particulier, vise à donner l'illusion du « night-club », et cela est manifeste au travers de la figuration. En effet, outre les trois personnages principaux et Monsieur Dédé, le barman, la scène comprend quinze comparses divers, soit « deux habitués du bar », « deux jeunes gens », « un trio », « un client », « une cliente », « deux entraîneuses », et deux couples. Or, il est certain que ces éléments donnent à l'ensemble un aspect concret et « réaliste », qui semble aller contre le théâtre durassien dans son ensemble. Il peut être intéressant, à ce propos, d'opposer à la tentation présente dans *Des Journées entières dans les arbres* ce que Marguerite Duras disait de l'écriture filmique d'*India Song*, et plus particulièrement de la séquence principale de la réception :

> « (...) quand j'ai fait mon premier découpage, il y avait une figuration. C'est petit à petit, le film avait du retard heureusement, au cours du printemps de l'année dernière, que je me suis aperçue que cette figuration était complètement formelle et fonctionnelle et que si j'avais fait grouiller du monde autour d'Anne-Marie Stretter et du Vice-Consul, ç'aurait été pour faire croire à une certaine réalité des choses de Calcutta et de Lahore. Alors qu'au contraire il me fallait vider l'endroit de tout superflu, de toute figuration, *afin que* ce que je voulais *dire* soit visible en toute clarté, c'est-à-dire que Anne-Marie Stretter soit Calcutta et que le Vice-Consul soit Lahore, et qu'à eux seuls ils fassent les deux villes, et qu'il n'y ait besoin d'aucun pantin à côté pour le faire croire. »[1]

Or précisément, la pièce *Des Journées entières dans les arbres* a tendance à aller dans ce sens du trop plein. Beaucoup plus de choses nous sont données que dans les autres œuvres du dramaturge.

Il convient cependant de nuancer ce qui précède en remarquant que si l'image scénique voulue par l'auteur est assez traditionnelle, on sent malgré tout que le dialogue joue souvent en trompe-l'œil. Il provoque notre hésitation face aux événements rapportés par la mère et son fils. L'exubérance de la première, sa folie presque, jettent le doute et l'équivoque sur l'ensemble de la situation, failles où le spectateur peut trouver sa place. Ainsi en est-il du récit de l'enfance qui donne son titre à l'œuvre :

> LA MÈRE, *sourde* : Parce que tu dormais, que tu ne voulais pas aller à l'école, et que, moi, je te laissais dormir, je pleurais.
> LE FILS, *négligeant la cliente* : Mais non, maman, mais non...
>   *Il prend peur*
> LA MÈRE : Si... Tous les enfants du monde dormiraient comme ça si on ne les réveillait pas. Et le monde s'en irait en lambeaux. Je ne te réveillais pas.
> LE FILS : Mais si, tu me réveillais (...)
> LA MÈRE : Non, ce n'est pas vrai (...)
> LE FILS, *avec énergie* : Tu me réveillais, tu me réveillais. Arrête ! (...) C'est moi, tu entends ? Ne recommence pas avec cette histoire. C'est moi qui, une fois réveillé, montais dans les arbres.   (p. 126)

Cette peur du fils face aux récits de la mère est diffuse dans toute la pièce, car il perçoit bien la propension de l'imagination à piéger la mémoire, et par là-même à piéger sa propre existence de fils. Jean-Louis Barrault, metteur en scène de la création, remarque :

> « (...) dans *Des Journées entières dans les arbres* on sent qu'il y a une espèce de terreau de mémoire et en même temps grâce à ce terreau il y a une espèce de poussée de sève inventée qui lui fait créer son objet de façon subjective. »[1]

Et toute la pièce repose sur cette tension que ne fait peut-être qu'accroître l'affirmation de Marcelle à Jacques :

> « *Tu es l'enfant qu'elle a désiré que tu soies.* »   (p. 144)

Lui, l'« homme en carton-pâte », le « jeune premier vieilli », est « ce jeune homme, cet enfant, ce... prince » qu'elle voit en lui ; non parce qu'il est son fils — la vieille femme méprise ses autres enfants — mais parce qu'il est, précisément, « homme en carton-pâte », etc.

D'un point de vue diégétique, *L'Eden Cinéma* est antérieur à *Des Journées entières...* Il reprend l'ensemble de l'histoire de la mère et de la Suzanne du *Barrage contre le Pacifique*. En comparant hypotexte et hypertexte, on note, tout comme dans le cas du doublet de *Des Journées...*, une parfaite similitude structurelle. Aux deux parties du roman correspondent les deux parties de la pièce qui renvoient aux mêmes séquences chronologiques : avant le départ pour Saïgon, après le départ. Qui plus est, à l'intérieur de chaque partie, les épisodes de *L'Eden Cinéma* répondent à ceux du *Barrage* : histoire de la mère, histoire du cheval, apparition de M. Jo, etc. Enfin, l'on retrouve exactement les mêmes personnages : la mère, Suzanne, Joseph, M. Jo, et le Caporal.

Pourtant, cette similitude ne doit pas nous tromper. Il y a loin de l'adaptation de *Des Journées entières dans les arbres* à celle du *Barrage*. Dans le premier cas, nous avions un travail en quelque sorte conforme aux lois du genre (conservation du dialogue, réécriture du discours narratif en didascalies, ou, le plus souvent, suppression de ce discours, etc.) ; dans le second cas, la transposition scénique conduit Duras à inventer une nouvelle écriture. Ainsi les échanges classiques passent à l'arrière-plan. Ils deviennent pour ainsi dire des parenthèses dans le récitatif des enfants. Celui-ci occupe, en effet, la majeure partie de l'œuvre et n'est coupé que par quelques dialogues traditionnels : citons principalement celui avec M. Jo (Duras annonce d'ailleurs alors : « *Première scène jouée* » — p. 43), la discussion entre Suzanne et la mère dans l'hôtel de Saïgon (« *scène jouée* » — p. 103) et les dernières paroles de Joseph à sa mère et à sa sœur (p. 135). Le reste des échanges est éparpillé en quelques points isolés. Là s'arrête la représentation, celle-ci n'étant que le contrepoint de la parole vraie que se partagent Suzanne et Joseph.

Ces derniers, en effet, prennent en charge le récit de l'histoire. Ils se relaient l'un l'autre, d'abord pour nous conter le passé de la mère :

> JOSEPH : La mère était née dans le nord de la France, dans les Flandres françaises, entre le pays de mines et la mer (...)
> SUZANNE : Prise en charge par le département,
> Elle avait fait une école normale d'institutrice.   (p. 12-13)

Très vite, cependant, l'on rentre dans le présent de la concession et du barrage :

> JOSEPH : On est en 1924.
> Des milliers d'hectares sont lôtis dans la plaine ouest du Cambodge, le long de la chaîne de l'Éléphant.

Ainsi, le présent lui-même nous est donné à entendre, c'est-à-dire à imaginer. Il n'est pas représenté, mais mis à distance par le biais de la parole. Qui plus est, les personnages sont doublés par leur propre voix qui intervient en *off* et qui creuse un peu plus l'écart entre eux et cette parole de l'histoire. Claude Regy déclare même qu'il s'agit là de « la plus originale tentative de Duras pour éliminer les artifices du théâtre et provoquer l'imagination du spectateur »[1]. Il précise par ailleurs la nature de cette innovation, en décrivant ainsi les principaux axes de son travail de metteur en scène :

> « Nous jouons sans décor. Tout se passe sur les visages devenus surface de lecture. Mon propos consiste à éviter que l'on puisse identifier l'acteur à son personnage, et c'est pourquoi chacun de ces derniers est présent à la fois par la silhouette et les répliques du comédien en scène et par une voix « off » qui décrit ses sensations. Cette formule est dictée par le fait que Marguerite Duras passe de la littérature au théâtre sans différenciation de l'écriture. »[2]

De fait, nous ne sommes pas loin de ces lectures du Théâtre du Rond-Point que nous évoquions plus haut : Suzanne, Joseph et leurs doubles recueillent la voix du narrateur du *Barrage*. Ils sont tout à la fois eux-mêmes et ce dernier, à cheval sur les deux fonctions, dans cette zone trouble du récitatif. Il ne s'agit donc plus de montrer mais d'évoquer, plus de construire mais de faire construire. C'est au spectateur d'agir.

Le personnage de la mère suit un traitement semblable et plus étrange aussi. Car il est constamment le centre de la scène et l'objet de la parole, tout en demeurant comme extérieur à ce qui se produit .

> *La mère restera immobile sur sa chaise, sans expression, comme statu-*
> *fiée, lointaine, SÉPARÉE — comme la scène — de sa propre histoire*
> *(...) La mère — objet du récit — n'aura jamais la parole sur elle-même.*
>
> (p. 12)

Toute la force et l'originalité de l'œuvre résident peut-être dans cette ambiguïté d'un personnage qui est à la fois dedans et dehors, présent et absent, symbolique d'une parole qui n'ayant pas de lieu est de partout (un peu comme l'interrogateur de *L'Amante anglaise* qui s'imposait par sa non-présence, sa non-existence).

XI. *AGATHA*

Un homme, une femme, prêts à se quitter pour toujours. Un frère, une sœur, qui s'aiment d'un amour inaltérable parce qu'interdit, « criminel ». Dans la maison de leur enfance, cette villa Agatha qui donna son nom à la jeune femme, ils viennent, une dernière fois, consommer la séparation de leurs corps. C'est elle qui part, elle qui a pris la décision qu'ils savaient depuis le premier instant devoir être prise. Elle a été mariée, a eu des enfants ; lui aussi. Mais c'est avec un autre homme encore qu'elle part, pour fuir ce frère et pour le retrouver enfin, « hors de toute atteinte réciproque ». Au seuil de leur douleur, ils revoient vivre devant eux les vacances d'Agatha et de son frère. « C'est l'été d'Agatha » dans leurs yeux fermés par le trop grand désir de se regarder. C'est la plage, la peur de la mer, la peur pour l'autre qui nage au loin. Puis c'est le grand hôtel abandonné des bords de Loire ; le piano où Agatha essaie de jouer une valse de Brahms mais ne le peut pas ; son frère qui la joue en entier ; leur mère qui retrouve ses enfants, inquiète de leur disparition. Puis c'est la chambre d'Agatha et son corps nu d'enfant regardé par le frère. Ce sont les parents découvrant cet amour ; le mariage avec un autre homme, une autre femme. Puis le retour à l'instant présent, le retour à la séparation, à l'intolérable.

Jamais plus que pour *Agatha*, peut-être, l'exégète ne sent combien paraît futile la tentative d'« analyser » ces œuvres qui nous intéressent, afin d'en donner, comme point de départ, un aperçu d'ensemble. La pièce est sans conteste l'une des plus « achevées » de Duras, l'une des plus douloureuses, mais aussi à l'en croire l'une des plus heureuses. Du film réalisé à partir du même texte, l'auteur disait en effet à Montréal :

> « (...) c'est le film sur le bonheur parce que c'est le film sur l'inceste. Il s'agit d'un amour qui ne se terminera jamais, qui ne connaîtra aucune résolution, qui n'est pas vécu, qui est invivable, qui est maudit, et qui se tient dans la sécurisation de la malédiction. »[1]

Cette douleur et ce bonheur mêlés tiennent notamment au fait que Marguerite Duras invente presque ici une nouvelle forme de tragique. Il ne s'agit plus d'une fatalité subie, écrite depuis longtemps dans l'histoire et le temps, mais d'une fatalité quasiment construite, désirée et choisie. Agatha et son frère ne se quittent pas *invitus invita*, comme le font les amants raciniens — auxquels ils font par ailleurs si souvent penser. Ils se quittent parce qu'ils se sont toujours promis de le faire, elle tout au moins :

> « Vous en parliez comme d'une obligation qui aurait dépendu de notre seule volonté (...) Vous disiez je crois que si lointaine qu'elle soit il nous faudrait provoquer cette obligation de nous quitter, qu'un jour il nous faudrait choisir une date, un lieu, et s'y arrêter[a] (...) »   (p. 89)

L'accomplissement passe par la renonciation pleinement vécue, et l'on pense cette fois aux Prouhèze et Rodrigue claudéliens. Ici cependant, comme dans de nombreux amours durassiens, l'acte charnel a bien lieu, mais *au travers d'une substitution*. Jean Pierrot, dans son importante étude sur l'auteur, parle d'un processus de « délégation »[2] : Agatha s'en va pour aimer son frère *au travers* de ce jeune homme de vingt-trois ans qui ressemble à celui qu'il était sur la plage de leur enfance. On peut pourtant se demander si cette substitution n'est pas pour ainsi dire extérieure au tragique lui-même[b]. Une sorte de prétexte ou d'alibi.

---

a. Dans *M.D.*, Yann Andréa rapportera ces paroles de Duras, un soir d'amour et d'alcool : « On pourrait se fixer une date, une heure précise et mourir. » (Minuit, 1983 — p. 37)

b. On pourrait reprocher à Jean Pierrot de vouloir à tout prix expliquer le départ, lui donner un fondement complètement rationnel (« C'est cette volonté de substitution qui permet de rendre compte de certaines paroles, sinon incompréhensibles » p. 316).Le procédé se retrouve d'ailleurs dans toute l'étude. Le problème est qu'à vouloir combler tous les manques, on risque peut-être de passer à côté de l'essentiel.

Plus essentielle est certainement cette décision de se quitter *à cause* de l'amour. Il y a là une contradiction apparente qui constitue tout le ressort de la pièce :

> « Je pars pour aimer toujours dans cette douleur adorable de ne plus te tenir, de ne jamais pouvoir faire que cet amour nous laisse pour morts. »   (p. 19)

Toute l'œuvre est en fait construite sur ce modèle de forces contraires qui s'engendrent, se repoussent et s'attirent.

Ainsi est-ce particulièrement évident au niveau des indications scéniques qui portent essentiellement sur les rapports physiques entre les personnages. Elles tracent en effet un double parcours, celui des corps et celui des regards. Les corps, d'abord, ne se touchent jamais. Parfois, semble-t-il, ils se frôlent, puis s'écartent aussitôt malgré le désir croissant. On peut même noter que l'auteur indique à plusieurs reprises un tel éloignement des corps, sans que rien auparavant ait suggéré qu'ils s'étaient rapprochés. Comme si, avec la montée de ce désir terrifiant, les deux êtres ne pouvaient que s'éloigner toujours plus l'un de l'autre. Lorsque, une fois, le rapprochement est explicité, il n'est qu'une forme supérieure de la séparation :

> « Ils se rapprochent un peu. Restent rapprochés mais hors de toute atteinte réciproque. »   (p. 41)

D'autre part, on remarque en plusieurs occasions une incompatibilité étrange entre parole et mouvement :

> « *Silence. Puis ils se déplacent, toujours entre les propos (...) une fois immobiles, ils parlent.* »   (p. 24)

> « *Ils bougent sans parler puis de nouveau s'immobilisent et parlent. Ils ne parlent jamais dans le mouvement.* »   (p. 50)

> « *Ils marchent. Ils s'arrêtent. Et puis ils parlent encore. (...) Ils marchent. Puis ils s'arrêtent et ils parlent.* »   (p. 58)

Comme si le surgissement de la parole empêchait tout mouvement, comme si tout était suspendu pour laisser place à l'épanouissement du verbe. Du contraste entre le désir qui écrase les amants et cette immobilité de leur corps[a], naît alors une tension inouïe. Cette dernière se retrouve dans le jeu des regards que dirige une partition très serrée (*Ils se regardent... ils ne se regardent plus...*, etc.). Leurs yeux s'appellent sans cesse et pourtant se détournent, « comme s'ils étaient dans l'impossibilité de se regarder sans courir le risque irrémédiable

---

a. Duras parle ici ou là de leur « raideur », voire de leur « raideur effrayante ».

de devenir des amants » (p. 59). Comme si un gouffre les séparait et qu'ils étaient tentés de s'y laisser tomber pour s'y retrouver vraiment unis. Souvent même, l'appel passe par la séparation d'avec le monde présent sur lequel ils ferment tous deux les yeux :

> « Silence. *Il l'appelle les yeux fermés (...) Silence. De même elle répond, les yeux fermés.* »   (p. 30)

Ainsi épurent-ils, à leur façon, la réalité. La sobriété durassienne atteint peut-être ici son comble. La passion est hurlée sans un cri, la plus grande douleur est prononcée sur le ton d'une douceur insupportable. Tout est dit dans le plus grand silence, dans le calme le plus profond, pour parvenir à cet échange hallucinant :

> LUI : Je vais crier. Je crie.
> ELLE : Criez.
>   *Tous les paliers du désir sont là, parlés dans une douceur égale.*
> LUI : Je vais mourir.
> ELLE : Mourez.
> LUI : Oui.   (p. 41)

Jamais sans doute le silence n'avait eu une telle force.

Le vrai moyen de ne pas se blesser, de trouver ce bonheur dont parle l'auteur, n'est pourtant ni dans le geste de se détourner l'un de l'autre, ni dans le silence, ni dans l'échange de mots, mais dans le regard porté conjointement sur le passé. En ce sens, Agatha et son frère symbolisent parfaitement le couple durassien : ni face à face, ni dos à dos, mais côte à côte, tourné vers l'horizon de ce que nous appelions récitatif. Les personnages ne *se parlent* pas, ils *parlent de*. On trouve dans *Agatha* près de dix moments semblables, où les deux protagonistes se rejoignent par-delà la douleur :

— « Je vois que vous avez quinze ans, que vous avez dix-huit ans... » (p. 14 et sq.), la peur atroce d'Agatha de voir son frère englouti par la mer.

— « C'est l'été d'Agatha... » (p. 22), la peur semblable du frère face à la baignade d'Agatha[a].

— « C'était il y a longtemps maintenant... » (p. 24-32), la promenade à travers l'hôtel désert, sur les berges du fleuve.

---

a.   De même Jean Andler voyant nager Suzanna, ou l'homme de la pierre blanche regardant Savannah. Cette peur de voir l'autre se noyer est un thème récurrent de l'œuvre durassienne.

— « La mer est tiède. Très calme… » (p. 44-52), la sieste d'Agatha et l'amour incestueux — *qui n'est lui-même « consommé » que par le regard*[a].

— « J'ai rejoint ma sœur… » (p. 53-58), l'heure passée sur la plage, hors du temps (les deux adolescents ont une heure d'avance sur le monde extérieur).

— « Il a votre âge… » (p. 59-63), l'autre homme, l'amant d'Agatha qui emporte celle-ci loin de son frère.

— « Tu disais : « Regarde Agatha… » (p. 60-62), les enfants et leur mère.

— Je ne sais plus notre âge à ce moment-là… » (p. 63-65), les « lectures illimitées »[b], celle de *L'Homme sans qualités*, de Robert Musil, hypotexte lointain d'*Agatha*.

Cette proposition de découpage est sans doute arbitraire ; elle permet seulement, peut-être, de repérer quelques-unes des voix qui s'entremêlent et constituent la « plainte-chant » des amants, pour reprendre une expression de Gilles Costaz[1]. Car chant il y a, qui structure chacune de ces voix. Le rythme est d'ailleurs donné par d'incessantes répétitions qui scandent la douleur :

> « Vous aviez toujours parlé de ce voyage. Toujours. Vous avez toujours dit qu'un jour ou l'autre l'un de nous deux devrait partir. Vous disiez : « Un jour ou l'autre il le faudra ». »   (p. 8)

> «. — C'était dans la chambre ici.
> — Oui, il y a un an. Dans votre chambre ici, oui. Dans cette chambre-là. »   (p. 17)

Les mots sont prononcés, abandonnés, puis repris, et la parole comme la mer qu'on entend au dehors, avance puis recule, puis réavance, obstinée, progressant lentement avec la montée du désir.

> « C'était un été plus fort que nous, plus fort que notre force, que nous, plus bleu que toi, plus avant que notre beauté, que mon corps, plus doux que cette peau sur la mienne sous le soleil, que cette bouche que je ne connais pas. »

Agatha est sans doute cet été qui nous submerge.

---

a. « je n'ai pas de souvenir de… non… je n'ai de souvenir que de… vous avoir vue, pas d'autre chose, d'aucune autre chose que de vous avoir… vue. Regardée. » (p. 56)

b. L'expression est dans le titre du film.

XII. *SAVANNAH BAY*

Une jeune femme vient comme tous les jours rendre visite à Madeleine, vieille comédienne « dans la splendeur de l'âge », dont elle s'occupe avec amour. Aujourd'hui, elle lui fait écouter une chanson d'autrefois, *Les Mots d'amour* d'Edith Piaf[a] : « C'est fou c'que j'peux t'aimer, C'que j'peux t'aimer des fois, Des fois j'voudrais crier ». Chanson douloureuse qui réveille en Madeleine des images du passé. Lentement, patiemment, la Jeune Femme cherche à amener cette dernière à se souvenir. Elle lui demande de lui raconter l'histoire, comme elle le fait chaque fois. Histoire en morceaux dont on saisit des bribes ; histoire d'une pierre blanche recevant le corps d'une jeune fille en maillot noir ; histoire d'un homme amoureux de cette jeune fille ; histoire d'un petit enfant né peut-être de leur union ; histoire du suicide d'une jeune fille au sortir de ses couches ; histoire du désespoir d'un homme crié dans les marécages ; histoire enfin d'une comédienne mourant chaque soir sur les planches, d'une comédienne tournant un film à Savannah Bay, avec Henri Fonda. Peut-être la jeune fille était-elle l'enfant de Madeleine ; peut-être l'enfant de cet enfant était-il la Jeune Femme ; peut-être le film était-il l'histoire de Savannah. L'histoire ne le dit pas. L'histoire dit seulement qu'on ne peut dire l'histoire et qu'un jour la Jeune Femme quittera Madeleine qui joue sans doute ici sa dernière pièce, sa dernière comédie, sa dernière tragédie : celle de la mémoire.

De *Savannah Bay*, le lecteur possède deux versions[1] qui lui permettent de confronter deux étapes de l'écriture durassienne, mais cette fois à quelques mois d'intervalle seulement. La première est celle qui précéda la création au théâtre du Rond-Point (27/9/83), la seconde est au contraire le résultat du travail scénique opéré lors de cette création. Entre l'une et l'autre il existe un certain nombre de différences qu'il nous paraît important d'aborder tout d'abord. Car elles mettent, là encore, en évidence quelques-uns des principaux traits du processus de l'écriture chez Duras.

---

a. Coïncidence ? hommage implicite ? On a parfois considéré Duras comme « l'Edith Piaf du Nouveau Roman » — v. Marcabru (Pierre), « Un charme sournois » — *Le Figaro* (27-28/9/82)

Dans les deux cas, l'on retrouve les mêmes personnages, bien sûr, les mêmes dialogues le plus souvent, et une même progression. Pourtant, la première version rappelle un peu, dans sa construction référentielle, le cadre de *Des Journées entières dans les arbres* et sa tendance « réaliste » :

> « Sur la scène il y a deux lieux qui se suivent : une espèce de *cosy-corner* à gauche, un peu escamoté, et au milieu de la scène une table et trois chaises. »   (p. 9)

Nous sommes donc dans un espace traditionnel, connotatif, représentatif. Madeleine est située. On pourrait presque la définir : une vieille femme vivant probablement avec ses enfants qui l'ont recueillie et chez qui elle habite cette chambre à part. Mais dès que l'on passe effectivement à la scène, cette vision change, comme en témoigne un entretien entre l'auteur et le scénographe, Roberto Plate :

> M.D. : (...) Est-ce que c'est un appartement ? C'est-à-dire un décor réaliste, *plausible*. Est-ce que c'est un appartement comme je le dis dans la description de la scène en préface, avec un *cosy-corner*, une table, des chaises, des divans ? ou bien est-ce que c'est un lieu mythique ?
> R.P. : Je cherche plutôt vers cette dernière idée.
> M.D. : Moi aussi.[1]

Ainsi aboutit-on à ce dépouillement qui caractérise la seconde version :

> *La scène est presque vide. Il y a six chaises et deux bancs recouverts de housses claires, et une table. Le sol est nu. Le tout doit occuper un dixième de l'espace de la scène.*   (p. 93)

Toute volonté de placer les personnages dans un cadre trop familier a donc disparu. De même que la parole procède par élimination du superflu pour remonter au nécessaire, de même l'espace abolit ses références.

Par ailleurs, la première édition de l'œuvre faisait intervenir un monde extérieur qui agissait sur Madeleine et la Jeune Femme, et allait lui aussi dans le sens d'un arrière-plan réaliste, c'est-à-dire transparent, immédiatement lisible. Pour *authentifier* la représentation, une vie autre que celle de la scène venait s'inscrire dans l'espace jouxtant cette dernière :

> *Madeleine désigne l'arrière de la scène.*
> MADELEINE : Qu'est-ce que c'est ?
> JEUNE FEMME : C'est Jean et Hélène. Ils ont apporté un disque pour vous. (*Temps*) Ils sont repartis. (*Au cours de la pièce il y aura ainsi des visites de « Robert », de « Suzanne », de « Jean-Pierre », de « Claude », etc., générations issues d'elle, qui passent par là, mais qui jamais ne seront vues. Seulement entendues de loin.*   (p. 11-12)

Dans la seconde version ces personnages n'existent plus. Il ne reste que les deux voix de Madeleine et de la Jeune Femme, perdues entre théâtre et souvenir. L'arrière-monde disparaît ; la scène s'émancipe totalement de la coulisse[a], pour se poser en une totalité indépendante, sans attaches, et surgie du vide. De sorte que là aussi, l'écriture progresse en éliminant tout ce qui la détourne de l'essentiel.

L'originalité majeure de l'œuvre est pourtant davantage dans cet élément commun aux deux versions qu'est le travail destructeur du souvenir. La Jeune Femme vient régulièrement auprès de Madeleine pour tenter de saisir ce passé qui probablement est le sien au travers de sa mère et de sa grand-mère. Mais la mémoire de Madeleine est comme déchirée, morcelée, insaisissable. De nombreuses didascalies le soulignent :

> *Madeleine reste devant le public pendant le temps du refrain, deux minutes. On dirait qu'elle reconnaît la voix de la chanteuse, mais qu'il s'agit là d'une mémoire fragmentée qui sans cesse se perd, s'ensable.*
> (p. 10-11)

> *Madeleine est comme hantée par une mémoire lézardée à partir du chant.*
> (p. 19)

Des fragments d'histoire resurgissent ici ou là, pêle-mêle, sans qu'il soit possible de les relier à coup sûr et de donner une cohérence à l'ensemble. On passe de la pierre blanche aux marais, des marais au théâtre, du théâtre au film ; des amants de Savannah Bay à la petite fille qui vient de naître, de la petite fille à la comédienne ; d'un passé à un autre. On a presque une sorte de « kaléidoscope de vérités », comme le disait Barbara Bray à propos de Pinget. Avec cette différence fondamentale, cependant, qu'aucune des solutions proposées à l'énigme de l'histoire ne prétend à la véracité. Elles ne sont en fait que la déclinaison de l'oubli. Comme l'a dit d'ailleurs Marguerite Duras :

« On sait qu'on a oublié, c'est ça la mémoire, je la réduis à ça. »[1]

Ce qui rend alors la parole si fragile, c'est qu'elle peut à tout moment être refusée comme perversion du souvenir. Elle finit par être placée

---

a. Cf. ce que dit Jean-Pierre SARRAZAC à propos du « drame bourgeois » : « Depuis Diderot et Beaumarchais, qui imaginaient des scènes invisibles qui étaient censées se dérouler parallèlement à l'action scénique, jusqu'à Antoine et Stanislavski qui, avant de déterminer un décor de salon, construisaient une maquette de la maison entière, le théâtre a été littéralement hanté par la coulisse » (in *L'Avenir du Drame* — Éditions de l'Aire (Lausanne), 1981 — p. 28-29).

exactement sur le même plan que l'imagination, ce que la Jeune Femme
tente parfois de combattre :

> MADELEINE : Je crois que c'était à Montpellier en 1930-35 au théâ-
> tre de la ville. L'auteur était un inconnu. Français je crois.
> *Silence. Le Jeune Femme attend, refuse le souvenir proposé.*
> JEUNE FEMME : Non.   (p. 34-35)
> *Silence. La Jeune Femme ne répond pas. Elle est obstinée dans le refus
> de la mémoire proposée.*   (p. 57)

C'est la conscience de cet inévitable — et peut-être désirable — échec,
qui fait que la Jeune Femme sait qu'un jour ou l'autre il lui faudra
partir, abandonner ce passé qui la fuit, devenir autre.

Car, par ailleurs, ce trouble que jette le souvenir rejaillit sur le
présent. Il rend les personnages étrangers à eux-mêmes. Ainsi la Jeune
Femme ne semble pas parvenir à définir vraiment qui elle est. Et inversement Madeleine ne peut se situer par rapport à elle :

> MADELEINE : Vous êtes ma petite fille ?
> JEUNE FEMME : Peut-être.
> MADELEINE, *cherche* : Ma petite fille ?... Ma fille ?
> JEUNE FEMME : Oui peut-être.   (p. 13)

Le nom même de Savannah jette la confusion car il semble être celui
de la jeune fille morte, comme celui de la Jeune Femme :

> JEUNE FEMME : A l'enfant qui est né on n'a pas donné de nom, je
> vous l'ai dit ?
> MADELEINE : Elle s'est nommée elle-même plus tard.
> JEUNE FEMME : C'est ça. Elle s'est donnée le nom de Savannah.

Qui plus est, dans une certaine mesure, Savannah c'est aussi Madeleine, si l'on en croit le texte d'introduction (« Savannah Bay c'est
toi »). Cette équivalence est en outre soulignée par les photographies
regardées par le protagonistes. On n'y reconnaît plus la jeune fille
qu'elles représentent, qui pourrait être n'importe laquelle des trois
femmes :

> MADELEINE : Tout est possible. Là c'était moi. La ressemblance est
> telle... La date ne compte pas.   (p. 57)

De même, lors de l'épisode des « voix rapportées des amants »
(scène II de la version créée au Rond-Point), Madeleine et la Jeune
Femme se partagent indifféremment les paroles de Savannah ; elles se
relaient pour jouer son rôle. Ainsi leur « je » se perd-il dans celui de
Savannah. De la sorte, le phénomène d'attraction que produit le terme
absent vers lequel se tournent les personnages est ici illustré de façon
exemplaire.

De plus, le présent est aussi doublé par les textes de tous genres qui ont lézardé la mémoire. C'est-à-dire, tout d'abord, les livres de l'enfance :

> MADELEINE : (...) Là, la mémoire est claire, lumineuse. Du moins je crois que là la mémoire est claire. Mais qui sait ? A moins que ce soit ce livre que je vous avais donné, ma toute petite, vous aviez quinze ans. Je ne sais plus. (p. 59)

Mais ce sont surtout les textes vécus sur la scène, autrefois, par la comédienne. On ne peut pas les démêler de la « vraie » vie, car ils constituent tous un passé plausible :

> MADELEINE (*temps*) : Ah (*temps*). C'est possible remarque... avec tous ces textes... apprendre par cœur tout et tout... tellement... (p. 35)

A tel point que la mémoire elle-même passe par la comédie de la mémoire dont nous parlions. Et Madeleine ne cesse de jouer cet ultime rôle.

Car précisément, ce n'est pas un hasard si ce personnage est celui d'une ancienne actrice. Sans doute y a-t-il au départ la volonté de répondre au vœu de Madeleine Renaud qui demanda à l'auteur : « Fais-moi une dernière pièce. » Mais c'est aussi, nous semble-t-il, parce que Duras peut ici — plus ou moins consciemment — mettre en évidence ce qui fait l'essence de son théâtre. Et même peut-être, indirectement, de ce « théâtre du Nouveau Roman » que nous avons vu *s'esquisser* au travers de son œuvre, celle de Sarraute, et celle de Pinget. Ainsi la mémoire défaillante a ici pour effet de multiplier les versions de la pièce et du film que Madeleine paraît avoir joués, à partir de l'histoire de Savannah (p. 123-124). Toutes ces versions coexistent et aucune certitude n'est possible. Tout fonctionne sur le mode du « peut-être » et du conditionnel qui envahit le texte :

> « *Cet événement Madeleine l'aurait connu. La Jeune Femme, non. Il est probable que la naissance de la Jeune Femme coïncide de façon tragique avec cet événement, mais nous ne pouvons pas l'affirmer. Ici rien n'est sûr (...)* » (p. 31)

> « *[la comédie] est complètement exclue de l'amour très fort qui les lie l'une à l'autre à travers la troisième, absente, sans doute morte, sans doute étant celle de la Pierre Blanche — celle des enfants de Madeleine qui est la mère de la Jeune Femme (J'adhère personnellement à cette proposition-là).* » (p. 39)

L'écrivain se sert du privilège de l'auteur omniscient et omnipotent pour expliquer qu'il ne sait rien et qu'il est impossible d'affirmer quoi que ce soit. Le « J'adhère personnellement... » plutôt que de suggérer une solution préférable aux autres traduit la multiplicité des directions plausibles. Et la Jeune Femme tire souvent jouissance de cette incertitude de la mémoire. Sans doute parce que le savoir de son passé détruirait en elle ce passé. Aussi, malgré les apparences, ce n'est pas tant la version authentique qu'elle recherche, que son impossibilité.

> MADELEINE : A force, tous les jours je me trompe... dans les dates...
> les gens... les endroits...
> *Rire subit des deux femmes.*
> JEUNE FEMME : Oui.
> MADELEINE : C'est ce que tu veux ?
> JEUNE FEMME : Oui.   (p. 107)

Or cette pluralité de l'histoire est le moteur même de l'écriture durassienne. La dramaturge, nous l'avons vu, ne cesse de multiplier les versions possibles de ses propres œuvres : *Les Viaducs de la Seine-et-Oise/L'Amante anglaise*, *Un Barrage contre le Pacifique/L'Eden Cinéma*, *Suzanna Andler/Vers Baxter*, etc. L'auteur refuse de choisir un texte, de s'y tenir, de même que rien ni personne ne peut détenir un sens qui est toujours pluriel. Il est significatif que la seule chose dont Madeleine soit réellement sûre soit la pierre blanche où s'allongea un instant Savannah :

> MADELEINE : Je ne suis sûre que de presque rien. (*Temps*)
> La pierre blanche, je suis sûre.   (p. 109)

Pierre blanche et page blanche où l'histoire n'est jamais écrite, pierre blanche du texte absent, pierre blanche du désir d'écrire et pierre blanche du désir.

XIII. *LA MUSICA* ET *LA MUSICA DEUXIÈME*

Michel Nollet et Anne-Marie Roche viennent de divorcer, après plusieurs années de séparation. Dans l'hôtel d'Évreux où ils vécurent les plus beaux instants de leur amour, ils se retrouvent, contraints et forcés par les circonstances. L'un et l'autre doivent y attendre le jour pour repartir avec le nouveau conjoint que chacun s'est choisi. Pour passer le temps, ils se mettent à parler de tout et de rien parce qu'il faut bien commencer. De leurs meubles communs dont aucun des deux ne veut plus ; d'Évreux qui a changé ; de leur ancienne maison où tout est resté en place, « même la télévision » ; d'Un Tel ou d'Une Telle, autrefois leurs amis. Puis, tout doucement, la *musica* de l'amour perce sous les propos : ils se mettent à parler d'eux. Ils veulent comprendre l'enfer passé. Ils veulent surtout faire parler l'autre, le découvrir, maintenant que tout est « fini ». Les aveux viennent peu à peu. Elle l'a trompé, lui aussi. A plusieurs reprises, des coups de téléphone nous rappellent qu'il existe un monde extérieur, un autre homme, une autre femme, qui s'inquiètent d'eux, abandonnés face à face. Et c'est vers cet autre monde que Michel finit par pousser Anne-Marie : « Va attendre dehors que cet homme arrive. » Ici se terminait *La Musica*, publiée et créée en 1965. Vingt ans plus tard, Marguerite Duras reprend son texte et allonge la nuit de cette première version, pour aboutir à ce qui sera la seconde partie de *La Musica Deuxième*ᵃ. En effet, dans la version de 1985, les deux anciens époux, loin de se quitter à cet instant, poursuivent leur confrontation jusqu'à l'aube. La douleur se fait plus grande, et avec elle la passion. Les souvenirs tournent à la vision. Les personnages se défont : « Ils sont beaucoup moins assurés à mesure que passe leur dernière nuit, écrit Duras. Ils se contrediront, ils se répéteront. Mais avec le jour, inéluctable, la fin de l'histoire surviendra. C'est avant ce lever du jour les derniers instants de leurs dernières heures. Est-ce toujours terrible ? Toujours »[1]. *La Musica II* ne constitue pas seulement une suite à *La Musica I* ; elle en est un peu comme l'envers. Comme on retourne un gant.

Jusqu'à *La Musica Deuxième*, Duras, nous l'avons vu à plusieurs reprises, pratiqua avec bonheur la réécriture de ses propres œuvres. Une version nouvelle venait alors coexister avec la précédente. Cette fois, l'auteur n'hésite pas à placer les deux versions l'une à la suite de l'autre et les fait jouer ensemble — alors même qu'au départ il s'agissait seulement de retravailler le texte initial, au moment de le remonter. Parallèlement cependant, l'invention d'un second mouvement rejaillit sur la composition du premier. En effet, *La Musica I* n'est pas la reprise intégrale de *La Musica*, comme on pourrait d'abord le penser. Certaines

a. Par commodité nous appellerons, outre *La Musica* la pièce de 1965 et *La Musica Deuxième* celle de 1985, *La Musica I* et *La Musica II* respectivement la première et la seconde partie de *La Musica Deuxième* — sachant que *La Musica I* reprend, pour une large part, *La Musica*. En cela nous ne ferons que respecter les appellations utilisées par l'auteur (et metteur en scène) lors des répétitions.

modifications s'y sont glissées, sous l'influence de *La Musica II*. Citons principalement les transformations structurelles. Là où *La Musica* faisait intervenir un troisième personnage, celui de la vieille dame, réceptionniste de l'hôtel, *La Musica Deuxième* abandonne Michel Nollet et Anne-Marie Roche à eux-mêmes, dans un hall parfaitement désert. Rien n'existe plus hors de l'espace tragique. Par ailleurs, dans le texte de 1965 les deux amants commençaient par se croiser banalement (p. 143), pour ressortir l'un après l'autre et ne se retrouver que plus tard. Dans l'œuvre de 1985, une fois qu'ils sont entrés sur le plateau, ils n'en sortiront plus avant que leur passion ne soit vraiment criée. Ils sont comme coincés, face à face, obligés d'aller jusqu'au bout, exactement à l'image de l'acteur qui sait que, quoi qu'il arrive, rien ne pourra arrêter la pièce. D'autre part, la série de coups de téléphone qui scandent *La Musica* change sensiblement dans *La Musica Deuxième*. Citons surtout le déplacement du second entretien entre Michel et celle qu'il épousera sans doute (*La Musica*, p. 163) : dans la deuxième version du texte, il est d'abord remplacé par une simple sonnerie que néglige Michel (*La Musica Deuxième*, p. 53). Ainsi l'autre femme est-elle reléguée au loin, oubliée. Ce n'est que dans un second temps que Michel Nollet finit par répondre et c'est alors que l'on passe à *La Musica II* (p. 60). Enfin, le coup de téléphone équivalent adressé à Anne-Marie Roche par son futur nouvel époux (*La Musica*, p. 167) disparaît tout à fait, et avec lui l'appel au secours lancé par Anne-Marie ; cette dernière n'a donc plus aucun espace de fuite.

Le principal intérêt de *La Musica Deuxième* est pourtant sans doute ailleurs. Peut-être dans cette singularité dont nous parlions, qui consiste à faire coexister deux strates de l'écriture durassienne : de la sorte, elle donne à la durée le rôle de faire « mûrir » cette écriture au rythme des personnages eux-mêmes. C'est ce qui nous conduira à analyser séparément *La Musica I* et *La Musica II*, afin de tracer, au besoin en en forçant un peu les traits, le parcours qui sous-tend le passage de l'une à l'autre.

La Musica I pourrait se caractériser assez grossièrement par une certaine maîtrise de la parole, qui modèle les propos. Ainsi, tout le problème des meubles et du garde-meuble y revient régulièrement pour rétablir la situation. Dès que les protagonistes sont sur le point de se laisser emporter par leur désir, ils ont recours à ce prétexte pour se reprendre. Souvent, en outre, ils se refusent à suivre leur impulsion première et retiennent les mots qui leur venaient :

ELLE : A ce point-là ça ne doit arriver qu'une fois par existence, vous ne croyez pas ?
LUI : Quoi ?
   La réponse devrait être : « Un amour pareil. »
ELLE : Un enfer pareil.   (p. 31)

LUI, *enchaîne* : Vivre comme ça, à l'hôtel... aller d'un hôtel à l'autre... comme des gens qui se cachent ?... comme des...
ELLE : Peut-être, oui.
   Silence. Explosion sourde. « Comme des amants » *est ce qu'il voulait dire.*   (p. 34)

Les échanges sont toujours très mesurés, très posés, très « propres » pourrions-nous dire. Il s'agit encore d'une conversation. Le dialogue avance régulièrement, chacun cherchant à obtenir de l'autre des informations (sur l'adultère passé, sur l'autre homme, l'autre femme, etc.). Duras a été jusqu'à dire :

> « Je trouvais que la première partie *[La Musica/La Musica I]* n'allait pas très loin. Il y avait trop de répliques, ce que j'appelle des répliques, c'est-à-dire une manière d'avancer de question en réponse. Une certaine linéarité... »[1]

Par ailleurs, la fonction de la parole tend à rester à son premier stade, à savoir celui d'échappatoire et de passe-temps. On rencontre plusieurs didascalies allant dans ce sens :

   Elle qui ne voulait pas parler, parle pour sortir de la gêne. (p. 21)
   Quoi se dire ? Il recommence une dernière fois à « meubler le silence ».
   (p. 24)
   Elle essaie de parler d'autre chose, en même temps elle s'informe. (p. 39)

Lorsque la parole surgit, elle se présente soit comme un dérivatif, soit comme une façon de combler le manque à savoir. L'idée de *curiosité* qui est directement suggérée par l'auteur (« *la curiosité est plus forte que la gêne* » — p. 27) est, en ce sens, très importante. Nous sommes en effet toujours à ce premier niveau, où le personnage cherche simplement à combler le manque ; nous ne sommes pas encore vraiment parvenus au plan du *désir* qui submergera toute la seconde partie. C'est pourquoi on peut penser que *La Musica* ne prend tout son intérêt, dans une large mesure, qu'inscrite dans l'ensemble de *La Musica Deuxième*. Elle constitue la première étape d'une longue montée vers la joie et la souffrance mêlées. Jointe à *La Musica II*, elle perd son caractère quelque peu anecdotique, pour en venir à préparer le tragique de la seconde moitié de la nuit. Un peu comme le silence qui prépare la parole et ne prend son sens que par rapport à elle. Car c'est parce qu'Anne-Marie Roche et Michel Nollet vont être emportés par le « récitatif », que les propos banals de la première partie, qui visaient à taire l'essentiel, deviennent vraiment douloureux.

En effet, avec *La Musica II*, la parole vraie, qui n'avait fait le plus souvent que s'esquisser dans *La Musica I*, prend peu à peu son envol. A cet égard, l'« intermède » qui sépare les deux moments est assez significatif. Il fait penser à ces longues et calmes respirations qui préparent un combat :

> « Sur les tables il y a des verres, des carafes d'eau, des cigarettes.
> La lumière baisse beaucoup, elle devient une pénombre.
> Les comédiens fument. Dans la pénombre, la fumée des cigarettes envahit l'espace de la scène.
> Les comédiens se reposent profondément face au public.
> Ce repos est un spectacle.
> Cela dure exactement deux minutes pleines.
> Et puis la lumière recommence à monter.
> Les comédiens éteignent leurs cigarettes.
> Ils se relèvent. »   (p. 59-60)

La deuxième partie de la nuit s'amorce, et avec elle les barrières tombent. La durée à laquelle les personnages tentaient encore d'échapper dans le premier mouvement finit par faire son effet. Cette fois, avec le jour qui vient, Anne-Marie et Michel avancent vers la vérité de leur amour. Les banalités hypocrites s'estompent et la révélation se fait lentement, une fois les faux-semblants écartés :

> « Maintenant je sais que je t'aimerai toujours comme je sais que tu m'aimeras toujours. »   (p. 86)

Ils ont été pris au piège de cette durée. Ils ne peuvent plus biaiser. L'essentiel repousse le masque dont il s'était recouvert dans *La Musica I*. On est loin des échanges précédents et Duras peut dire à ses comédiens :

> « Je crois être arrivée à éliminer tous les sujets de conversation avec questions, réponses, conclusions. Il y en a encore quatre ou cinq. Si vous en voyez encore... vous me le dites.
> (...)
> Le texte devient dyslexique.
> Ça ne questionne plus.
> Ça ne répond plus. »[1]

Mais « ça » parle, devant soi, là où l'autre peut être atteint, dans le bonheur trouble de la vision[a] et non plus dans la vanité de l'échange

---

a. L'auteur dit notamment d'Anne-Marie Roche, qui écoute son passé de la bouche de Michel Nollet : « *Elle l'écouterait dans le ravissement.* » (p. 76)

faux. De la comédie tragique parfois un peu légère, on est passé à la tragédie où douleur et jouissance sont à leur comble. Dans ce contexte nouveau, la fin de *La Musica Deuxième* qui reprend plus ou moins la fin de *La Musica*, est à la mesure de cette évolution. Lorsque Michel dit doucement à Anne-Marie « va » — on sait qu'à cet instant précis nous sommes au paroxysme de la passion et qu'il n'y a plus de retenue possible. L'écriture s'est défaite peu à peu du maintien qu'elle conservait encore dans *La Musica I*. Et si elle se « rassemble », pour ainsi dire, dans cet impératif final, c'est justement pour consacrer sa propre fin. Tout a été consommé dans le délire d'une parole vraie, trouée par le désir et non plus seulement portée par la curiosité.

*
* *

Dans son long essai sur Marguerite Duras, Jean Pierrot consacre essentiellement aux œuvres dramatiques de l'écrivain un chapitre intitulé « La tentation théâtrale »[1]. Les pages qui précèdent voudraient, quant à elles, avoir rendu compte de la possibilité de parler, beaucoup plus que d'une simple « tentation », d'une réelle vocation théâtrale de l'écriture durassienne. Loin d'être une parenthèse dans l'œuvre de l'auteur — ce que Jean Pierrot est cependant très loin de dire — il s'agit bien là d'un prolongement fondamental dont personne n'oserait plus discuter aujourd'hui le bien-fondé. Qui plus est, nous avons vu, notamment avec Claude Regy, que ce passage de Duras à la scène avait provoqué une véritable révolution de l'écriture scénique en général. Avec *L'Amante anglaise*, avec *Agatha*, avec *Savannah Bay*, nous ne sommes plus en représentation. Rien n'est montré, rien n'est « joué ». Tout est à construire dans l'ambiguïté du dire et la clarté du récitatif. C'est dans l'envers du « Théâtre » que prend place le théâtre de Marguerite Duras.

*
* *

CONCLUSION

Lorsque certains critiques tentent de motiver leur incompréhension d'œuvres comme, *Le Silence, Lettre morte* ou *Le Square*, il est fréquent qu'ils aient recours à ce qui paraît être à leurs yeux la marque de tous les échecs ; sans hésiter, ils rejettent ce qui ne leur semble pas conforme aux normes du « Théâtre » dans la catégorie infamante du « théâtre de romanciers ». Avec comme sous-entendu évident l'affirmation d'une incompatibilité de fond entre l'écriture dramatique et l'écriture romanesque. Nous aimerions avoir montré, tout au long de cette étude, dans quelle mesure un tel principe est arbitraire et néfaste. Qui plus est, dans quelle mesure l'écriture radicalement autre qui est celle du Nouveau Roman s'avère être d'un intérêt réel dans l'approche d'un certain théâtre. C'est en grande partie parce qu'ils ont pratiqué cette écriture nouvelle que Nathalie Sarraute, Robert Pinget et Marguerite Duras se sont révélés être des dramaturges singuliers en même temps que de vrais dramaturges.

Le public ne s'y est d'ailleurs pas trompé, dès qu'il a accepté de se débarrasser des préjugés qui lui étaient jusque là imposés par une certaine critique. Le regain d'intérêt que connaissent depuis quelques années les œuvres dramatiques de ces auteurs est significatif : Duras est constamment jouée en France et dans le monde ; en 1986, Sarraute fait l'événement au Festival d'Avignon ; en 1987, c'est le tour de Pinget, tandis que l'un et l'autre voient plusieurs de leurs pièces reprises à Paris par la suite. Qui plus est, cette quasi-découverte dont font l'objet, à l'heure actuelle, leurs théâtres respectifs (excepté peut-être celui de Duras, à l'affiche depuis longtemps) rejaillit par contre-coup sur leurs œuvres romanesques ; et l'on peut presque affirmer que les trois écrivains n'ont jamais été mieux appréciés que depuis qu'ils ont montré ce qu'ils savaient apporter à la scène. Loin d'être d'inconciliables ennemis comme beaucoup voudraient nous le faire croire, roman et théâtre s'enrichissent dans ce dialogue continu. Ainsi, à partir de leurs expériences (néo)romanesques, Sarraute, Pinget et Duras proposent une façon différente d'envisager la vie sur une scène, hors du cadre habituel de la « représentation ». Ils font de la sorte bouger maintes idées reçues — qui ne sont pas toujours fausses, mais ne sont pas toute la vérité. Ils trouent la fable traditionnelle (qu'elle soit réaliste, absurde, poétique, symbolique, ...ou métaphysique), et se libèrent du psychologique voire du logique que d'autres continuent de considérer comme nécessaire. Ils substituent à « l'histoire » un manque fondamental qui échappe à toute interprétation univoque. C'est peut-être en cela aussi qu'ils nous font mieux comprendre que le théâtre — et sans doute l'art en général — n'a pas grand chose à voir avec la volonté de signifier. Ni Sarraute, ni Pinget, ni Duras n'ont de messages ou d'« idées » à faire passer : ils nous offrent « seulement » des « instants de théâtre » ou, comme le dit Madeleine dans *Savannah Bay*, des « instants d'infinie douleur »[1], d'infini désir.

De son côté, l'acteur confronté à ces textes, se rend mieux compte que sa tâche ne peut plus être *uniquement* d'incarner des individualités déterminées et de faire partager au public un savoir conçu, vécu, organisé d'avance par l'écrivain. Il n'est pas un narrateur[2], encore moins un porte-parole. S'il porte quelque chose, c'est le silence de ce qui n'est pas écrit, le silence qui est au-delà du sens et du *logos* (surtout lorsqu'il démantèle ce dernier, en l'exploitant comme chez Sarraute). Il est là, un point c'est tout, et la parole n'a plus pour fonction que d'accompagner une présence, sa présence. Son rythme est notre rythme, sa respiration notre respiration : ainsi la communion prime-t-elle la signification. C'est parce que nous sommes impliqués dans le combat que se livrent « porteur » et « chasseur » de tropismes que le logo-drame nous fascine, non parce qu'il est sémiologiquement analysable. C'est parce que Pinget oublie les exigences de la rationalité que le piège de la déréalisation fonctionne. Et c'est parce que rien ni personne ne détient la clef de leur mystère que les personnages de Duras existent et ont une épaisseur réelle. Il ne s'agit plus tant de comprendre une histoire, répétons-le, que de désirer ; et s'il est une essence du théâtre, c'est peut-être ce désir-là (c'est-à-dire cet amour, cette haine, cette angoisse, cette joie... le contraire de la Raison majuscule). C'est pourquoi de telles œuvres nous aident à nous délivrer de la tyrannie du sens où l'on enferme trop facilement la parole dramatique. Elles nous rappellent qu'au théâtre l'existence précède le sens. Parce que le « spectacle vivant » est d'abord une machine dans laquelle nous sommes « embringués », comme le suggérait Pinget dans

Lettre morte, un fait brut, un événement dans lequel nous sommes plongés. H. Lagrave écrit très justement :

> « Quelles que soient ses formes, les lieux où elle se déploie, les rapports établis entre « actants » et « regardants », la cérémonie théâtrale tend à endormir la conscience critique, à transporter le spectateur dans un autre temps, c'est-à-dire dans un autre monde. La signification de l'œuvre est faussée par son expression ; à la limite, le medium annule le message et prend sa place. »[1]

Nous n'aurons pas la naïveté d'avancer que le théâtre n'a pas pour effet de porter sens ; mais il ne nous semble pas que ce soit là sa raison d'être. Tout au moins, les pièces de Sarraute, Pinget et Duras nous invitent à penser le contraire. Il serait certainement possible de tirer d'enrichissantes réflexions[2] de tous les problèmes posés par ces mêmes pièces (par exemple le conflit de génération dans *C'est beau*, la communication dans *Le Square* ou *L'Amante anglaise*, le symbolisme de *Paralchimie*, etc.). Pour notre part, néanmoins, nous avons bien souvent négligé d'étudier les contenus sémantiques de telles œuvres. C'est qu'il nous est en effet apparu préférable d'aborder avant tout leur mode de fonctionnement : en ce qu'il nous touche et non en ce qu'il signifie ; en ce qu'il met en question notre savoir de la réalité et non en ce qu'il apporte des réponses. Théâtre qui nous oblige à réagir, faisant peut-être du métier de spectateur un art véritable, de même que le Nouveau Roman faisait du lecteur un créateur à part entière.

ANNEXE

Mises en scène des œuvres de
Nathalie Sarraute, Robert Pinget et Marguerite Duras

Je tiens à remercier Mademoiselle Cécile Giteau, Conservateur en chef du Département des Arts du Spectable de la Bibliothèque Nationale (Bibliothèque de l'Arsenal), ainsi que ses collaboratrices, Mesdames Jacqueline Combès et Paule Tourniac, pour l'aide qu'elles m'ont apportée dans la réalisation de cette annexe. En me donnant accès aux données recueillies par leur département et le CNRS[a], elles m'ont fourni un nombre important des éléments contenus dans les pages qui suivent ou ont confirmé ceux que j'avais pu rassembler par ailleurs. Cependant, en ce qui concerne les diverses reprises évoquées, les listes établies ne peuvent malheureusement prétendre à l'exhaustivité. Il n'existe apparemment pas d'organe centralisé recensant *tous* les spectacles montés dans les théâtres français. On ne peut donc proposer ces informations qu'à titre indicatif. Elles devraient permettre de donner une idée de l'intérêt porté par les metteurs en scène et comédiens français aux œuvres de nos trois dramaturges.

Pour les tableaux, nous indiquons dans l'ordre :

TITRE (Année de publication) [Hypotexte]	Date et lieu[b] de création (+ programme de complément)	Metteur en scène	Distribution

a. Aucun sondage systématique n'a pu néanmoins être effectué pour les années 1985 à 1988. En outre, il n'est pas possible de recenser toutes les tournées.

b. Sauf indications contraires, tous les théâtres sont à Paris (y compris pour les reprises).

I. NATHALIE SARRAUTE

A. *Créations*

1. LE SILENCE (1967)	14/1/67 Petit Odéon	Jean-Louis Barrault	Madeleine Renaud Paule Annen Nelly Benedetti Marie-Christine Barrault Dominique Paturel Amidou Jean-Pierre Granval
1. *bis* LE MEN-SONGE (1967)	*Idem*	*Idem*	Nelly Benedetti M.C. Barrault Dominique Paturel Amidou Jean-Pierre Granval Catherine Rethi Annie Bertin Anne Carrère Gabriel Cattand
3. ISMA (1967)	1/2/73 Espace Cardin + *Home* (David Storey/ M. Duras)	Claude Regy	Michel Lonsdale Dominique Blanchard François Darbon Gérard Depardieu Michel Robin Nicole Hisse Pascale de Boysson Tatiana Moukhine
4. C'EST BEAU (1978) [*Vous les enten-dez ?* (1972)]	27/10/75 Petit théâtre d'Orsay	Claude Regy	Emmanuelle Riva Jean-Luc Bideau Daniel Berlioux Agnès Junger Chloé Caillat
5. ELLE EST LÀ (1978)	15/1/80 Petit théâtre d'Orsay	Claude Regy	Marc Eyraud Roland Bertin Jean-Claude Jay Claude Degliane
6. POUR UN OUI OU POUR UN NON (1982)	17/2/86 Petit théâtre du Rond-Point	Simone Benmussa	Sami Frey Jean-François Balmer

B. *Reprises*

C'est beau :
- 1975/1976 : Groupe 33, Bordeaux (v. revue *Clin d'œil* n° 176).

Elle est là :
- 7/86 : Festival d'Avignon — Mise en scène : Michel Dumoulin — Avec : Maria Casarès, Jean-Paul Roussillon, Jean-Pierre Vaguer et Michel Dumoulin.
- 8/10/86 : Festival d'Automne — Reprise du spectacle créé à Avignon, au Théâtre Paris-Villette.

Pour un oui ou pour un non :
- 4/11/86 : Reprise du spectacle de la création. Petit Théâtre du Rond-Point (Les comédiens échangeront leurs rôles).

C. *Adaptations (d'après des œuvres de Nathalie Sarraute)*

Les Fruits d'or :
- 26/11/74 : Conservatoire National d'Art Dramatique — Adaptation et mise en scène : Claude Risac.
- 11/3/75 : Bio-Théâtre — Reprise du spectacle précédent.

Enfance :
- 8/2/84 : Petit Théâtre du Rond-Point — Adaptation et mise en scène : Simone Benmussa. Avec : Martine Pascal, Inès des Longchamps, Erika Kralik, Stéphane Fey.

II. ROBERT PINGET

A. *Créations*

1. LETTRE MORTE (1959) [*Le Fiston* (1959)]	22/3/60 TNP — Théâtre Réca-mier + *La Dernière Bande* (Beckett)	Jean Martin	Henri Virlogeux Jean Martin Paul Gay Laurence Badie
2. LA MANIVELLE (1960) [*Clope au dossier* (1961)[a]]	25/1/61 Théâtre de Lutèce + *Le Gardien* (Pinter)	Jean Martin	Georges Adet Henry de Livry
3. ARCHITRUC (1961) [*Baga* (1958)]	Septembre 1962 Comédie de Paris + *La Manivelle, L'Hypothèse*[b]	G. Pey-rou	Lucien Raimbourg Olivier Hussenot
4. ICI OU AIL-LEURS (1961) [*Clope au dossier* (1961)]	Décembre 1963 Schauspielhaus de Zurich (Trad. allemande : *Hier oder anderswo*)	Gert Westphal	Wolfmann Reichmann Gudrun Genest René Scheibli
5. L'HYPOTHÈSE (1961)	4e biennale de Paris (1965)[b] Musée d'Art Moderne		Pierre Chabert
6. ABEL ET BELA (1971)	5/1/71 L'Absidiole		Olivier Hussenot Bernard Montgourdin
7. IDENTITÉ (1971)	22/11/72 Petit Odéon	Yves Gasc	Yves Gasc Olivier Hussenot Luce Garcia-Ville Cathy Stermann
8. PARALCHIMIE (1973)	4/1/77 Petit Odéon	Yves Gasc	Michel Aumont Raymond Acquaviva Gérard Giroudon Catherine Salviat
9. AUTOUR DE MORTIN (1965)	14/3/79 Théâtre Essaïon	Jacques Seiler	Jacques Seiler Nadia Barentin Gilbert Bahon

a. *Clope au dossier* est paru dès la fin des années 50, en fragments, dans *Les Lettres Nouvelles* et *Tel Quel*.

b. *L'Hypothèse* a été jouée pour la première fois, mais de façon assez confidentielle dit Jean-Claude Liéber (*op. cit.* p. 318), à la suite d'*Architruc*, à la création de cette dernière pièce.

B. *Reprises*

Lettre morte :

- Mai 1966 : Festiv. univ. de Nancy — M. en sc. : D. Josky et F. de Siebenthal. Avec S. Amaducci, A. Jaton, V. Stepezinsky, E. Maglie.
- 1970 : Alliance française/Le Tréteau de France — [Amiens, Maison de la Culture 3/3/70]. M. en sc. : Michel de Ré. Avec Olivier Hussenot, M. Robbe, Francis Lax, A.M. Coffinet (+ *Architruc*).
- 25/7/87 : Festival d'Avignon, Chapelle des Pénitents Blancs. M. en sc. : Chantal Morel. Avec : Maurice Deschamps, Dominique Laidet, Christine Brotons, Gilles Najean.

La Manivelle :

- Sept. 1962 : Comédie de Paris — Reprise du spectacle de la création. (+ *Architruc* et *L'Hypothèse*)
- 11/10/65 : Musée d'Art Moderne — Théâtre de Bourgogne/ 4e biennale de Paris. M. en sc. J. Fornier. Avec Robert Pagès et Roland Bertin.
- 4/10/72 : L'Absidiole.
- 12/72 : Le Tripot.
- 25/7/87 : Festival d'Avignon/Comédie Française. Cloître des Carmes — M. en sc. Jean-Paul Roussillon — Avec : J.P. Roussillon et Jean-Paul Moulinot. (+ *Abel et Bela*)

Architruc

- 1970 : Alliance Française/Les Tréteaux de Paris [Amiens, Maison de la Culture 3/3/70] M. en sc. : Olivier Hussenot — Avec : Michel de Ré, O. Hussenot, Georges Richar.
- 18/1/71 : Comédie Française, 2e spectacle « Auteurs nouveaux ». M. en sc. : O. Hussenot — Avec : Jacques Charon, Michel Aumont et Jean-Paul Moulinot.
- 16/4/80 : Paris, Librairie Théâtre La Soup'ap — M. en sc. : A. Cazalas.
- 7/10/81 : Paris, Le Petit Casino — M. en sc. : Bernard Salle.
- 7/1/82 : Paris, La Gageure.
- 15/6/82 : Th. Marie Stuart — M. en sc. : Sam Karman.
- 81/82 : Nouvelle Compagnie du Théâtre Fou, Nantes.
- 11/4/84 : Th. Marie Stuart — M. en sc. : Jean-Luc Terrade/Marie de Villartay.
- 24/12/84 : Eden Théâtre — M. en sc. : Michel Nouet.
- 5/87 : Mai Théâtral de Strasbourg — M. en sc. Jean-Luc Terrade. Avec : Patrick Lerch, Michel Quidu et Daniel Strugeon.
- Juillet-Août 1987 : Lucernaire — Reprise du spectacle précédent.

Ici ou ailleurs :

- 14/5/69 : Th. Romain Rolland de Villejuif — 3ᵉ Rencontre du Jeune Théâtre. Compagnie Arlequin — Création en Français ?

Abel et Bela :

- 25/4/73 : Th. National de Strasbourg — M. en sc. : Jean-Marie Patte — Avec : J.M. Patte et Michel Baudinet.
- 25/7/75 : Festival d'Avignon, Casa d'Irène.
- 19/4/78 : Lyon, Th. de l'Agora — Cⁱᵉ Th. Univ. de Lyon, dans le cadre du Fest. international du Th. Univ.
- 25/5/81 : Paris, Centre Mandana — Cⁱᵉ Traversière — M. en sc. : Michel Lepeut.
- 20/1/82 : Paris, La Tanière — Reprise du spectacle précédent.
- 10/7/82 : Fest. d'Avignon, Le Hangar à bateaux.
- 25/7/87 : Fest. d'Avignon/Comédie Française — Cloître des Carmes — M. en sc. : J.P. Roussillon — Avec : J.P. Roussillon et Michel Aumont (+ *La Manivelle*).

L'Hypothèse :

- Mars 1966 : Odéon — M. en sc. : Beckett et Pinget — Avec : Pierre Chabert.
- 3/8/77 : Lucernaire — M. en sc. : Michèle Lepeut — Avec : Gérard Bayle (Sous le titre *Le Manuscrit*).
- 11/7/87 : Fest. d'Avignon, Chapelle des Pénitents Blancs — M. en sc. Joël Jouanneau — Avec : David Warrilow.
- Septembre 1988 : Théâtre de la Bastille — Reprise du spectacle précédent.

Autour de Mortin :

- Juin 87 : Th. Tristan Bernard — M. en scène : Jacques Seiler — Avec : J. Seiler, Nadia Barentin, Pierre Banderet.
- Juillet-Août 87 : Lucernaire — Reprise du spectacle précédent.

Voyage en Dualie (d'après *Abel et Bela* et *Architruc*)

Spectacle m. en sc. par Gérard Vernay — Créé le 12/10/82 — Paris, Th. du Lys.

Signalons aussi une lecture du *Harnais* faite lors du Festival d'Avignon 1987, par Jean-Marie Patte.

On aura remarqué l'attrait exceptionnel que semble en outre exercer le théâtre de Robert Pinget sur les « compagnies amateurs ».

III. MARGUERITE DURAS

A. *Créations*

1. LE SQUARE (1965) [1955]	*Version abrégée :* 17/9/56 Studio des Champs-Élysées.	Claude Martin	Ketty Albertini R.J. Chauffard
	Version intégrale : 15/1/65 Théâtre Daniel Sorano	Alain Astruc	Évelyne Istria Alain Astruc
2. LES VIADUCS DE LA SEINE-ET-OISE (1959)	Septembre 1962 Théâtre Quotidien de Marseille		
	Création parisienne : 16/2/63 Poche-Montparnasse	Claude Regy	Katharina Renn Paul Crauchet Étienne Bierry Maurice Garrel Véronique Duval Stéphane Fey
3. LES EAUX ET FORÊTS (1965)	14/5/65 Théâtre Mouffetard + *Le Guichet* et *Le Meuble* de Jean Tardieu	Yves Brainville	Hélène Surgère Claire Deluca René Erouk
4. LA MUSICA (1965)	8/10/65 Studio des Champs-Élysées + *Les Eaux et Forêts*	Alain Astruc/ Maurice Jacquemont	Claire Deluca René Erouk
5. DES JOURNÉES ENTIÈRES DANS LES ARBRES (1968) [1954]	1/12/65 Odéon Théâtre de France + *La Provinciale* (Tourgueniev/ Barsacq)	Jean-Louis Barrault	Madeleine Renaud Jean Desailly Anne Doat André Weber (+ figurants)
6. YES, PEUT-ÊTRE (1968) 6bis.LE SHAGA (1968)	5/1/68 Théâtre Gramont	Marguerite Duras	Marie-Ange Dutheil Claire Deluca René Erouk
8. L'AMANTE ANGLAISE (1968) [1967]	16/12/68 T.N.P. Salle Gémier	Claude Regy	Madeleine Renaud Claude Dauphin Michael Lonsdale

9. SUZANNA ANDLER (1968)	5/12/69 Théâtre des Mathurins	Tania Balachova	Catherine Sellers Roger Deffossez Gilles Segal Luce Garcia-Ville
10. L'EDEN CINÉMA (1977) [*Un barrage contre le Pacifique* (1950)]	25/10/77 Théâtre d'Orsay	Claude Regy	Madeleine Renaud Bulle Ogier Jean-Baptiste Malartre Axel Bogouslavsky
11. AGATHA (1981)	20/9/83 Th. Essaïon	Pierre Tabard	Fabienne Périneau Vincent Garanger
12. SAVANNAH BAY (1982)	27/9/83 Théâtre du Rond-Point	Marguerite Duras	Madeleine Renaud Bulle Ogier
13. LA MUSICA DEUXIÈME (1985) [*La Musica* (1965)]	20/3/85 Théâtre du Rond-Point	Marguerite Duras	Miou-Miou Sami-Frey

B. *Reprises*

Le Square :

- 1958 : Nouveau Th. de Poche — Même spectacle qu'à la création en 1956 (= version abrégée).
- 13/5/61 : Th. des Mathurins — M. en sc. José Quaglio.
- 20/9/69 : Ollioules-Châteauvallon, Th. de plein air.

Les Eaux et forêts :

- 17/9/65 : Studio des Champs-Élysées — Même spectacle que celui de la création (+ *La Musica*).
- 11/76 : Th. Mouffetard — M. en sc. : Marguerite Duras.
- 2/2/78 (puis de nouveau à partir du 28/6/78) : Lucernaire — Reprise du spectacle précédent.
- 1983 : Th. des Déchargeurs — M. en sc. : Patrick Valade — Cie Dramatique Urbaine.

La Musica :

- 15/4/76 : Lyon, Th. de Poche — M. en sc. : Roland Chalosse.
- 17/9/76 : Th. Mouffetard — M. en sc. : Marguerite Duras.
- 16/8/78 : Lucernaire — M. en sc. : Marguerite Duras.
- 11/6/80 : Lyon, Th. Tête d'or — M. en sc. : Jacqueline Bœuf.

- 1/4/81 : Paris, Maison des Amandiers — Même spectacle que le précédent.
- 80/81 : Aix-en-Provence, M.J.C./Th. des Astres.
- 80/81 : Bordeaux, Entrepôt Lainé — Cie Fartov et Belcher.
- 10/11/82 : Paris, Le Fanal — M. en sc. : Claude Mathieu.
- 19/5/83 : Cité Internationale — M. en sc. : Antoine Villemaine. Avec Gisèle Renard et Noël Vergo.

Des Journées entières dans les arbres :

- 14/10/75 : Th. d'Orsay — Même spectacle qu'à la création, avec modification de la distribution (J.P. Aumont remplace J. Desailly).

Yes, peut-être :

- 17/4/76 : Th. Mouffetard — M. en sc. : Michèle Porte.
- 19/4/79 : Paris, Th. Oblique — M. en sc. : Alain Daré.
- 19/3/82 : Avignon, Chapelle des Pénitents Blancs — Spect. Atelier Théâtral Alain Timar.
- 81/82 : Spectacles de la Vallée du Rhône — M. en sc. : Alain Rais.
- 7/12/82 : Th. des Déchargeurs — Spect. Le Quarté — M. en sc. : Moni Grego.
- 9/3/83 : Lucernaire — Cie Raphaël.
- 29/11/84 : Toulouse, Th. du Pavé — M. en sc. : Paul Berger (+ *Le Shaga*).
- 17/7/85 : Taï Th. d'Essai — M. en sc. : Danièle Stantchova — Cie Rumeur.

Le Shaga

- 25/10/78 : Lucernaire — Reprise de la création — M. en sc. Marguerite Duras.
- 15/8/81 : Avignon, Cour de L'Oratoire — M. en sc. : Annie Noël.
- 9/4/84 : Paris, Th. du Lys — M. en sc. : Nicole Renard — Cie Raphaël.
- 26/11/84 : Toulouse, Th. du Pavé — M. en sc. : Paul Berger — Avec : Monique Daumas, Elsa Berger, Jean Castellat. (+ *Yes, peut-être*).
- 6/8/86 : Espace Marais — M. en sc. : Laurent Azimiora — Avec Corinne Valancogne, Nathalie Guilmard, Denis Lavalou.

L'Amante anglaise

- 11/69 : Th. Gémier — Reprise du spectacle de la création.
- 2/71 : Th. Récamier — Même spectacle, avec modification de la distribution.
- 10/75 : Rennes, Maison de la Culture — M. en sc. : Guy Parigot.
- 9/76 : Th. d'Orsay — Nouvelle m. en sc. de Claude Regy.
- 11/1/77 : Besançon, Boutique Théâtre — M. en sc. : André Widmer.

- 14/10/81 : Paris, Centre culturel du 17e — M. en sc. : Martial Gandor.
- 13/10/81 : Espace Marais — M. en sc. : Sabine Strepanoff.
- 27/2/82 : Th. du Rond-Point — M. en sc. : Claude Regy — Avec : Madeleine Renaud, Pierre Dux, Michaël Lonsdale, Jean-Marie Patte (La pièce est allongée d'une troisième partie par rapport à la création. Elle comprend en effet le premier entretien du roman — avec Robert Lamy, le propriétaire du café).
- 8/4/83 : Th. du Rond-Point — Même spectacle que précédemment, mais la première partie du roman est de nouveau supprimée, comme à la création.
- 13/1/88 : Malakoff, Théâtre 71 — M. en sc. : Charles Lordjman — Théâtre populaire de Lorraine.

Suzanna Andler :

- 9/7/87 : Fest. d'Avignon, Th. du Chien qui fume — Groupe 3-5 Quatre Vingt Un — M. en sc. : Bernard Anbérrée — Avec : Dominique Paquet, Patrick Simon, Carole Delacourt, Bernard Anbérrée — Version nouvelle, fruit d'une réécriture partielle de la version primitive par l'auteur.
- 8/1/88 : Reprise du spectacle précédent, au Th. 13 à Paris.

L'Eden Cinéma :

- 82/83 (et 84/85) : Lyon, Les Ateliers — M. en sc. : Ninon Ozanne, Lucien Melki.

Agatha :.

Le spectacle de Pierre Tabard « tourne » en France depuis la création. Citons seulement quelques-unes de ses reprises :
- 25/1/84 : Marseille, La Criée.
- 5/6/84 : Petit Théâtre du Rond-Point.
- 7/87 : Fest. d'Avignon, La Condition des soies. (Samuel Labarthe remplace Vincent Garanger).
- 3/88 : Théâtre de la Potinière.

Autre mise en scène rencontrée :

- 3/7/85 : Th. du Tourtour — M. en sc. : Michaël Lonsdale. — Avec : Claudine Gabay, Jean-Claude Gilarsky.

Savannah Bay :

- 1984 : Th. du Rond-Point — Reprise du spectacle de la création, mais une modification de la distribution interviendra (Martine Chevallier remplace Bulle Ogier).

C. *Adaptations*

    a. Par Marguerite Duras :

• *Les Papiers d'Aspern* d'après Henry James (et Michaël Redgrave). En collaboration avec Robert Antelme.
Création en 1961 au Th. des Mathurins. M. en sc. : Raymond Rouleau.

• *Miracle en Alabama* d'après William Gibson. En collaboration avec Gérard Jarlot.
Création le 10/9/61 au Th. Hébertot. M. en sc. François Maistre.

• *La Bête dans la jungle* d'après Henry James (et James Lord) :
Création en octobre 1962 — M. en sc. : Jean Leuvrais.

• *La Danse de mort* d'après August Strindberg :
Création le 21/2/70, au Théâtre de Chaillot — M. en sc. : Claude Regy.

• *Home* d'après David Storey :
Création en 1972 par le centre dramatique de Lausanne.
Création en France le 26/1/73, à l'Espace Cardin — M. en scène Claude Regy (+ *Isma* de Sarraute).

Marguerite Duras a aussi adapté en Français : *La Mouette* d'Anton Tchekhov et *Moi je m'appelle Kitchen* de David Storey.

    b. D'après Marguerite Duras :

• *Abahn Sabana David* :
Adaptation en m. en sc. : J.P. Dusseaux — Création le 22/1/76.

• *Hiroshima mon amour* :
— 30/8/73 : Paris, Le Fanal — M. en sc. : Christian Thuillier — Adaptation scénique de Polia Janska.
— 30/5/84 : Lucernaire — M. en sc. : Michaël Lonsdale.
— 17/10/84 : Villejuif, Th. Romain Rolland — Cie Théâtrale 80.
— 15/5/85 : Th. Les Déchargeurs — M. en sc. Michaël Lonsdale (Reprise au festival d'Avignon en juillet 85).

• *Détruire dit-elle* :
— 21/3/80 : Th. du Rond-Point Aveugle, Aix-en-Provence (Reprise fest. d'Avignon en juillet 81).
— 13/4/82 : Paris, American Center — M. en sc. : Nathalie Epron.

• *Moderato Cantabile* :
— 11/6/79 : Lyon — Festival (?)
— 3/88 : Paris, Peniche Opéra — M. en sc. Mireille Larroche.

• 3/88 : Paris, Peniche Opéra — M. en sc. Mireille Larroche.

• *Le Navire Night* :
— 22/3/79 (puis 79/80, 80/81, 84/85) : M. en sc. : Claude Regy.

- *Vera Baxter :*
  — 3/11/81 : Théâtre 18.
  — 27/4/83 : Th. de Poche Montparnasse — M. en sc. : Jean-Claude Amyl.
  — 4/87 : Théâtre 14 — M. en sc. : Jean-Claude Amyl. Avec Martine Pascal, Jean-Pierre Jorris,...
- *Un Barrage contre le Pacifique :*
  — mars 1960 : Adaptation de Geneviève Serreau — M. en sc. : Jean-Marie Serreau.

Signalons aussi les nombreuses lectures publiques des œuvres de Duras, et surtout celles de janvier 1984, au Théâtre du Rond-Point (v. *supra* p. 157).

BIBLIOGRAPHIE
Principaux ouvrages consultés

I. *OUVRAGES GÉNÉRAUX*

ARTAUD (Antonin), *Le Théâtre et son double* — Idées/Gallimard — 1983.

BAQUE (Françoise), *Le Nouveau Roman* — Bordas — 1972.

BLANCHOT (Maurice), *Le Livre à venir* — Idées/Gallimard — 1971.

DUVIGNAUD (Jean) et LAGOUTTE (Jean), *Le Théâtre contemporain — culture et contre-culture* — Librairie Larousse — 1974.

ELAHO (Raymond Osemwegie), *Entretiens avec le Nouveau Roman* — Ed. Nocaman, Québec — 1975.

ESSLIN (Martin), *Théâtre de l'Absurde* — Buchet/Chastel — 1977.

FANCHETTE (Jean), *Psychodrame et théâtre moderne* — U.G.E. (Coll. 10/18) — 1977.

GAUTIER (Jean-Jacques), *Deux fauteuils d'orchestre* — Flammarion 1962.

GAUTIER (Jean-Jacques), *Théâtre d'aujourd'hui* — Julliard.

GENETTE (Gérard), *Figures I* — Seuil (Coll. Points) — 1982.

GENETTE (Gérard), *Figures II* — Seuil (Coll. Points) — 1983.

GENETTE (Gérard), *Figures III* — Seuil — 1982.

GENETTE (Gérard), *Palimpsestes* — Seuil — 1982.

GUICHARNAUD (Jacques), *Modern French Theatre from Giraudoux to Genet* — Yale University Press, New-Haven and London — 1975.

JACQUART (Emmanuel), *Le Théâtre de Dérision* — Idées/Gallimard — 1974.

JAKOBSON (Roman), *Essais de linguistique générale* — Minuit — 1981.

Nouveau Roman : hier, aujourd'hui, actes du Colloque de Cerisy — U.G.E. (Coll. 10/18) — 1972.

NOVARINA (Valère), *Pour Louis de Funès* précédé de *Lettre aux acteurs* — Actes Sud — 1986.

POIROT-DELPECH (Bertrand), *Au soir le soir* — Mercure de France — 1969.

RECANATI (François), *Les énoncés performatifs* — Minuit (Coll. Propositions) — 1981.

ROBBE-GRILLET (Alain), *Pour un nouveau roman* — Minuit (Coll. Critique) — 1979.

SARRAUTE (Nathalie), *L'Ère du soupçon* — Idées/Gallimard — 1983.

SARRAZAC (Jean-Pierre), *L'Avenir du drame* — L'Aire théâtrale (Lausanne) — 1981.

SERREAU (Geneviève), *Histoire du « nouveau théâtre »* — Idées/Gallimard — 1975.

II. *SUR NATHALIE SARRAUTE*

A. *Monographies et ouvrages spécialisés*

BESSER (Gretchen Rous), *Nathalie Sarraute* — Twayne Publishers, Boston — 1979.

CRANAKI (Nimika) et BELAVAL (Yvon), *Nathalie Sarraute* — Gallimard — 1965.

JANSEN (Steen), *Analyse de la forme dramatique du « Mensonge » de Nathalie Sarraute* — Études Romanes de l'université de Copenhage ; *Revue Romane*, n° spécial 9 ; Akademisk Forlag.

TEMPLE (Ruth Z.), *Nathalie Sarraute* — Colombia essays on modern writers, nr 33 — Colombia University Press, New-York and London — 1968.

B. *Revues et articles de presse*

a. Numéros spéciaux

• *L'Arc*, n° 95 — 1984.
• *Digraphe*, n° 32, mars 1984 — *Aujourd'hui Nathalie Sarraute*.
• *Magazine Littéraire*, n° 196, juin 1983.

b. Divers

BESSER (Gretchen R.), « Colloque avec Nathalie Sarraute — 22 avril 1976 » — *The French Review*, Vol. 50, n° 2.

BESSER (Gretchen R.), « Nathalie Sarraute : *Pour un oui ou pour un non* » *The French Review*, Vol. 57, avril 1983.

BOURAOUI (H.A.), « Silence ou mensonge : dilemme du nouveau romancier dans le théâtre de Nathalie Sarraute » — *The French Review*, n° spécial n° 4, printemps 1972.

CAGNON (Maurice), « Les pièces de Nathalie Sarraute : voix et contrevoix » — *Bulletin des jeunes romanistes*, n° 20, juin 1974.

DAUBENTON (Annie), « Les faits divers de la parole », entretien avec N.S. et Claude Regy — *Les Nouvelles Littéraires*, n° 2719, 10-17/1/80.

FINAS (Lucette), « Nathalie Sarraute : « Mon théâtre continue mes romans » — *La Quinzaine Littéraire*, n° 292, 16-31/12/78.

GOITEIN (Denise), « Nathalie Sarraute as dramatist » — *Yale French Studies*, nr 46 — 1971.

MARTINOIR (Francine de), « A la naissance même du drame » — *La Quinzaine Littéraire*, n° 367, 16-31/3/82.

PINGAUD (Bernard), « Le personnage dans l'œuvre de Nathalie Sarraute » — *Preuves*, n° 154, décembre 1963.

PRIEUR (Jérôme), « Nathalie Sarraute : *C'est beau* » — *Les Cahiers du Chemin*, n° 26, 15/1/76.

REGY (Claude), « Nathalie Sarraute : un théâtre d'action — « C'est beau » : théâtre de la violence — Divagations de mise en scène » — *Cahiers Renaud Barrault*, n° 89.

SADOWSKA-GUILLON (Irène), « A la recherche du temps présent » — *Acteurs*, n° 34, mars 1986.

SARRAUTE (Nathalie), « Le gant retourné » — *Cahiers Renaud Barrault* n° 89.

SUHL (Benjamin), « Nathalie Sarraute's latest play : *C'est beau* » *Romance Notes*, Vol. XX, nr 2, winter 79-80.

III. SUR ROBERT PINGET

A. *Monographies et ouvrages spécialisés*

BORY (Jean-Louis), *Tout feu, tout flamme* — U.G.E. (Coll. 10/18) — 1979.

GREGORIO (Sarafina Filomeana de), *The Theatre of Robert Pinget* — Fordham University — 1979.

LIEBER (Jean-Claude), *Réalisme et fiction dans l'œuvre de Robert Pinget* — Thèse présentée en vue du Doctorat d'État ès Lettres et Sciences Humaines, Univ. de Paris IV (Ouvrage de référence).

PUGH (Anthony Cheal), *Robert Pinget : « Autour de Mortin » edited by A.C. Pugh* — Methuen Educational Ltd, London — 1972.

B. *Revues et articles de presse*

a. Numéros spéciaux

• *Cahiers Renaud Barrault*, n° 53, « Ionesco — Beckett — Pinget », février 1966.

b. Divers

AURY (Dominique), « Robert Pinget : *Le Fiston* ; *Lettre morte* » — *La Nouvelle Revue Française*, n° 81, sept. 1959.

AURY (Dominique), « Robert Pinget : *Quelqu'un* ; *Autour de Mortin* » — *La Nouvelle Revue Française*, n° 157, janv. 1966.

DECOCK (Jean), « Robert Pinget : *Identité* et *Abel et Bela* » — *The French Review*, mars 1973.

HENKELS (Robert), « Robert Pinget : *Paralchimie* » — *The French Review*, Vol. 48, n° 5, avril 1975.

HENKELS (Robert), « Voix et silences : les pièces radiophoniques de Robert Pinget — Texte et interview » — *Présence Francophone*, n° 22, printemps 1981.

KNAPP (Bettina L.), « Une interview avec Robert Pinget » — *The French Review*, mars 1969.

LIEBER (Jean-Claude), « L'Invention de Mortin » — *Études Littéraires*, Vol. 19, n° 3, hiver 86-87 — Univ. Laval, Québec.

LOWRIE (Joyce O.), « The function of repetition in Pinget's *Lettre morte* » — *The French Review*, Vol. 49, n° 5, avril 1976.

MICHA (René), « Une forme ouverte du langage » — *Les Temps Modernes*, n° 201, fev. 1963.

MIGNON (P.L.), « Robert Pinget » — *Avant-Scène Théâtre*, n° 469-470, 1-15/4/71.

MURCH (Anne C.), « Couples et reflets dans le théâtre de Robert Pinget » — *Revue romane*, oct. 1970.

NORES (Dominique), « Un théâtre de la mémoire et de l'oubli » — *Revue des Lettres Nouvelles*, juin 1960.

THIBAUDEAU (Jean), « Un théâtre de romanciers » — *Critique*, n° 159-160, août-sept. 1960.

VERNAY (Gérard), *Voyage en Dualie* — programme de spectacle.

Ont été aussi consultés les articles recueillis par les Ed. de Minuit dans le dossier de presse consacré à Robert Pinget.

IV. *SUR MARGUERITE DURAS*

A. *Monographies et ouvrages spécialisés*

ALLEINS (Madeleine), *Marguerite Duras médium du réel* — L'âge d'homme, 1984.

ANDREA (Yann), *M.D.* — Minuit, 1983.

BORGOMANO (Madeleine), *L'écriture filmique de Marguerite Duras*, Ed. Albatros, 1985 (« Ça cinéma 33 »).

BROOKES (H.F.), *Marguerite Duras : « L'Amante anglaise » edited by H.C. Brookes and C.E. Fraenkel* — Heimann Educational Books, London — 1972.

CRAIG (Georg), *Marguerite Duras : « Des Journées entières dans les arbres » édited by Georg Craig* — Methuen Educational Ltd., London — 1972.

FERNANDÈS (Marie-Pierre), *Travailler avec Duras* — *La Musica Deuxième* — Gallimard, 1986.

LAMY (Suzanne) et ROY (André), *Marguerite Duras à Montréal*, Textes réunis et présentés par Suzanne Lamy et André Roy — Ed. Spirale, Montréal — 1981.

PIERROT (Jean), *Marguerite Duras* — José Corti, 1986.

SEYLAZ (Jean-Luc), *Les romans de Marguerite Duras* — *essai sur une thématique de la durée* — Archives des Lettres Modernes, n° 47.

STRACHAN (W.J.), *Marguerite Duras : « Le Square » edited by W.J. Strachan* — Methuen Educational Ltd., London — 1974.

B. *Revues et articles de presse*

a. Numéros spéciaux
- *Alternatives théâtrales*, n° 14, mars 1983.
- *L'Arc*, n° 98.
- *Cahiers Renaud Barrault*, nᵒˢ 52, 91, 106.
- *Revues des Sciences Humaines*, n° 202, avr.-juin 1986.

b. Divers

BARRAULT (Jean-Louis), « Silence et solitude » — *Cahiers Renaud Barrault*, n° 89.

BRAY (Barbara), « Marguerite Duras : Le langage comme événement » — *Revue des Lettres Modernes*, n° 94-99.

FOUCAULT (Michel) et CIXOUS (Hélène), « A propos de Marguerite Duras » — *Cahiers Renaud Barrault*, n° 89.

GUICHARNAUD (Jacques), « The terrorist marivaudage of Marguerite Duras » — *Yale French Studies*, nr 46 — 1971.

LIGER (Susan H.), « *Savannah Bay* » — *The French Review*, Vol. 57, n° 1, oct. 83.

MARTINOIR (Francine de), « Aux confins de la mémoire et de l'imaginaire » — *La Quinzaine Littéraire*, n° 384, 16/12/82.

MIGNON (Paul-Louis), « Marguerite Duras » — *L'Avant-Scène Théâtre*, n° 279, 1/1/63.

MURPHY (Carol J.), « Marguerite Duras — Le texte comme écho » — *The French Review*, Vol. 50, n° 6, mai 1977.

NORES (Dominique), « Le drame latent dans l'œuvre de Marguerite Duras » — *Critique*, avr. 1964.

NYSSEN (Hubert), « Marguerite Duras : un silence peuplé de phrases » — *Synthèses*, n° 254-255, août-sept. 1967.

SADOWSKA-GUILLON (Irène), « Sonates : *La Musica* au Rond-Point » — *Acteurs*, n° 25, mai 1985.

V. *RECUEILS DE COUPURES DE PRESSE DE LA BIBLIOTHÈQUE DE L'ARSENAL*

A. *Sur Sarraute*
- 4° SW 2826
- 4° SW 5799

B. *Sur Pinget*
- 4° SW 1705
- 8° SW 19
- 8° SW 239
- R.C.P. non catalogué sur Robert Pinget.

C. *Sur Duras*

- 4° SW 1100
- 4° SW 1388
- 4° SW 1396
- 4° SW 1804
- 4° SW 2731
- 4° SW 3772
- 4° SW 4041
- 4° SW 4068
- 4° SW 5797
- 8° SW 605
- 8° SW 977
- `8° SW 2285
- R.C.P. non catalogué sur Marguerite Duras.

N.B. : La constitution de ces recueils de coupures de presse a malheureusement été interrompue depuis plusieurs années. La suppression des crédits alloués pour cette tâche fut, nous a-t-on dit, motivée par le nombre trop rare de chercheurs qui acceptèrent de citer ces sources dans leurs travaux. En mentionnant l'aide précieuse que les recueils existants nous ont, quant à nous, apportée, nous voudrions sinon combler ce manque, du moins souligner la perte irréparable que représente l'absence de telles compilations pour les récentes années et celles à venir. En effet, il n'existe nulle part ailleurs — d'après ce qui nous a été dit à l'Arsenal — de solutions de remplacement. Les recueils de la Bibliothèque de la Régie Théâtrale (Bibliothèque Historique de la Ville de Paris) ne concernent que les spectacles montés à Paris ; et par ailleurs, ils sont classés, dans la logique de la Bibliothèque, par théâtres parisiens et non par œuvres, ce qui suppose que l'on sache par avance où et quand telle pièce a été jouée, alors que, en ce qui nous concerne, ce fut souvent l'un des renseignements recherchés.

ŒUVRES DE NATHALIE SARRAUTE, ROBERT PINGET, MARGUERITE DURAS

A. *Nathalie Sarraute*

- *Tropismes* (1939)
- *Portrait d'un inconnu* (1948)
- *Martereau* (1953)
- *L'Ère du soupçon* (1956)
- *Le Planétarium* (1959)
- *Les Fruits d'or* (1963)
- *Le Silence — Le Mensonge* (1967)
- *Entre la vie et la mort* (1968)
- *Isma* (1970)
- « *Vous les entendez ?* » (1972)
- *C'est beau* (1973)
- « *disent les imbéciles* » (1976)

- *Elle est là* (1978)
- *L'Usage de la parole* (1980)
- *Pour un oui ou pour un non* (1982)
- *Enfance* (1983)
- *Paul Valéry et l'enfant d'éléphant — Flaubert le précurseur* (1986)

B. *Robert Pinget*

- *Entre Fantoine et Agapa* (1951)
- *Mahu ou le matériau* (1952)
- *Le Renard et la Boussole* (1953)
- *Graal Flibuste* (1956)
- *Baga* (1958)
- *Le Fiston* (1959)
- *Lettre morte* (1959)
- *La Manivelle* (1960)
- *Clope au dossier* (1961)
- *Ici ou ailleurs* suivi de *Architruc* et de *L'Hypothèse* (1961)
- *L'Inquisitoire* (1962)
- *Autour de Mortin* (1965)
- *Quelqu'un* (1965)
- *Le Libera* (1968)
- *Passacaille* (1969)
- *Fable* (1971)
- *Identité* suivi de *Abel et Bela* (1971)
- *Paralchimie* suivi de *Architruc, L'Hypothèse, Nuit* (1973)
- *Cette voix* (1975)
- *L'Apocryphe* (1980)
- *Monsieur Songe* (1982)
- *Le Harnais* (1984)
- *Charrue* (1985)
- *Un testament bizarre et autres pièces (Mortin pas mort, Dictée, Sophisme et sadisme, Le Chrysanthème, Lubie)* (1986)
- *L'Ennemi* (1987)

C. *Marguerite Duras*

- *Les Impudents* (1943)
- *La Vie tranquille* (1944)
- *Un Barrage contre le Pacifique* (1950)
- *Le Marin de Gibraltar* (1952)
- *Les Petits Chevaux de Tarquinia* (1953)
- *Des Journées entières dans les arbres*, suivi de *Le Boa, Madame Dodin, Les Chantiers* (1954)
- *Le Square* (1955)
- *Moderato Cantabile* (1958)
- *Les Viaducs de la Seine-et-Oise* (1959)
- *Dix heures et demie du soir en été* (1960)
- *Hiroshima mon amour* (1960)
- *Une aussi longue absence* (1961, en collaboration avec Gérard Jarlot)
- *L'Après-midi de Monsieur Andesmas* (1962)

- *Le Ravissement de Lol V. Stein* (1964)
- *Théâtre I : Les Eaux et forêts — Le Square — La Musica* (1965)
- *Le Vice-Consul* (1965)
- *L'Amante anglaise* (1967, roman)
- *L'Amante anglaise* (1968, théâtre)
- *Théâtre II : Suzanna Andler — Des Journées entières dans les arbres — Yes, peut-être, Le Shaga, Un homme est venu me voir* (1968)
- *Détruire, dit-elle* (1969)
- *Abahn, Sabana, David* (1970)
- *L'Amour* (1971)
- *India Song* (1973)
- *Nathalie Granger* suivi de *La Femme du Gange* (1973)
- *Les Parleuses* (1974, entretiens avec Xavière Gauthier)
- *Le Camion* suivi de *Entretien avec Michelle Porte* (1977)
- *Les lieux de Marguerite Duras* (1977, en collaboration avec Michelle Porte)
- *L'Eden Cinéma* (1977)
- *Le Navire Night*, suivi de *Césarée, Les Mains Négatives, Aurélia Steiner, Aurélia Steiner, Aurélia Steiner* (1979)
- *Véra Baxter ou les plages de l'Atlantique* (1980)
- *L'Homme assis dans le couloir* (1980)
- *Les Yeux Verts* (1980)
- *L'Été 80* (1980)
- *Agatha* (1981)
- *Outside* (1981)
- *L'Homme Atlantique* (1982)
- *Savannah Bay* (1982 ; édition augmentée : 1983)
- *La Maladie de la mort* (1982)
- *Théâtre III : La Bête dans la jungle — Les Papiers d'Aspern — La Danse de mort* (1984, adaptations)
- *L'Amant* (1984)
- *La Douleur* (1985)
- *La Musica Deuxième* (1985)
- *La Mouette* de Tchékhov (1985, adaptation)
- *Les Yeux bleus cheveux noirs* (1986)
- *La pute de la côte normande* (1986)
- *La Vie Matérielle* (1987)
- *Emily L.* (1987)

TABLE DES FIGURES

NOTES

16. 1. Blanchot (Maurice), « Où maintenant ? Qui maintenant ? », in *Le Livre à venir* (Coll. Idées/Gallimard — 1959).

17. 1. Beckett (Samuel), *En Attendant Godot* — Éd. de Minuit, 1970 — p. 57-58.

18. 1. Robbe-Grillet (Alain), « Samuel Beckett ou la présence sur la scène », in *Pour un nouveau roman* — Éd. de Minuit, 1979 — p. 103.

20. 1. Sarraute (Nathalie), *L'Ère du soupçon* — Gallimard, 1956 (Coll. Idées) — p. 133.
   2. Entretien avec Robert Henkels, « Voix et silences : les pièces radiophoniques de Robert Pinget ». In *Présence francophone*, n° 22.

21. 1. Propos recueillis par Gilles Costaz, cités dans « La Plainte-chant des amants », *L'Arc* n° 98.
   2. Duras (Marguerite), *L'Éden Cinéma* — Mercure de France, 1977 — p. 149.

22. 1. Propos recueillis par Raymond Osemwegie Elaho, in *Entretiens avec le Nouveau Roman* — Éd. Nocaman, Québec, 1985 — p. 35.
   2. Entretien entre Nathalie Sarraute, Claude Régy et Annie Daubenton — « Les faits divers de la parole » — *Les Nouvelles Littéraires* n° 2719 (10-17/1/80).

24. 1. *Entretiens avec le Nouveau Roman, op. cit.* — Souligné par nous.

25. 1. *La Musica Deuxième* — Gallimard, 1985 — p. 74. De même, dans *M.D.* Yann Andréa dit à l'écrivain : « Vous pouvez tout inventer, vous le faites depuis des mois, depuis toujours. Depuis le premier sourire vous m'inventez. » (Minuit, 1983 — p. 35).

26. 1. *Ibid.* p. 50.
   2. *Ibid.* p. 51.
   3. Régy (Claude), *Rencontre des Cahiers Renaud Barrault, Cahier* n° 91, p. 13-14.

27. 1. Robbe-Grillet (Alain), *Pour un nouveau roman* — *op. cit.* p. 20-21.
   2. Propos recueillis dans le film de Michèle Porte, *Savannah Bay, c'est toi* (1983 — 66' — couleur) réalisé au cours des répétitions de *Savannah Bay* au Théâtre du Rond-Point.

28. 1. Depardieu (Gérard), in *Première*, n° 126 (Septembre 1987) — p. 128.

29. 1. Robbe-Grillet (Alain), *op. cit.* p. 119.

30. 1. Duras (Marguerite), *La Vie matérielle* — P.O.L., 1987 — p. 103.

35. 1. « Clarisse Francillon interroge Nathalie Sarraute » — *La Gazette de Lausanne*, 14/1/1967.
   2. Propos recueillis par Irène Sadowska-Guillon. *Acteurs* — n° 34, mars 1986 — p. 14.

36. 1. Trois exemples tirés de *Portrait...* Respectivement p. 37, p. 150 et p. 178 (Gallimard, 1985, coll. Folio).
   2. et 3. *L'Ère du soupçon* — Gallimard, 1983, coll. Idées, p. 140 et 141.

37. 1. Galey (Matthieu) in *Digraphe*, n° 32, mars 1984 — p. 98.
   2. Benmussa (Simone) in *L'Arc*, n° 95 (1984), p. 80.
   3. Recanati (François), *Les Énoncés performatifs* — Éd. de Minuit, coll. Propositions, 1981 — p. 12.

38. 1. *Martereau* — Livre de poche, 1967, p. 241.

39. 1. Artaud (Antonin), *Le théâtre et son double* — Gallimard, 1983, coll. Idées — p. 138.

40. 1. Sarraute (Nathalie). « Ce que je cherche à faire », in *Nouveau Roman : Hier, aujourd'hui* — T. 2 — U.G.E., 1972, Coll. 10/18, p. 34.

41. 1. Sarraute (Nathalie). « Ce que je cherche à faire », *op. cit.* p. 36-37.

42. 1. « Nathalie Sarraute : Mon théâtre continue mes romans... ». Propos recueillis par Lucette Finas. *La Quinzaine littéraire,* n° 292, 16-31/12/78, p. 4.

   2. Bergson (Henri), *Essai sur les données immédiates de la conscience* — P.U.F. (1961), p. 97-98.

44. 1. Zand (Nicole). « Entretien avec N.S. » *Le Monde,* 18/1/67.

   2. Jansen (Steen). *Analyse de la forme dramatique du « Mensonge » de Nathalie Sarraute, précédée de : Nathalie Sarraute, Le Mensonge.* Études Romanes de Copenhague. *Revue Romane,* numéro spécial n° 9 — Akademisk Forlag, 1976.

   3. *Ibid.* p. 30.

45. 1. Goitein (Denise), *Nathalie Sarraute as dramatist* — *Yale French Studies,* nr 46, p. 107 (« There is no exchange of ideas ; the dialogue follows neither time sequence nor logical sequence. It is an instantaneous and a completely spontaneous dialogue, or what matters more, it creates the illusion of spontaneity »).

46. 1. Cagnon (Maurice), « Les pièces de Nathalie Sarraute : Voix et contre-voix » — *Bulletin des jeunes romanistes,* n° 20 (juin 1974), p. 98.

47. 1. Entretien « Nathalie Sarraute : Mon théâtre continue mes romans ». *Op. cit.* p. 4.

   2. *Ibid.,* Lucette Finas.

50. 1. Claude Regy parle du reste d'« un théâtre de la violence », à propos de *C'est beau* — *Cahiers Renaud-Barrault,* n° 89, p. 80.

   2. Barthes (Roland), cité par Jérôme Prieur : in *Les cahiers du chemin,* n° 26, 15/1/1976, p. 179.

   3. *Les Fruits d'or* — Livre de poche, 1969, p. 85.

   4. « Entretien avec Nathalie Sarraute » par Nicole Zand — *Le Monde,* 18/1/1967.

51. 1. « Colloque avec Nathalie Sarraute » par Gretchen R. Besser in *The French Review,* Vol. 50, n° 2, p. 288.

   2. Artaud (Antonin). *Op. cit.* p. 132. Souligné par nous.

53. 1. Entretien avec Simone Benmussa — *Combat,* 14/3/1974.

   2. Artaud (Antonin), *Lettre à Génica* (1923) — *Œuvres complètes,* T. III, p. 55-56.

55. 1. *Les Fruits d'or* — Livre de poche (1969), p. 110.

56. 1. Bouraoui (H.A.), « Silence ou mensonge : dilemme du nouveau romancier dans le théâtre de Nathalie Sarraute » — *The French Review.* Vol. 45, Special Issue, n° 4, Spring, 1972.

57. 1. Robbe-Grillet (Alain), *Pour un nouveau roman,* « Sur quelques notions périmées » — Éd. de Minuit, 1979, p. 29.

   2. Duvignaud (Jean) et Lagoutte (Jean), *Le théâtre contemporain* — *Culture et contre-culture* — Librairie Larousse, 1974, p. 78.

   3. Bouraoui (H.A.), *op. cit.,* p. 109.

58. 1. « Colloque avec Nathalie Sarraute », *op. cit.,* p. 288.

60. 1. *Op. cit.,* p. 100.

63. 1. « Le gant retourné » — *Cahiers Renaud-Barrault,* n° 89 (oct. 1975), p. 75.

64. 1. Cagnon (Maurice), « Les pièces de Nathalie Sarraute : Voix et contrevoix » — *Bulletin des jeunes romanistes,* n° 20 — juin 1974 — p. 100.
    2. Artaud (Antonin), *Œuvres complètes* — Tome IV, p. 96.

65. 1. Cité par Fanchette (Jean) in *Psychodrame et théâtre moderne* — U.G.E., coll. 10/18 (1977), p. 15.
    2. 3. 4. Fanchette (Jean), *Ibid.* respectivement p. 54, 56, 58, 58-59.

66. 1. *Ibid.* p. 59.
    2. *Ibid.* p. 56.

69. 1. *Op. cit.,* p. 101.

71. 1. Voir par exemple : Senart (Philippe), *Revue des deux mondes,* janv. 1976, p. 178-180, ou Marcabru (Pierre) qui parla dans *France-Soir* (2/11/75) d'un « drame familial de l'incommunicabilité », d'un « divorce des générations ».
    2. Suhl (Benjamin), « Nathalie Sarraute's latest play : *C'est beau* » — *Romance Notes* — Winter 1979-1980 ; Vol. XX, Nr 2, (« This adolescent is somehow, in his refusal of his parents sensibility, the non-political heir of the leftist of May 68 »).

72. 1. Benmussa (Simone), « Quand les mots installent le danger sur la scène » — *Magazine Littéraire* n° 196, Spécial Nathalie Sarraute — Juin 1983. p. 30.
    2. Voir *supra* p. 58-59.

73. 1. *Portrait d'un inconnu,* Éd. Folio, 1985, p. 115.
    2. Finas (Lucette) « Nathalie Sarraute : « Mon théâtre continue mes romans. » *Op. cit.,* p. 4.

77. 1. Zeltner (Gerda), « Quelques remarques sur l''art dramatique' de Nathalie Sarraute » — *Digraphe,* mars 1984, n° 32 — p. 103.

78. 1. *Ibid.,* p. 105-106.
    2. *Ibid.,* p. 106.

79. 1. v. « Mon théâtre continue mes romans » — *op. cit.*.

83. 1. v. *infra* Chap. III : V.

84. 1. *Entre Fantoine et Agapa* — Jarnac : La Tour de Feu, 1951. Édition à compte d'auteur.
    2. Liéber (Jean-Claude), *Réalisme et fiction dans l'œuvre de Robert Pinget.* Thèse présentée en vue du Doctorat d'État ès Lettres et Sciences Humaines. Université de Paris IV. p. 10.
    3. *Ibid.*

85. 1. Micha (René), « Une forme ouverte du langage » — *Les Temps Modernes,* n° 201 (février 1963), p. 1484-1485.
    2. *Op. cit.,* p. 1486.
    3. Chapsal (Madeleine) in *L'Express* 12/2/1968.
    4. « Robert Pinget : l'homme qui écrit avec ses oreilles », propos recueillis par Didier Eribon — *Libération,* 7/4/1982.

86. 1. Propos recueillis par Françoise Varenne, in « Robert Pinget : Vers un théâtre auditif » — *Le Figaro,* 26/12/70.
    2. Novarina (Valère), *Lettre aux acteurs* (suivi de *Pour Louis de Funès*) — Actes Sud, 1986, p. 22.

87. 1. Robbe-Grillet (Alain), *Pour un nouveau roman* — Minuit, 1963.

2. Magny (Olivier de), « Le théâtre de Robert Pinget » — *Cahiers Renaud-Barrault*, n° 53 (février 1966).

89. 1. Lowrie (Joyce O.) « The Function of Repetition in Pinget's *Lettre morte* » — *The French Review*, vol. XLIX n° 5 (Avril 1976), p. 687 (« Each work creates itself, as it were, and then proceeds on a self-destructing cycle that annihilates all that has gone before »).

2. Michaux (Henri), *Mes propriétés*.

3. Michaux (Henri), *La nuit remue*.

90. 1. Bray (Barbara), *Un kaléidoscope de vérité* in *Cahiers Renaud-Barrault*, n° 53 (février 1966) — p. 58.

91. 1. Liéber (Jean-Claude), *op. cit.*, p. 224.

2. Gautier (Jean-Jacques), article du 28 mars 1960, recueilli dans *Deux fauteuils d'orchestre* — Flammarion 1962 ; p. 331-332.

92. 1. *La Croix*, 16 mai 1968. Sans nom d'auteur. (Souligné par nous)

93. 1. Pugh (Anthony C.), *Autour de Mortin edited by Anthony Cheal Pugh* Introduction, p. VII. Methuen Educational Ltd (London 1971) : « The initial intention of that work, which resulted from a commission from the BBC, was to give the casual listener the impression that the interviews that he was hearing were genuine and that Alexandre Mortin had really existed. »

2. Bray (Barbara), *op. cit.* p. 58.

3. Genette (Gérard), *Figures I*, Ed. Points Seuil, 1982, p. 21.

4. Murch (Anne C.), « Couples et reflets dans le théâtre de Robert Pinget » — *Revue Romane*, octobre 1970, p. 164.

94. 1. *Ibid.*, p. 165.

2. *Op. cit.*, p. X (« it is a way of papering over the cracks that can appear in our psychological defences »).

97. 1. *Hernani* : Acte IV, scène 2. (*N.B.* : Le texte de notre édition de Hugo semble indiquer que Pinget arrange l'un des vers à sa façon : « Leur fait un grand festin *des* peuples et *des* rois — v. 1464).

98. 1. Poirot-Delpech (Bertrand) in *Le Monde*, 5/9/62.

2. Ransan (André) in *L'Aurore*, 6/9/62.

99. 1. Morelle (Paul) in *Libération*, 5/9/62.

2. V.H. (signature réduite aux initiales) in *Information*, 9/9/62.

3. Esslin (Martin), *Théâtre de l'Absurde*, chap. IV : « Comtemporains et prosélytes » — Ed. Buchet Chastel, 1977 (pour la trad. française).

4. Serreau (Geneviève), *Histoire du « nouveau théâtre »*, chap. : « La relève de l'avant-garde » — Gallimard, coll. Idées (1975).

5. Cf. Chabert (Pierre), « Samuel Beckett metteur en scène de Robert Pinget », article cité par J.C. Liéber, *op. cit.*, p. 322, note 1.

6. *Nouveau Roman : hier, aujourd'hui*. Tome II, p. 329 — Ed. U.G.E, coll. 10/18.

100. 1. Gregorio (Safarina de), *The theatre of Robert Pinget* — Fordham University, 1979 — p. 260 : « One could just as easily say, however, that both Beckett and Ionesco share certain similarities with Pinget. »

103. 1. Bory (Jean-Louis), *Tout feu, tout flamme* — U.G.E., coll. 10/18 — 1979 — p. 369-370.

2. Thibaudeau (Jean), *Un théâtre de romanciers* in *Critique*, n° 159-160 — Août-Septembre 1960 — p. 686.

104. 1. Liéber (Jean-Claude), *op. cit.*, p. 212.

105. 1. O'Lowrie (Joyce), *op. cit.*, p. 681 (« M. Levert is aware that before the players arrived he may have been on the verge of communicating with the Garçon. But the inexorable machinery of the play has carried everything to go away, to « go out of whack ». The old man had begun to « put something together » to build a structure. But everything had collapsed like a house of cards when the actors entered the scene »).

106. 1. Borges (Jorge Luis), *Enquêtes* — Gallimard, coll. « Du monde entier » (1978), p. 85-86.

108. 1. Nores (Dominique), « Un théâtre de la mémoire et de l'oubli » — *Revue des Lettres Nouvelles* — juin 1960 — p. 47.
2. v. *supra* p. 91.

109. 1. Magny (Olivier de), *op. cit.*, p. 53.

110. 1. Liéber (Jean-Claude), *op. cit.*, p. 221.

111. 1. Liéber (Jean-Claude), *op. cit.* p. 287 et sq.
2. Genette (Gérard), *Palimpsestes*, Seuil, 1982.

113. 1. Lerminier (Georges), in *Le Parisien libéré* (27/1/61).

115. 1. Esslin (Martin), *op. cit.* p. 266.

119. 1. *Hier oder anderswo* — Trad. de Gerda Schäffel — Schauspielhaus de Zurich, décembre 1963.
2. Liéber (Jean-Claude), *op. cit.* p. 292.

120. 1. Liéber (Jean-Claude), *op. cit.* p. 297, note 2.
2. *Ibid.* p. 297.

123. 1. Novarina (Valère), *Lettres aux acteurs*, *op. cit.* p. 9-11.

126. 1. Varenne (Françoise), « Robert Pinget : Vers un théâtre auditif » in *Le Figaro* — 26/12/1970.
2. Liéber (Jean-Claude), *op. cit.* p. 544.

127. 1. *Op. cit.* p. 547.

129. 1. *Un testament bizarre, Mortin pas mort* — Minuit, 1986.

132. 1. Liéber (Jean-Claude), « L'Invention de Mortin » — *Études Littéraires* — Vol. 19, n° 3, Hiver 1986-1987. Université Laval (Québec), p. 25.

133. 1. Liéber (Jean-Claude), *Réalisme et fiction dans l'œuvre de Robert Pinget*, *op. cit.* p. 555.

134. 1. Liéber (Jean-Claude), *op. cit.* p. 532.

135. 1. *Programme de la création au Petit-Odéon (Novembre/décembre 1972).*

136. 1. v. Liéber (Jean-Claude), *op. cit.* p. 557 et sq.

137. 1. v. *supra* p. 86.

141. 1. *Les Impudents* (1943), *La Vie tranquille* (1944), *Un Barrage contre le Pacifique* (1950), *Le Marin de Gibraltar* (1952).
2. v. notamment le Cahier de *L'Arc* consacré à Duras (n° 98).

142. 1. Cixous (Hélène) et Foucault (Michel), « A propos de Marguerite Duras » — *Cahiers Renaud-Barrault*, n° 89, p. 9-10.

2. Noguez (Dominique), « La gloire des mots » — *L'Arc* n° 98.

143. 1. *Ibid.* p. 27.

144. 1. v. notamment : Nores (Dominique), « Le drame latent dans l'œuvre de Marguerite Duras », in *Critique* — Avril 1964, p. 330-341 ; Gautier (Jean-Jacques), *Théâtre d'aujourd'hui*, Ed. Julliard, p. 193 ; Marcabru (Pierre), in *Paris-Presse*, 13/10/1965. Et surtout l'essai de Pierre Brunel : « Anton Tcheckhov et Marguerite Duras », in *La mort de Godot — attente et évanescence au théâtre,* essais réunis et présentés par P. Brunel — Minard, Lettres Modernes, 1970.

146. 1. Nores (Dominique), *op. cit.* p. 337.

2. p. 28, 41, 44, 45, 46, 54.

3. p. 24, 35, 54, 58.

4. p. 32, 38, 44, 52, 58, 78, 82 (première version).

5. p. 19, 27, 40, 44, 60, 64, 68, 73, 81, 84.

147. 1. *Dictionnaire encyclopédique Larousse.*

2. Seylaz (Jean-Luc), *Les romans de Marguerite Duras — essai sur une thématique de la durée* — Archives des Lettres Modernes, n° 47 (1963), p. 7.

149. 1. *La Vie matérielle*, « *L'homme menti* » — Ed. P.O.L., 1987, p. 93 à 98. « J'ai essayé récemment de faire un livre qui devait s'appeler *L'Homme menti*. C'était un homme qui mentait. Il mentait tout le temps, à tout le monde, à propos des faits de sa vie. Le mensonge arrivait sur ses lèvres avant les paroles pour le dire. »

2. p. 28, 63 (deux occurrences), p. 75.

3. p. 24.

4. p. 66.

5. p. 55.

6. p. 61, 76.

7. p. 41 (deux occurrences).

8. p. 42.

9. p. 53.

10. p. 46.

11. p. 47.

150. 1. Foucault (Michel) (et Cixous (Hélène)), « A propos de Marguerite Duras », *op. cit.* p. 10.

151. 1. Barrault (Jean-Louis), « Silence et solitude » — *Cahiers Renaud-Barrault*, n° 89 (oct. 1975), p. 4-5.

152. 1. *Miracle Worker* adapté par M.D. et Gérard Jarlot. Création au théâtre Hébertot le 10/9/61, dans une mise en sc. de François Maistre.

153. 1. Saporta (Marc), « Le regard et l'école » — *L'Arc*, n° 98, p. 49.

154. 1. Cohen (Susan D.), « La présence de rien » — *Cahiers Renaud-Barrault*, n° 106 (sept. 1983), p. 26.

157. 1. *La Vie matérielle* — Ed. P.O.L. 1987 — p. 15.

158. 1. Ed. de Minuit 1986 — p. 21, 38, 49, 61, 110, 112, 116, 129, 149.

160. 1. Interview de Marguerite Duras par Henri Marc, in *Franc-Tireur*, 14/9/1956.

2. « Une pièce involontaire », article de l'auteur, in *L'Express*, 14/9/1956.

161. 1. Guignebert (Jean), in *Libération*, 19/9/1956.

    2. Lerminier (Georges), in *Le Parisien libéré*, 19/9/1956.

163. 1. Entretien avec Claude Sarraute : « Rendez-vous dans un square avec Marguerite Duras » — *Le Monde*, 18/9/1956.

    2. Blanchot (Maurice), « La douleur du dialogue », in *Le Livre à venir* — Idées/Gallimard — p. 230.

    3. Gautier (Jean-Jacques), in *Le Figaro*, 19/9/1956.

    4. Blanchot (Maurice), *op. cit.* p. 224.

165. 1. v. le programme du Théâtre du Rond-Point pour *L'Amante anglaise*.

167. 1. Sarraute (Claude), « L'Amante anglaise ou la chimie de la folie », entretien avec Marguerite Duras — *Le Monde*, 20/12/1968.

    2. Régy (Claude), in *Rencontres des Cahiers Renaud-Barrault, Cahier* n° 91, p. 12.

168. 1. Propos recueillis par *Bref* in *L'Avant-scène théâtre*, n° 422 (1969), p. 6.

170. 1. Pierrot (Jean), *Marguerite Duras* — José Corti, 1986 — p. 178.

173. 1. Rais (Alain) — Programme des « Spectacles de la Vallée du Rhône » (*Le Shaga* mis en scène par Alain Rais. Création à Bourges le 24/3/82, puis tournée en France).

176. 1. Voir l'entretien cité par Gilles Costaz — *L'Arc*, n° 98, p. 58.

183. 1. *Rencontre des Cahiers Renaud-Barrault, Cahier* n° 91, p. 10-11.

184. 1. *Rencontre des Cahiers Renaud-Barrault, Cahier* n° 91, p. 7.

185. 1. Propos recueillis par Claude Baignières, in « Duras sur un air de valse » — *Le Figaro*, 24/10/77.

    2. *Ibid.*

187. 1. *Marguerite Duras à Montréal, op. cit.* p. 18-19.

    2. Pierrot (Jean), *Marguerite Duras* — José Corti, 1986 — p. 318.

190. 1. In *L'Arc* n° 98.

191. 1. *Savannah Bay*, nouvelle édition revue et augmentée — Minuit, 1983.

192. 1. *Cahiers Renaud-Barrault*, n° 106 — p. 10.

193. 1. *Marguerite Duras à Montréal, op. cit.* p. 41.

197. 1. « Textes pour la presse » II — p. 97.

199. 1. Propos recueillis par Marie-Pierre Fernandès, in *Travailler avec Duras — La Musica Deuxième* — Gallimard, 1986 — p. 17.

200. 1. Propos recueillis par Marie-Pierre Fernandès, *op. cit.* p. 110-111.

201. 1. Pierrot (Jean), *Marguerite Duras* — José Corti, 1986 — chap. IV.

204. 1. *Savannah Bay*, nouvelle édition augmentée (Minuit, 1983) — p. 127.

    2. Le dramaturge Christian Rullier raille ainsi un certain théâtre qui fait dire à l'acteur : « Mesdames, messieurs, bonsoir, je suis le personnage, mais attention, je suis aussi le narrateur de l'histoire du personnage que je suis. » (in *Le Fils* suivi de *Attentat meurtrier à Paris* — Ed. Edilig, coll. « Théâtrales »).

205. 1. Lagrave (H.), « Du côté du spectateur : temps et perception théâtrale », in *Le Discours social* — 1975, n° 5, p. 98.

    2. C'est notamment la démarche adoptée par Jean Pierrot à propos de Duras (cf. « la thèse que toute évidence développe l'auteur... », « la thèse qui est implicitement contenue dans l'œuvre... », *op. cit., passim*).

TABLE DES MATIÈRES

Photocomposé en Times de 10
et achevé d'imprimer en septembre 1988
par l'Imprimerie de la Manutention à Mayenne